COLEÇÃO EXPLOSANTE

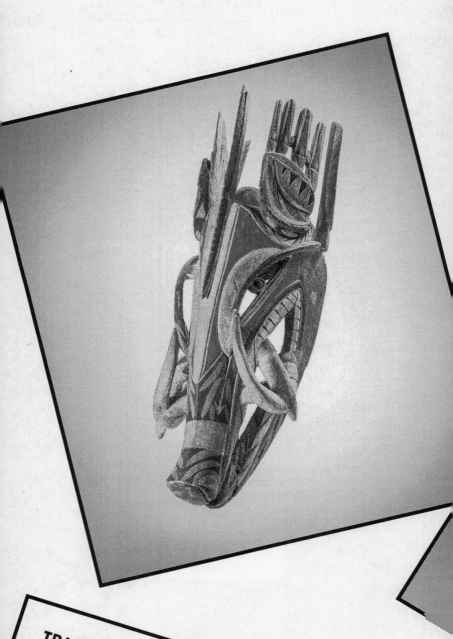

**TRADUÇÃO
RAQUEL CAMARGO**

A VONTADE DAS COISAS

O ANIMISMO E OS OBJETOS

MONIQUE DAVID-MÉNARD

7   PREFÁCIO À EDIÇÃO BRASILEIRA
    Virginia Ferreira da Costa

27   Introdução

33   [1] CRÍTICA DA EMANCIPAÇÃO

55   [2] OS OBJETOS ENTRE O REAL E A REALIDADE

81   [3] O DIREITO DE PROPRIEDADE
     E O ANIMISMO DO INANIMADO:
     HEGEL, FREUD, MARILYN STRATHERN

115 [4] OS OBJETOS QUE TROCAMOS
     E OS QUE NÃO TROCAMOS, MAS CONSERVAMOS
     PARA SEREM TRANSMITIDOS

157 [5] OBJETOS E LUGARES DO POLÍTICO:
     MARX E O ANIMISMO

187 [6] O POLÍTICO É A UNIDADE DO SOCIAL?

225 Conclusão — Qual propriedade?

239 Índice onomástico
245 Sobre a autora

PREFÁCIO

VIRGINIA FERREIRA DA COSTA

> *Mas esta é talvez a felicidade da prática da filosofia: poder sempre recomeçar.*
>
> BENTO PRADO JR.

Em *A vontade das coisas: o animismo e os objetos*, com a elegância e a precisão características de seu estilo, a filósofa e psicanalista Monique David-Ménard faz da forma de sua obra aquilo que expressa o seu conteúdo: apresenta os objetos como nós de componentes parciais da realidade potencialmente transformadora por meio do entrelaçamento de várias disciplinas – sobretudo psicanálise, filosofia, política e antropologia –, costurando, nem sempre de maneira harmônica, o debate em diferentes contextos.

David-Ménard revela, dentre outros, o papel de mediação dos objetos na vinculação dos desejos à realidade sociopolítica, demonstrando como a opacidade das coisas impossibilita uma relação direta e transparente entre o individual e o coletivo – entre o sujeito consigo mesmo e a agência coletiva em sua atuação no *socius*. E, justamente porque a relação entre sujeitos e objetos não é transparente, haveria um animismo não assumido na operacionalização das coisas nas sociedades ocidentalizadas, o que não somente facilita a dominação como também enseja transformações sociais.

A grande novidade do trabalho da autora em relação às suas obras anteriores é a ampliação de ambientes a partir dos quais ela debate suas principais questões, erudição evidenciada do início ao fim do livro. David-Ménard mantém uma consistência notável ao longo de sua produção, de modo que, a cada obra, mais uma faceta de suas problemáticas é explorada. Se suas temáticas típicas se voltam aos conceitos de objeto, sintoma, contingência e crítica aos universais – originados principalmente de suas reflexões psicanalíticas e filosóficas, com incursões na política e no feminismo –, agora a autora orienta-se para a antropologia, explorando esses temas familiares por uma nova perspectiva.

Desde a conclusão de seu doutorado em 1978 na Universidade Paris-Diderot (Paris 7), sob orientação de Pierre Fédida, David-Ménard ocupa-se da materialidade do corpo no que diz respeito às produções mentais, o que a aproxima da questão somática no cruzamento do psíquico com o biológico. O primeiro avanço teórico de tal discussão vem a público em 1983, com seu livro de estreia *Corpo e linguagem em psicanálise: a histérica entre Freud e Lacan*.[1] Mediante a problematização da mulher histérica, a vinculação entre psicanálise e questões de gênero torna-se uma constante na trajetória de David--Ménard: a passagem da chamada "segunda onda feminista" para a "terceira onda feminista" influi em sua investigação sobre a constituição do feminino e o vínculo deste com o corpo, principalmente na obra de Sigmund Freud, e com a linguagem, a partir de Jacques Lacan.

Ela o faz, contudo, sem perder de vista a filosofia: relacionando a universalidade predominantemente masculina à racionalidade moderna, o pensamento filosófico é tomado não só como produtor dos conceitos hegemônicos, mas também como ferramenta na construção de outras possibilidades de vivência. Orientada por essa proposta, a autora defende seu segundo doutorado em 1990, agora em filosofia, sob o tema "Delírio e razão", na Universidade Sorbonne (Paris 3). No mesmo ano, escreve um segundo livro, *A loucura na razão pura: Kant leitor de Swedenborg*,[2] no qual estabelece outra marca de

---

[1] Monique David-Ménard, *Corpo e linguagem em psicanálise: a histérica entre Freud e Lacan* [1983], trad. Maria da Penha Cataldi. São Paulo: Escuta, 2000.
[2] Id., *A loucura na razão pura: Kant leitor de Swedenborg* [1996], trad. Heloisa B. S. Rocha. São Paulo: Editora 34, 1996.

seu pensamento, a crítica da racionalidade moderna a partir de Kant. Nessa obra, como em outras, David-Ménard já aborda parte do tema principal deste seu novo livro: a delimitação do objeto entre as realidades externa e interna. Para ela, o projeto crítico moderno, que formula a diferença entre pensamento e percepção a partir dos limites da razão, seria um sintoma produzido para combater o delírio do idealismo swedenborgiano e leibniziano.

No livro seguinte, *As construções do universal: psicanálise e filosofia*,[3] as fantasias são vinculadas às formulações conceituais da razão que se pretendem universais e incidem sobre as existências, alcançando a ontologia. Assim, a imaginação e o prazer não só precedem a percepção como influenciam a construção da realidade externa, implicando um desdobramento das formulações da autora sobre o limite tênue entre internalidade e externalidade a partir do questionamento da universalidade dos conceitos filosóficos. Tal reflexão foi desenvolvida em pelo menos duas frentes em suas obras posteriores: a psicanálise e a filosofia política.

De um lado, o tema da construção de objetos pensado a partir da singularidade psíquica dos indivíduos é debatido em *Tout le plaisir est pour moi* [Todo o prazer é para mim], lançado em 2000.[4] Nessa obra é formulada com mais clareza uma perspectiva transformadora do objeto, que está na raiz de um dos principais argumentos de *A vontade das coisas*.

Sabemos que, desde Freud, as relações intersubjetivas são denominadas relações de objetos, uma vez que a alteridade seria concebida como objeto das pulsões. Nesse âmbito, a psicanálise tende a reunir sob a designação de objeto tanto pessoas como coisas, elementos gerais percebidos na realidade. Contudo, os objetos para o sujeito não se confundem com os objetos externos que dele independem – uma vez que aqueles podem ser vistos como fonte de atração ou rejeição, estando relacionados a projeções psíquicas, diferentemente

---

3 Id., *As construções do universal: psicanálise e filosofia* [1997], trad. Celso P. de Almeida. São Paulo: Companhia de Freud, 2002.
4 Id., *Tout le plaisir est pour moi*. Paris: Hachette Littératures, 2000.

da sua concepção como coisa inassimilável. A incoerência das relações com objetos se deve ao fato de que uma parcela destes está desvinculada do sujeito e é, portanto, desconhecida, incontrolável e imprevisível. A aparição dessa faceta, sempre repentina, causa desestabilizações e traumas no sujeito.

Se a repetição do sintoma na clínica é comumente abordada de forma negativa, David-Ménard alerta para a possibilidade de, nesse domínio, os objetos mediarem a reorganização psíquica. Ao ser designado como objeto específico na transferência do analisante, o analista enseja o início da reorganização psíquica e pulsional do sujeito, transformando as relações que este tece com objetos externos ao ambiente psicanalítico. Ele conecta, assim, espaços de existência até então desvinculados do sujeito justamente porque é inventado como um objeto assimilável ao entendimento e aos desejos do analisante. Na medida em que o objeto da realidade externa nunca corresponde ao objeto para o sujeito, este pode ser transformado no decurso do destino pulsional. Com isso, o objeto, justamente por não ser completamente transparente, excedendo a compreensão do sujeito, porta-se também como potência de transformação subjetiva. Do ponto de vista psicanalítico, a autora demonstra como os objetos que constituem a realidade seriam, então, ocasiões potenciais de transposição do que outrora não assimilamos.

Nesse sentido, a transferência analítica revela que a alteridade, como objeto pulsional, apresenta-se como um caminho necessário na construção da singularidade dos sujeitos para além do ambiente narcísico do princípio do prazer. Se temos de passar pelo outro para ganhar acesso a nós mesmos, e se esse objeto que é o outro em parte nos escapa, a constituição dos seres humanos em suas especificidades é marcada pela contingência, pelo imponderável e pelo incontrolável que se impõem ao sujeito como realidade externa por meio dos objetos. Tal contingência é o tema central de *Éloge des hasards dans la vie sexuelle* [Elogio aos acasos da vida sexual],[5]

---

5   Id., *Éloge des hasards dans la vie sexuelle*. Paris: Hermann Éditions, 2011.

no qual a autora nos mostra que, em contraposição a Lacan, a sexuação não pode ser pensada a partir de uma lógica universal. Os encontros, justamente por serem contingentes, singulares, inadequados e assimétricos, podem ser positivamente transformadores.

Por outro lado, a crítica dos universais a partir das singularidades dos objetos ganhou ainda uma trajetória na filosofia política por meio do diálogo que David-Ménard estabelece com Gilles Deleuze e Judith Butler. Em 2005, ela publica *Deleuze e a psicanálise*:[6] por meio dos encontros (e desencontros) que o autor promove entre filosofia e psicanálise, David-Ménard embarca mais fortemente no pensamento marginal situado na raiz da reconstrução positiva dos sujeitos. Essa *localidade*, antes pensada a partir do feminismo, ganha espaço no campo dos estudos de gênero com *Sexualités, genre et mélancolie: S'entretenir avec Judith Butler* [Sexualidades, gênero e melancolia: conversas com Judith Butler],[7] livro composto de estudos coletivos sobre e com a filósofa norte-americana, organizado por David-Ménard. Com Butler, ela interroga os pontos cegos da psicanálise em relação ao pensamento *queer* e suas implicações éticas e políticas. Efetuando uma espécie de retorno aos primeiros temas de sua carreira, David-Ménard mais uma vez coloca em pauta a materialidade e plasticidade do corpo em sua relação com a psique, questão que se contrapõe à estruturação linguística do inconsciente nos debates de gênero.

Neste livro David-Ménard reforça seu compromisso intelectual com a dissimetria na relação entre sujeitos e objetos, a positividade da contingência nos encontros intersubjetivos e a localidade dos acontecimentos políticos. Ela direciona tais temas para a marginalidade de(s)colonizadora com forte embasamento antropológico. O caráter local das culturas não hegemônicas, contudo, não só a leva a questionar o funcionamento da centralidade das sociedades ocidentalizadas,

---

6 Id., *Deleuze e a psicanálise* [2005], trad. Marcelo Jacques de Moraes. Rio de Janeiro: Civilização Brasileira, 2014.
7 Id., *Sexualités, genre et mélancolie: S'entretenir avec Judith Butler*. Paris: Campagne-Première, 2009.

mas também nos convida a repensar a crítica clássica dessa centralidade. Considera-se agora o papel instaurador desempenhado pelos objetos que, além de permitir o conhecimento da realidade externa e mobilizar a formação dos sujeitos, originam as sociedades a partir de sua localidade. David-Ménard atribui a opacidade e a inadequação dos objetos a uma relação *animista* com o mundo.

No início da leitura, deparamos com sentimentos inquietantes. Nas trajetórias tortuosas, descentralizadas e convergentes de suas ideias, a autora reconhece a estranheza que instiga a nos debruçarmos sobre as coisas a partir de um ponto de vista sociopolítico justamente quando estas parecem cada vez menos centrais em nossa vida – diante do advento das nanotecnologias, das redes de informação globais e da multiplicação dos encontros virtuais característicos do estágio tecnológico atual do capitalismo financeiro.

Nesse sentido, porém, David-Ménard subverte o criticismo clássico. Quando falamos de coisas, objetos e propriedades – conceitos que a autora inter-relaciona o tempo todo –, somos convidados a refletir sobre a reificação das pessoas no sistema capitalista. De fato, o fetichismo da mercadoria marxiano é um diagnóstico acertado do problema da opacidade dos objetos na sociedade, mas tal leitura revela-se incompleta sob pelo menos dois pontos de vista.

Em primeiro lugar, a crítica da economia política fornece uma análise limitada da opacidade: quando examinada apenas pelo viés da reificação, a opacidade é tida como encobridora e, portanto, como facilitadora de exploração. Sem dúvida, as mercadorias escamoteiam relações de dominação e constituem entraves para a realização humana, mas para David-Ménard não se trata de enaltecer ou condenar a propriedade, como fazem as contraposições entre o liberalismo e o comunismo. Uma das grandes novidades da abordagem da autora é a perspectiva de que a opacidade das coisas pode ser concebida como uma oportunidade de transformação e emancipação. Ao identificar os objetos como zonas de dissimulação da reprodução da realidade, as análises sociopolíticas clássicas ignoram a perspectiva psicanalítica segundo a qual a opacidade dos objetos constitui uma possibilidade de reorganização psíquica e transformação emancipatória. A externalidade e opacidade das coisas e relações humanas podem, então, ser concebidas não só como entraves, mas também como saídas para a autorrealização humana.

A fim de evitar essa armadilha, David-Ménard introduz a concepção lacaniana do objeto, pela qual este é divisado como centro localizador de conflitos ao direcionar a trajetória dos desejos, mas não de forma coesa nem harmoniosa. Por isso, os objetos são "nós" que condensam as relações do sujeito com o ambiente circundante – relações baseadas em intimidade e familiaridade, bem como em estranhamento e desconhecimento.

Transportada para o debate sociopolítico, a leitura psicanalítica do objeto retomada por David-Ménard mostra-se fundamental. Com a psicanálise, a autora nos demonstra como a internalidade e a externalidade sofrem abalos que impelem a ressignificação do social e do individual. Dadas as dificuldades de traçar um limite preciso entre sujeito e objeto, não podemos distingui-los com base em critérios de hierarquia, homogeneidade ou causalidade. Eles são "duas construções irredutíveis de uma mesma realidade" (p. 42). Mas, como esses dois polos estão conectados, as transformações de um implicam alterações no outro. Por isso, os objetos podem ser considerados combinações de fatores múltiplos da exterioridade e da subjetividade que efetuam transformações com sua produção, circulação e opacidade.

Assim, David-Ménard rejeita a última instância econômico-política – isto é, aquela que encontra como fundamento de todas as situações culturais a preponderância do capitalismo – a fim de ressaltar o papel das coisas nos mais diversos âmbitos culturais e históricos de realização, como na constituição de sexualidades e nas relações com a morte. É desse modo que se configura o segundo ponto de vista que denuncia a incompletude do pensamento clássico da economia política. Ele provém não só da psicanálise, mas sobretudo da antropologia mobilizada por David-Ménard, e visa demonstrar como a opacidade que acompanha as coisas não é exclusiva do sistema capitalista, e sim característica de todas as coisas nos mais diversos contextos sociais.

Apesar de sabermos, desde Karl Marx, que a opacidade das mercadorias oculta relações sociais, tendemos a ignorar que esse é um dos modos de efetivação dos objetos em geral, e não um modo exclusivo de realização das sociedades capitalistas. Para tanto, a pensadora percorre a trajetória inversa trilhada pelo crítico da economia política: se Marx deriva suas formulações sobre o capitalismo dos cultos religiosos de sociedades não modernas analisados por Charles de Brosses, David-Ménard parte do centro hegemônico para a marginalidade cultural, refazendo o caminho na direção contrária, a fim de encontrar elementos que teriam sido deixados de lado. Seguindo a análise da dádiva realizada por Marcel Mauss e seus sucessores, a autora demonstra como as relações humanas são materializadas e também escamoteadas pela aparente relação entre coisas em outras culturas: "em todas as sociedades, é por mecanismos opacos que as relações políticas e sociais se reproduzem" (p. 135). Se há relações humanas, mesmo os sujeitos sendo, em parte, irreconhecíveis entre si, tais relações se realizam graças à mediação de coisas, que "servem também para não falar sobre o que se faz" (p. 146).

Com base em análises antropológicas de objetos-fetiche, que encobrem ritos, crenças e relações, David-Ménard nos lembra de que não há objetos-fetiche sem contextos que os situem e nos quais eles intervêm. Com isso, seguindo Maurice Godelier, ela passa da análise dos objetos aos lugares. Se com a psicanálise os objetos direcionam os desejos, localizando-os, com a antropologia os objetos não são mais vistos somente como pontos isolados em uma estrutura, mas localizam nós de encruzilhadas de relações sociais. Com isso, a autora critica o estruturalismo, que entende as coisas como elementos de troca em uma cadeia de significantes. Em vez de tomar os objetos como equalizações abstratas passivamente posicionadas, ela retoma a diversificação dos tipos de objetos que situam diferentes vínculos sociais.

Diferentemente da concepção cartesiana de controle da natureza e dos objetos, em diversas análises de sociedades não modernas nota-se como sujeito e objeto não estão apartados – as pessoas são envolvidas naquilo que produzem. E, talvez o mais importante: acompanhando Marilyn Strathern, a autora nos diz que, em tais relações com os objetos, estes não são concebidos como produtos finais a serem transportados de um lugar a outro, mas desempenham eles mesmos funções de transmissão, relação e produção de vínculos societários.

A função de localizador social desempenhada pelos objetos na análise antropológica será transferida para o domínio da luta política. O objeto encarna uma situação ou configuração local específica que põe em xeque as noções de todo e de parte. Para a autora, o político é sempre local, e não um ambiente unificador da totalidade dos agentes sociais. As relações travadas pelas várias forças sociais convergem em determinados cenários específicos e se condensam em objetos: "É por isso que não oponho os objetos à localidade da política, trata-se da mesma coisa: o objeto é um nó de relações que se podem tornar decisivas, tal é a aposta do político" (p. 229).

Os objetos das lutas políticas são a interface de relações de poder e condensam as articulações de elementos heterogêneos. Como exemplo disso, David-Ménard aborda as manifestações de pessoas transgênero em Ancara ocorridas em 2010 e comentadas por Butler.[8] É justamente o fato de haver diversos elementos históricos, religiosos, morais e políticos específicos da Turquia em relação à possibilidade de vivências sexuais e de gênero não hegemônicas (e que não são abertamente assumidos nem discutidos socialmente) que faz com que o objeto da luta transexual adquira um alcance político único naquele local. É também por isso que esse objeto localizado anteriormente (de)negado produz oportunidades de novos agenciamentos. "Há, portanto, uma correlação entre o caráter local de uma situação quando ela se torna uma questão política, a materialidade das criações coletivas e os objetos que polarizam os desejos dos seres humanos sexuados" (p. 32).

---

8   Cf. Judith Butler, *Corpos em aliança e a política das ruas: notas para uma teoria performativa de assembleia* [2011], trad. Fernanda Siqueira Miguens. Rio de Janeiro: Civilização Brasileira, 2018.

Tal visada sobre o objeto permite à autora engendrar diversos debates políticos com Butler e com Vladimir Safatle. Ao comentar como este último baseia seu pensamento sobre o político na mobilização de afetos,[9] David-Ménard lança a questão: será que não há um *gap*, ou salto, entre os desejos e as formações sociopolíticas? Uma relação direta entre os dois seria "simples demais para ser verdade" (p. 230). Para ela, não se pode passar diretamente dos afetos ao domínio político; afinal, a primeira geração de teóricos críticos frankfurtianos (como Horkheimer, Adorno e Marcuse) já concebia o indivíduo e a sociedade como entidades mediadas por objetos mercadológicos. Como diz a autora, "é precisamente porque a materialidade que atua nas relações sociais é defasada em relação à materialidade das pulsões que a primeira pode não apenas ignorar a segunda, mas lhe oferecer objetos culturais, pretextos para a sublimação" (p. 213). E, se os objetos localizam os desejos, eles, como aspectos da realidade, não são transparentes aos sujeitos e seus afetos, oferecendo-lhes resistência. Além disso, Safatle prolonga a perspectiva que enxerga as coisas como homogêneas em seus conteúdos, podendo ser pura e simplesmente posicionadas. Essa compreensão dos objetos vincula-os a formas de dominação social, demonstrando o aspecto negativo dos desejos em suas relações objetais. Tal perspectiva homogeneizante e negativa dos objetos nos impede de compreendê-los em sua potência transformadora.

Já Butler, em consonância com David-Ménard, assume a materialidade dos corpos e das localidades no agir comum das lutas políticas, contudo o duplo aspecto da materialidade no político lhe escapa: a materialidade da assembleia se constitui como meio de exteriorização dos sujeitos, que se realizam fora de si, mas, ao mesmo tempo, não atuam de forma completamente intencional e consciente. Aspectos impensáveis, que muitas vezes permanecem à sombra da consciência dos agentes, determinam a localidade de um acontecimento. Há fatores contingentes e incontroláveis pela agência que incidem late-

---

9 Cf. Vladimir Safatle, *O circuito dos afetos: corpo político, desamparo e o fim do indivíduo*. Belo Horizonte: Autêntica, 2016.

ralmente nas realizações da assembleia, tornando-as imprevisíveis. Ou seja, se não há última instância econômico-política, também não há última instância ontológica. Nesse sentido, o que torna cada luta política local e singular prescinde dos sujeitos, mas é divisado por um fator impessoal contextual. Produzindo um paralelo com a sobredeterminação do sonho e o resto diurno vivenciado na realidade externa, David-Ménard demonstra como aspectos da realidade, tomados como exceção, vêm ao encontro das vontades exteriorizadas dos agentes que formam a assembleia – mesmo que indiretamente –, convergindo de forma contingente com essas vontades para compor a especificidade da luta política, transformando as expectativas dos atores envolvidos.

O desenvolvimento dessas ideias culmina na postulação da existência do animismo nas sociedades modernas capitalistas. Para compreendê-la, contudo, há de se entender qual é a noção de animismo mobilizada. Tal concepção tem ao menos três origens: a antropologia de Philippe Descola e Eduardo Viveiros de Castro; partes da teoria freudiana; e uma leitura renovada do reconhecimento hegeliano. De forma geral, David-Ménard define animismo como "modo de identificação, isto é, como modo de pensamento que estabelece uma identidade da interioridade entre humanos e não humanos e uma não identidade na 'fisicalidade', isto é, nos corpos perceptíveis" (pp. 97–98).

Esse modo de identificação entre humanos e não humanos como configuração da organização da realidade e das identidades (afastado, segundo a autora, de sistemas classificatórios projetados por uma leitura externa e ocidentalizada dos pesquisadores) é uma constante em análises antropológicas contemporâneas de sociedades não modernas. É também esse termo que aparece, com outra conotação, no texto "O inconsciente", de Freud, quando este diz que o inconsciente é nosso animismo.[10] David-Ménard deixa claro que um dos

---

10 Sigmund Freud, "O inconsciente", in *Introdução ao narcisismo, ensaios de metapsicologia e outros textos (1914-1916)*, trad. Paulo César de Souza. São Paulo: Companhia das Letras, 2010. Obras completas, v. 12.

objetivos de Freud seria traçar uma genealogia da racionalidade cartesiana, que deduz a existência de objetos externos a partir de uma atribuição da consciência subjetiva. Contudo, Freud nos lembra que o inconsciente é o elemento originário no sujeito, do qual decorre a consciência do eu (esta última é considerada a crosta exterior do isso). Verdadeiro herdeiro psíquico do inconsciente, o eu se desenvolve para lidar com a exterioridade. Assim, para Freud, a princípio não há grandes delimitações entre sujeito e objeto: a subdivisão entre eu e elementos da realidade é vivida como uma etapa de desenvolvimento a ser alcançada. Ao delimitar a si mesmo em sua formação, o eu exclui o não eu. Ao se afastar da exterioridade, o eu perde a identificação imediata com os objetos anteriormente vivida pelo isso e passa, então, a deduzir a existência dos elementos externos. Desse modo, "a inteligência apenas se volta para o que ela excluiu de si ao transformar o excluído em objeto" (p. 106).

No entanto, Freud nos demonstra que não perdemos completamente o nosso pensamento selvagem. Este seria concebido como um modo de identificação imediata e é ainda encontrado na relação do sujeito consigo mesmo, isto é, com seu inconsciente, raiz do desenvolvimento racional da consciência do eu. Nossa "selvageria", apesar das limitações para ser acessada devido à racionalidade que nos cega em relação ao que nos liga a nós mesmos, permanece atuante e produtiva. "Então, finalmente, o único domínio no qual ainda somos animistas, queira ou não Descartes, é na relação com nós mesmos enquanto outro" (p. 101). De certo modo, portanto, nossa relação com os objetos pulsionais, externos a nós, remonta à identificação anímica do sujeito consigo.

Já com base em Friedrich Hegel, David-Ménard desenvolve uma leitura específica do reconhecimento possibilitado pela mediação dos objetos na relação entre consciências, defendendo que também aí há um tipo de animismo. Segundo a leitura de David-Ménard, o instante em que o sujeito passa pelas coisas heterogêneas ao espírito, apropriando-se delas, é o momento de concretude material do reconhecimento. Tal apropriação implica um fenômeno paradoxal: a consciência se exterioriza nas coisas, e os objetos acabam por atribuir a ela um papel no mundo do reconhecimento. Para David-Ménard, ao pensar o reconhecimento como "relações sociais que vinculam as pessoas por meio das coisas, com as coisas, apesar das coisas que circulam entre elas" (p. 84), Hegel atribui aos objetos um papel de mediação social. Disso decorre que as relações sociais se fundam, em parte, por meio de atividades vinculadas a coisas inanimadas.

Em termos jurídicos, pode-se dizer que a propriedade relaciona vontades e coisas. É nesse ponto que compreendemos o título do livro nesta edição brasileira: para Hegel, a coisa é aquilo com que a vontade se identifica ao alienar-se na não identidade. Nas palavras da autora:

> a iniciativa da vontade, qualificada de "espiritual", realiza-se ao negar-se, e essa liberdade encontra, graças a isso, materialidade e limites. [...] A vontade dá a realidade a si mesma e nega-se ao identificar-se com uma coisa. É essa identidade afirmada com uma coisa metafisicamente diferente de si que "faz pensar" em animismo. Não que a coisa seja dotada de uma alma (justamente não), mas a vontade a habita de certa forma. (pp. 89–90)

Nota-se, com isso, como Hegel não nos autoriza a separar completamente sujeito de objeto. Em conformidade com a leitura que David-Ménard faz de Lacan, quando direcionada por coisas e alienada nelas, a vontade humana produz uma vinculação social fundada no animismo.

Quando tal pensamento é transposto para o domínio econômico-político, notamos como a coisa, produzida como mercadoria e trocada como propriedade, não diverge de tal compreensão de mediação de reconhecimento. Como sabemos, as coisas não denotam apenas posicionamentos abstratos de trocas, mas concretizam configurações de poder, camuflam ações humanas e mediam relações entre pessoas, criando formas de vida. A troca de mercadorias designa as localizações das pessoas a partir de seu poder aquisitivo, mas isso não pode ser compreendido de modo estático: o pertencimento de classe é fator determinante para formação de identidades, direcionamento de aspirações pessoais e delimitação de modos de convivência humana. A possibilidade de compra ou aluguel de um imóvel, por exemplo, vai delimitar os locais de circulação das pessoas que nele habitam, limitando ou expandindo o acesso a saúde, cultura e educação, viabilizando ou impedindo encontros com pessoas inseridas em outros contextos – aspectos primordiais para a formação e transformação das identidades. Assim, "distinguir em que casos os objetos e os materiais da socialidade criam um mundo humano e em que casos sua opacidade, de outra natureza, o impede" (p. 89) torna-se tarefa fundamental. Ou seja, convém compreender as funções políticas das coisas que, com sua opacidade, dificultam ou promovem a realização humana.

Seguindo essa linha de pensamento, a autora chega à tese da existência de uma forma de animismo implicada no culto à propriedade no capitalismo. Justamente porque há contradições no objeto e inadequações em sua relação com o sujeito, David-Ménard mostra que há uma faceta irracional na propriedade característica das sociedades ocidentalizadas. Por trás de sua materialidade encontram-se mecanismos mágicos, em funcionamento francamente animista. A relação dos sujeitos com seus objetos só aparenta ser racional, pois está codificada pelo direito abstrato. Mas, ao notarmos os papéis ativos de produção da sociedade e de atribuição de reconhecimento aos sujeitos, percebemos que as coisas atuam no sentido de engendrar separações e sínteses. "A propriedade como direito abstrato pode então ser pensada como os ritos por meio dos quais nossas sociedades, construídas como democráticas, dão a seus membros uma segunda pele" (p. 97).

Além de divinizarmos objetos, reforçando o caráter religioso-fetichista das mercadorias, nosso *animismo* imbui de alma coisas inanimadas. As coisas atuam como se tivessem as vontades que nós, sujeitos, produzimos, projetamos e identificamos nelas. Como uma das muitas ilustrações possíveis, lembremo-nos de que, no capitalismo financeirizado – em que os principais agentes econômicos se encontram cada vez mais distantes e abstratos e os efeitos das relações de poder são escamoteados –, nossa vida é regida pela "crise das *commodities*", pela "alta do dólar" ou, ainda, pelos "humores do mercado", como se estes acontecessem à revelia da ação humana, de forma automática, por eles mesmos, fazendo com que nós apenas sintamos passivamente seus efeitos. Mas, ainda assim, nós nos recusamos a admitir plenamente o aspecto animista de nossa socialidade. Um dos intuitos da autora, então, é "desfazer a hierarquia da sociedade jurídica universalista e fazer aparecer sua selvageria" (p. 185). Com nossa pretensa racionalidade, ignoramos que a centralidade da "propriedade garantida pelo direito é nossa magia. Uma magia que nos faz crer que somos indivíduos idênticos a si mesmos e separados uns dos outros" (p. 234).

Ressaltamos, com isso, como a autora abala o epicentro dos debates políticos contemporâneos ao evocar facetas inusitadas de autores-chave do pensamento ocidental. Ela lembra Hegel e Marx (bem como seus discípulos) da relevância de certos aspectos marginalizados de seu ideário. Se há tantas críticas aos cânones marxistas, a renovação do pensamento ocidental viria justamente de suas bordas ainda inexploradas. Ela questiona:

> não teríamos perdido de vista, particularmente nesses autores, outras direções de pensamento que não o enfoque exclusivo na relação da sociedade civil com o Estado? [...] o que aconteceria se descobríssemos que o próprio Marx não está sempre encerrado nas categorias fixas atribuídas a ele [...]? Se descobríssemos, por exemplo, que ele às vezes recorre a um componente animista da propriedade que é difícil de ser inscrito unicamente na crítica ao formalismo do direito? (pp. 159–60)

À procura dos sintomas que localizam as fendas do universal, abrindo perspectivas renovadoras, David-Ménard encontra no debate marxiano sobre a madeira morta uma ocasião "apaixonante" para demonstrar sua tese. Ela intui uma explicação de teor animista na análise que Marx faz da antropologia das religiões e da fabricação de ídolos por parte tanto dos proprietários de terras como dos pobres coletores de galhos. Trata-se da análise de Marx sobre as sanções direcionadas àqueles que coletam galhos de árvores "mortas" (galhos já caídos no chão que foram meramente reunidos pelos coletores) ou "vivas" (árvores lanhadas e, portanto, "mortas" pelos lenhadores) encontradas em terras alheias. Em tal debate sobre o sacrifício dos direitos dos homens a favor dos direitos das árvores (vivas ou mortas), o que importa a David-Ménard é justamente a forma como Marx aborda a discussão: "a gramática que ele usa faz da natureza o sujeito de inúmeros atos sociais, intelectuais e jurídicos" (p. 173). Com isso, para a autora, Marx transforma a teoria hegeliana do direito abstrato ao desnudar o animismo que sustenta todo o edifício jurídico relativo às propriedades.

Esse é um dos muitos exemplos de como, em seu livro, David-Ménard tece perspectivas que nos desconcertam, instigam e surpreendem, forçando-nos a reconstruir alguns posicionamentos aparentemente solidificados. Mais do que apenas repetir que vivemos um retorno dialético do mito no esclarecimento, a autora nos convida a abraçar a materialidade, a selvageria e a opacidade que fogem ao nosso controle como possibilidades contingentes de transformação. Se nossa racionalidade (ainda demasiadamente cartesiana) promove a separação de sujeitos e objetos, essa cisão também se verifica quando negamos o caráter transformador das coisas, possível mediante a opacidade que almejamos des-cobrir nelas. Mas, a esta altura de nossa vivência sociopolítica, já notamos como não há emancipação baseada completamente no controle e na transparência. A explicação econômica final, a vontade dos agentes e a vinculação direta a afetos não bastam para pensar as mudanças sociais. Há de se assumir a existência tanto de articulações como de inadequações – mas não abismos – entre sujeito e objeto, indivíduo e coletividade. O livro nos incita a repensar as possibilidades de emancipação humana, produzindo caminhos mais inventivos de transformação social – cumprindo bem a proposta de David-Ménard de abrir caminhos para sempre recomeçar.[11]

---

11   Alusão à epígrafe de autoria de Bento Prado Jr., que abre este prefácio, comentando a obra de David-Ménard na ocasião do I Encon-

VIRGÍNIA HELENA FERREIRA DA COSTA é mestre e doutora em Filosofia pela Universidade de São Paulo, com períodos de pesquisa na Universidade Paris 7 e na New School for Social Research (NYC). Trabalha com temas de filosofia, psicanálise, teoria crítica e feminismos.

---

tro Nacional de Pesquisadores de Filosofia e Psicanálise em 2004; ver Bento Prado Jr., "Monique David-Ménard: Deleuze ou Freud/Lacan?". *Discurso*, n. 36, 2007.

A VONTADE DAS COISAS

O ANIMISMO E OS OBJETOS

MONIQUE DAVID-MÉNARD

INTRODUÇÃO

Muitos aspectos de nossa existência social e política se desenvolvem em um registro menos racional do que pensamos. A oposição clássica entre razão e paixões, e também o atual retorno aos "afetos políticos", permitem compreender como as formas de submissão ou libertação em relação aos poderes são tecidas. Mas isso não esclarece como a subjetivação e as relações sociais que ultrapassam o campo subjetivo se conectam entre si. As instituições coletivas não se reduzem ao modo como os sujeitos, quer sejam eles coletivos quer se suponham como tal, relacionam-se com as situações políticas e históricas. Um coletivo, uma comunidade política e social, distingue-se pelas materialidades que estabelece, pela criação de lugares, de circulação de objetos, de ritos, de atividades. Não me refiro aqui a um "corpo político" que suscitaria uma comunicação direta entre os afetos dos sujeitos e uma instância soberana, mas também não se trata apenas do estabelecimento cognitivo de um sistema de pensamento e atos.

Trata-se de ações materializadas em lugares, em ritos, em instituições. Ninguém mostrou melhor do que Hegel como as sociedades inventam percursos de atos coletivos cuja própria materialidade, que oferece múltiplas variedades, permite às relações sociais existirem: a seguridade social, um teatro, a elaboração de uma constituição política, um site de internet, algumas manifestações de rua e determinadas greves são locais coletivos porque são materiais, de uma materialidade toda vez produzida, social e tecnicamente. As análises hegelianas permitem compreender como as sociedades são diferentes dos sujeitos que, todavia, se formam nelas. Eles se formam nas sociedades, mas se constroem também divergindo das instâncias coletivas que os formam. Insistir na materialidade dos coletivos é sair de uma concepção puramente simbólica dos "laços sociais". É ter consciência de dois paradoxos:

por um lado, a materialidade é a dimensão na qual a intenção, a visada consciente dos atos, é abolida; e, no entanto, essa materialidade é também o meio que os sujeitos têm para se realizar saindo de si próprios, mesmo que passem por algumas provações de alteração e até de alienação.[1] As intenções e os sentimentos se alienam quando se realizam, pois passam a se inscrever nas coordenadas de um mundo que não é aquele de uma subjetividade individual. Há inúmeras formas de materialidade nas relações sociais, a matéria institucional não é apenas física; eu mencionei como exemplo uma constituição política escrita e prescritiva, mas também as redes de internet, cuja materialidade reside ao mesmo tempo em seu suporte técnico e nas relações espaçotemporais que constroem. Após a análise de Marx do "fetichismo da mercadoria e seu segredo",[2] muitos filósofos denunciaram a reificação das relações sociais e humanas no capitalismo,[3] mas sem confrontar o que Hegel expõe: há uma opacidade nas relações sociais que tem a ver com a realidade material da qual necessitam para se tornar efetivas. Isso não implica enaltecer essa opacidade nem a tornar eterna, mas é importante que as suas modalidades, variando de acordo com as sociedades, sejam reconhecidas e diferenciadas. A utopia que constrói a norma de uma sociedade na qual as relações sociais seriam transparentes não ajuda a tomar conhecimento do processo pelo qual as relações sociais e humanas, ao se realizarem, alienam-se. Os objetos e as coisas possuem algo de opaco ou de misterioso. Quando se fala, nos termos de Marx, sobre fetichismo da mercadoria no capitalismo, incitamos a com-

---

1   Refiro-me, aqui, aos termos *Entäusserung* e *Entfremdung*, por meio dos quais Hegel designa o fato de que a ação humana, ao se expressar, enfrenta um mundo estrangeiro.
2   Karl Marx, *Das Kapital: Kritik der politischen Ökonomie* [1867]. Stuttgart: Alfred Kröner, 1968, pp. 52-63 [ed. bras.: *O capital: crítica da economia política*, livro I: *O processo de produção do capital*, trad. Rubens Enderle. São Paulo: Boitempo, 2013, p. 146-58].
3   Pensadores tão diversos quanto Jean-Paul Sartre, Cornelius Castoriadis ou Guy Debord criticam a reificação das relações sociais, retomando o termo amplamente desenvolvido por Marcuse.

paração entre esta sociedade em que vivemos e as outras. Nós as chamamos de fetichistas, assinalando assim que a identidade de um grupo atua nos ritos que atribuem um grande papel a um objeto material chamado fetiche. Sua fabricação e seu uso ritual reconectam o grupo e seus membros a um ancestral, ausente e presente ao mesmo tempo. Esse compromisso entre a ausência e a presença em um objeto que desperta fascínio é também o que Freud chamou de fetichismo. Ao fazê-lo, ele estava aparentemente enfatizando algo bem diferente: o objeto de um desejo sexual é tão mais fascinante e brilhante quanto mais opaco for àquela ou àquele que nele fixa seus prazeres e sua identidade. A característica do fetiche é ser um objeto pulsional ao qual o sujeito está atrelado. Ela/ele não pode transformá-lo em mais nada. No que concerne à sexualidade, não se pode viver sem ele, sob pena de cair em uma angústia que nunca deve surgir. O objeto contém elementos contraditórios entre os quais o sujeito "oscila" constantemente. O apego nutre uma crença contraditória do tipo "eu sei bem..., mas ainda assim", que exerce uma coerção na medida em que o sujeito deve a todo momento organizar suas experiências para oscilar de um polo a outro. É exaustivo e extremamente custoso. Essa primeira abordagem permite deixar claro que o "objeto", em psicanálise, não é apenas um objeto de percepção, ele "faz corpo"[4] com o que parece não dizer respeito ao corpo, como uma crença ou, ainda, um par de ações contraditórias. O objeto-fetiche é apenas um dos compromissos que nossa alma inventa para não perder o que para ela importa "mais do que tudo". Há outros objetos alienantes e constitutivos para os sujeitos de desejo; mas, devido à sua fixidez, o fetiche mostra que os objetos cristalizam e ao mesmo tempo tornam evidentes e misteriosos os traços de identidade. O fetiche revela que as relações que compõem um objeto na antropologia ou na psicanálise se tornam opacas devido ao próprio fascínio que este exerce. O conjunto

---

4 Em francês, "*fait corps*": a expressão designa o ato de unir-se a alguma pessoa ou aderir a alguma coisa de modo a formarem um único ser. [N. T.]

de relações, ritos e crenças do qual ele é feito não fica mais visível. Contudo, não há fetiche sem contexto; o fetiche é um objeto situado por poderes e ritos, mas, como condensa essas relações e conflitos, torna-se absoluto. Analisar um fetiche – e, de modo mais geral, um objeto – é determinar o lugar no qual ele intervém.

Portanto, durante esta pesquisa, passarei progressivamente da questão dos objetos à questão dos lugares, da localidade de toda situação política e de toda situação de desejo. Falar de lugar é evitar a oposição entre o parcial e o total que muito frequentemente resume a contribuição do político para o social: haveria político mesmo se não houvesse Estado, mesmo se as relações diversas que não produzem laços na sociedade se unificassem por meio de uma ideia, um conflito fundamental ou uma constituição que atravessasse todas elas, um soberano. Do mesmo modo, por muito tempo se disse que, na história de um sujeito de desejos, o objeto inicialmente parcial se tornaria total graças à passagem por um certo número de provações. Mas o objeto, tal é a contribuição de Lacan, define uma posição do sujeito, que o faz vacilar naquilo que ele acredita ser uma pessoa total. O objeto refere-se então a uma configuração. O mesmo se dá no político, uma situação, transformável ou não, é um lugar.

Quando Marx falava de fetichismo, indicava com isso que o fetiche é o equivalente de um deus em prol do qual a alma dos crentes se aliena nos monoteísmos. Há, portanto, um curto-circuito entre coisas brutas, desprovidas de fala e até de vida, e seres transcendentes. Divinizar objetos é atribuir aos materiais que qualificamos de inanimados um papel na definição de nossa identidade singular e social. Nosso pensamento racional separa os reinos vegetal, inanimado, animado, espiritual, divino, mas existem, mesmo nas sociedades científicas, essas relações em forma de curtos-circuitos entre entidades consideradas sem relações. Hegel analisou essas conexões e as chamou de externação/exteriorização e alienação (exatamente: os atos se tornam estranhos a eles próprios ao se realizarem). O termo fetichismo insiste na divinização dos objetos; animismo atribui uma alma a seres que, a nossos olhos racionalistas, são desprovidos dela. A hipótese que sustento é a de que nossas sociedades privilegiam, sob o nome de propriedade, uma forma de animismo paradoxal, já que se trata de identificar vontades subjetivas com coisas inanimadas e de definir a socialidade por meio do reconhecimento dessa identidade imediatamente admitida entre entidades contraditórias. Curiosamente, há, "entre nós", um animismo do inanimado que ilustra, por exemplo, na propriedade, a identidade de uma vontade com objetos. Acontece que Freud afirmou, em um texto pouco lido por psicanalistas,[5] que o que ele chama de inconsciente é o nosso animismo, nós que não mais podemos atribuir alma às plantas, às pedras, aos deuses e, dificilmente, aos animais. Haveria ali apenas uma coincidência no emprego do termo animismo, ou o animismo da propriedade e o animismo do inconsciente são de fato característicos das sociedades modernas que se definem pelo direito? A estranheza do nosso direito de propriedade também foi observada por Marx, quando reconheceu, no novo direito de propriedade das terras na Renânia,[6] a criação, pelo direito, de uma nova forma de exclusão das relações sociais: os pobres não teriam mais a possibilidade, até então aceita como um costume, de recolher madeira seca caída nas florestas. Esse ato se torna um crime cuja sanção é prevista pelos parlamentares. Ora, diz Marx, é identificando-se com a madeira morta que "a pobreza" se dá conta de que é excluída. O interesse dessa análise de Marx é também fazer de um

---

5 No texto "O inconsciente", que todos estão de acordo em reconhecer como fundador, mas a passagem em questão é negligenciada. Sigmund Freud, "Das Unbewusste", in *Gesammelte Werke*, Band 10. Frankfurt am Main: Fischer, 1973, pp. 263-303 [ed bras.: "O inconsciente", in *Introdução ao narcisismo, ensaios de metapsicologia e outros textos (1914-1916)*, trad. Paulo César de Souza. São Paulo: Companhia das Letras, 2010, pp. 99-150. Obras Completas, v. 12].

6 Karl Marx, *Werke, Artikel Literarische Versuche bis März 1843*. Berlin: Dietz, 1975, pp. 199-236. Marx-Engels Gesamtausgabe (MEGA-2), v. I/1 [ed bras.: *Os despossuídos: debates sobre a lei referente ao furto de madeira*, trad. Mariana Echalar e Nélio Schneider. São Paulo: Boitempo, 2017].

debate aparentemente limitado, circunscrito, o local de uma mudança política decisiva. A identificação com coisas que condensam os desafios de um conflito e a "localidade" da política estão, portanto, relacionadas.

Uma situação é uma encruzilhada de componentes, e o que é material é o desenho ou a topografia dessa situação. Assim, a localidade de uma relação de forças na política se une ao ato de uma cura analítica que transpõe em um espaço específico os componentes de uma organização de desejo. O/a analista não é exclusivamente sujeito suposto saber para o/a analisante, ele/a instaura uma encruzilhada de componentes pulsionais. Ele/a efetua uma nova junção relativa às situações da vida cotidiana. Transforma as relações entre desejar, dirigir-se a um outro e repetir. Pode-se descrever uma cura tanto como uma conjunção e um conflito de forças quanto como cadeias significantes polarizadas por um excesso cujos objetos figuram no desenho da repetição. A importância de um conjunto de pulsões como lugar indissociável das relações que se condensam e se obscurecem nos objetos faz com que a psicanálise não se prenda ao indivíduo, como frequentemente a acusam. Uma cura intervém em um sistema de relações, relações essas divididas entre vida acordada e vida de sonho. Sua prática concerne a um sujeito singular, mas que não é esse átomo indivisível que chamamos de indivíduo.

Os objetos que cristalizam os desejos no registro das sexualidades e aqueles que condensam ritos sociais contêm em si inúmeros discursos tornados mudos, polos de fascínio, conflitos que tentam se "apresentar" por meio da materialidade que neles toma forma. Há, portanto, uma correlação entre o caráter local de uma situação quando ela se torna uma questão política, a materialidade das criações coletivas e os objetos que polarizam os desejos dos seres humanos sexuados. Esta obra explora essa correlação.

[1] CRÍTICA DA EMANCIPAÇÃO

A emancipação é uma noção multifacetada. Seu uso é, primeiramente, jurídico-técnico: tornar um menor independente do poder parental. Ainda no campo do direito, fala-se de emancipação das mulheres em referência a sua libertação da tutela do pai e do marido. Mas a emancipação possui também um sentido mais abrangente no pensamento político, particularmente no pensamento revolucionário: o fato de as classes exploradas poderem reverter as condições de sua servidão modificando os próprios fundamentos da produção e da dominação. Quando se fala em emancipação, em vez de em revolução, coloca-se em evidência não apenas a transformação política, mas também a libertação subjetiva que é o seu efeito, e talvez também a sua condição. O termo emancipação designa a confluência de uma problemática coletiva com um processo subjetivo. Esses dois fatores coincidem? Eis o nó da questão.

Herbert Marcuse, por exemplo, afirmava, em *O homem unidimensional* (1964), que o capitalismo na era da automação induz a um funcionamento da sexualidade que ele chama de dessublimação repressiva, isto é, uma aparente liberação da existência sexual que adormece a insatisfação constitutiva dos desejos que se poderiam colocar a serviço das lutas sociais. "Negar o real" é se apoiar na insatisfação econômico-social e na insatisfação do desejo, que seria o centro unificado do sexual e do político. Seria essa a questão central da emancipação. Ora, nos anos 1960, de acordo com Marcuse, o capitalismo, por meio da cultura tecnológica e do estado de satisfação falaciosa dos desejos que ela induz em uma situação de pleno emprego, teria produzido um adormecimento dos desejos igualmente falacioso. Era a idade da "consciência feliz". Meu objetivo não é adaptar essa análise de Marcuse ao período seguinte do capitalismo, o nosso, que se caracteriza pelo desemprego em massa em alguns países, pela precariedade do trabalho em outros e pelo crescimento exponencial das desigualdades. E que também se caracteriza pelas novas formas de vida política, ao mesmo tempo transnacionais e localizadas.

O que questiono é, sobretudo, a pertinência de uma estratégia política que busque unir a verdade de uma análise socioeconômica àquela de um regime de desejos sexuais que seria, ele também, o verdadeiro. Para que se possa falar, com Marcuse, da "irracionalidade da racionalidade tecnológica", é preciso promover uma unificação entre a "verdade dos desejos" e a contradição principal de uma sociedade.

Desde a tentativa de Althusser,[1] que trabalhou com o conceito freudiano de sobredeterminação para pensar o hiato entre a verdade de uma "contradição principal" e as circunstâncias, sempre em dessintonia, que a tornam eficaz, quem melhor esclareceu essa questão, opondo-se à ilusão de uma unidade pressuposta entre a verdade dos desejos e a sociedade emancipada, foi sem dúvida o Foucault de *A arqueologia do saber*, ao definir as "relações discursivas":

> Essas relações são estabelecidas entre instituições, processos econômicos e sociais, formas de comportamento, sistemas

---

[1] Louis Althusser, "Contradição e sobredeterminação (notas para uma pesquisa)", in *Por Marx*, trad. Maria Leonor F. R. Loureiro. Campinas: Editora da Unicamp, 2015, pp. 71–106.

de normas, técnicas, tipos de classificação, modos de caracterização; e essas relações não estão presentes no objeto; não são elas que são desenvolvidas quando se faz sua análise; elas não desenham a trama, a racionalidade imanente, essa nervura ideal que reaparece totalmente, ou em parte, quando o imaginamos na verdade de seu conceito. Elas não definem a constituição interna do objeto, mas o que lhe permite aparecer, justapor-se a outros objetos, situar-se em relação a eles, definir sua diferença, sua irredutibilidade e, eventualmente, sua heterogeneidade; enfim, ser colocado em um campo de exterioridade.[2]

Disso decorre que uma prática nunca é a aplicação de uma verdade,[3] mas parte de um diagnóstico de uma situação. Um diagnóstico não é a aplicação de uma teoria justa, ainda que seja apresentada como uma hipótese. Porém, um diagnóstico é local. Entre a localidade da política e o fato de que não há verdade imanente comum aos desejos e às relações sociais, existe uma implicação mútua. Estabelecer isso é o propósito deste livro. A questão toda é determinar quais são as lutas locais cujo alcance se estende para além de si próprias, mesmo que essas lutas nunca tenham o controle sobre a apreensão desse "para além de si próprias", ou melhor: mesmo que esse não controle seja uma condição de sua eficácia "para além".

Se, por essa razão, não acreditamos mais em uma transformação radical de nossas sociedades e dos regimes políticos apoiada na ideia de revolução, quer dizer que negamos a

---

2 Michel Foucault, *A arqueologia do saber* [1969], trad. Luiz Felipe Baeta Neves. Rio de Janeiro: Forense Universitária, 2008, p. 50.
3 Até mesmo Immanuel Kant hesita em negar a distância entre teoria e prática antes de redefinir a ordem dos princípios, no âmbito da moral, de modo que a factualidade de uma aplicação seja distinta do valor racional dos princípios; Emmanuel Kant, "Sur le Lieu commun: il se peut que ce soit juste en théorie, mais en pratique, cela ne vaut point", in *Œuvres philosophiques*, t. III. Paris: Gallimard, 1986, pp. 251–91. Bibliothèque de la Pléiade, n. 332.

importância e a urgência de transformar as sociedades em que vivemos? De jeito nenhum! Acontece que as grandes narrativas que se propunham a transformar a realidade agindo no suposto centro de gravidade da vida comum, isto é, na articulação do econômico e do político sob a forma do Estado, negligenciavam aspectos da vida cultural, das sexualidades, dos regimes de desejo favorecidos ou induzidos pelas instituições cuja importância sentimos por inteiro neste início de século XXI, pois, nesse domínio, as certezas foram postas em causa: as redes sociais transformam as condições da vida política de um modo difícil de avaliar, a internet e os celulares a ela conectados transformam o espaço e o tempo dos nossos desejos. No cruzamento entre o desemprego de massa, as incertezas das periferias e as formas ressurgentes de violência, a questão é de delinquência ou de política? É verdade que os jovens, sejam eles "provenientes da imigração", precários nos centros das cidades ou mesmo ativos na "periferia da França", não sabem mais o que é o intervalo entre os desejos e suas realizações? É verdade que eles não têm mais a experiência da perda ou da espera? Ou deveríamos, sobretudo, descrever como o regime de seus desejos enfrenta a precariedade sob todas as formas: a da inserção social e familiar, a da marginalidade que não encontra expressão na cultura, a das relações de gênero e sexualidade que alimenta, às vezes, nas gerações mais jovens, as formas mais brutais de violência entre mulheres e homens ou um recolhimento convencional que mais chama a atenção para o mal-estar do que o resolve? Nesse sentido, o que faço aqui não é uma análise global e sintética das relações sociais; busco analisar certos nós decisivos no modo como o social e o subjetivo interferem um no outro. Indubitavelmente, a própria distinção entre essas categorias deve ser reconsiderada.

Minha hipótese é que, para abordar essas questões sem reapresentar um saber que se resumiria ao essencial do mal-estar e dos conflitos, podemos seguir uma linha que nos permita descobrir, antes da diferença entre público e privado, entre selvagens e civilizados, entre sociedades pré-industriais e modernas, uma afinidade entre animismo e propriedade.

Mais do que continuar acreditando que o essencial das relações sociais acontece exclusivamente na articulação do econômico com o político, como pretenderam, de modos diferentes, o liberalismo e o marxismo, proponho-me a examinar tudo o que, em nossa sociedade e nossa existência, provém de uma relação bastante estranha com os objetos, uma estranheza que não percebemos mais porque está codificada pelo direito. O que mudaria no regime de nossos desejos e na vida comum se começássemos a reconhecer o animismo da propriedade? Talvez isso trouxesse uma nova perspectiva da violência das relações sexuais e sociais que os objetos e o direto de propriedade tentam conter, muitas vezes sem sucesso.

A aposta de escrever sobre "as coisas" situa-se na confluência de uma prática da psicanálise com uma intervenção nas questões políticas transformadas por uma economia capitalista globalizada de um jeito inédito. Meu ponto de partida ancorado na prática e no pensamento psicanalíticos me levou a mostrar que os objetos pulsionais localizam os conflitos[4] e constroem sintomas que constituem, mas também entravam, a existência de um sujeito sexuado que, nas curas, cabe transformar.

O que chamamos de objeto na psicanálise? O objeto das pulsões e dos desejos não é simplesmente o que é percebido externamente. Nas filosofias ou nas ciências da percepção, o objeto externo é concebido como neutro em relação ao desejável. Ora, justamente o que interessa à psicanálise é uma genealogia do exterior nos processos de desejo. O exterior não é afetivamente neutro; o exterior é o rejeitado ou o inquietante do qual não queremos saber nada, ainda que, ao mesmo tempo, ele nos atraia... para aqueles que desejamos ou para aqueles em direção aos quais nossas pulsões nos levam.[5]

---

4 Monique David-Ménard, *Éloge des hasards dans la vie sexuelle*. Paris: Hermann, 2011.
5 A língua alemã emprega a palavra "pulsão" [*Trieb*], que exprime a ação de impulsionar; a língua francesa emprega a palavra "desejo" [*désir*], que implica a ação de ser atraído para alguma coisa. Essa

Freud chamou essa dupla face do objeto de *Unheimlich*, o estranho inquietante que é ao mesmo tempo familiar (*heimlich*) como a própria casa. Por que temos a impressão de que, com alguns outros que nos atraem, estamos "em casa"? E por que essa intimidade tão frequentemente se transforma em hostilidade no próprio domínio que parecia circunscrever e garantir o íntimo? Para dar conta dos paradoxos do objeto, insuportável para o sujeito, porém constituinte dele, Lacan inventou um neologismo interessante: "extimidade". O termo "objeto", portanto, é aqui empregado no sentido que adquire nas obras de Freud e Lacan. Muito cedo (1897), Freud escreveu que chamamos de coisas (*Dinge*) aquilo que escapa ao nosso pensamento quando este, no registro dos processos de prazer e desprazer, busca assimilar o que atrai os desejos ("isso eu coloco em mim, faço disso algo meu") e se separar violentamente do que pode provocar seu desprazer ("isso eu cuspo fora"). Ele confirmou essas teses ao longo de sua reflexão sobre o que é o eu e o não eu: o não eu é o excluído, o de fora, o estranho. Lacan detalha essa perspectiva ao distinguir Coisa de objeto: a Coisa é o polo inassimilável do que nos constitui e que se repete em nossa existência, destruindo-nos. É, portanto, aquilo que não podemos reconhecer como pertencendo a nós. Os objetos dos nossos desejos são retirados "da Coisa" por aquele que diz "Eu" [*Je*]. Os objetos são os restos, erotizados, dessa atividade de assimilação que define o pensamento, impulsionada pela busca do prazer e pela evitação do desprazer. Lacan especifica que os objetos são, portanto, causas do desejo, e não simplesmente o que pode ser percebido ou compreendido no exterior. O "exterior" muda de significado; passa a significar, sobretudo, estranho, estrangeiro, excluído. Os objetos preservam, para o nosso desejo, uma dose de estranheza, na angústia e na paixão, por exem-

---

diferença está bem estabelecida atualmente. Ver, por exemplo, Georges-Arthur Goldschmidt, *Freud et la langue allemande*, t. 1: *Quand Freud voit la mer*. Paris: Buchet-Chastel, 2000.

plo, e, de outra maneira, nos traumas.[6] Lacan insistia, principalmente, no fato de que os objetos importam menos em si mesmos (eles são totalmente indiferentes, dizia) e mais no âmbito dos circuitos que permitem construir quando as pulsões os cercam sem os possuir. Eu modifico essa tese: porque foram conquistados ao inassimilável, os objetos que moldam um sujeito de pulsões formam um nó de relações; eles localizam o excesso do prazer, a visada do gozo que nos constitui e, ao mesmo tempo, nos desaloja de "nós mesmos". É isso que chamamos de inconsciente e que toma forma nos sintomas, sonhos e fenômenos de repetição. Os objetos definem um lugar porque são uma encruzilhada de moções pulsionais (de acordo com o vocabulário de Freud), ou a cristalização daquilo que causa o desejo à margem, isto é, à margem dos significantes em cadeia ou em estrutura que marcaram nossa história (de acordo com o vocabulário de Lacan).

Poderíamos embasar-nos nesse campo particular para compreender a importância do que, em uma situação política, concerne à localidade de um conflito, mesmo quando, na "globalização", os conflitos aparentemente se desenvolvem de outro modo que não localmente? Estou trabalhando justamente para precisar o alcance dessa questão.

A possibilidade de que o caráter fixo dos sintomas se transforme em recriação da existência provém do fato de que os objetos pulsionais são embarcados no processo de repetição e fracasso que marca o compasso de uma existência humana e determina o estilo, a cada vez próprio, da transferência. A transferência é a transposição, graças às condições particulares da cura, dos impasses da vida sexual; é também a transposição das forças de destruição, inclusive de morte, em nossa

---

6 A questão de saber se todos os traumatismos podem se erotizar é objeto de inúmeras discussões em psicanálise. Além disso, inúmeros ataques contra a psicanálise afirmam que ela reduz tudo à interioridade. Ora, a própria distinção entre interior e exterior precisa ser repensada, a não ser que se considere que o pensamento está alojado no cérebro. O confronto entre os trabalhos antropológicos e a psicanálise mostra, de fato, que os objetos não são exteriores e tampouco o sujeito é interior.

vida. Essas particularidades colocadas em jogo, de início automaticamente,[7] nos atos de um sujeito e que escapam a seu discurso devem ser decifradas ou situadas. Elas definem um lugar de prazer, de desprazer e de angústia que caracteriza cada um de nós. Eu falo em "decifradas ou situadas" porque uma questão constantemente discutida por psicanalistas é a de determinar se o que fica de fora das produções discursivas do inconsciente deve ser interpretado, decifrado (o que atesta, portanto, uma escrita) pelo/a analista, ou apenas identificado em seu local. O local de um sintoma é sempre a articulação de componentes inconscientes plurais que se encontram investidos em atividades, objetos e ritos. Pode-se identificá-los na cura no limite do que pode ser dito pelo paciente e que se repete. Mas os objetos possuem uma dupla face: também é possível analisar, na realidade social, jurídica e política, como instituições e dispositivos de trocas, de poderes e de filiação oferecem aos desejos e às pulsões possibilidades de deslocamento que os transformam ao mesmo tempo que mascaram seu caráter sexual. Às vezes, esses recursos sociais reprimem o sexual inconsciente; mas, outras vezes, oferecem oportunidades de transposições novas, de recalcamento e sublimação fecundos. Nossos destinos pulsionais sempre têm, portanto, uma relação com realidades que não são eles. Isso implica dizer que existiria uma realidade "exte-

---

7 O *autómaton*, em Aristóteles, é o que se produz sem se poder inserir em nenhuma razão final, destruindo o agente de uma ação. O automático, portanto, para Aristóteles, é o irracional, o que diz com precisão a expressão corrente: "que azar". Exatamente o oposto do sentido adquirido pelo termo no mecanismo moderno que libera a lei e, portanto, a racionalidade dos automatismos. Quando Lacan retoma o termo *autómaton* de Aristóteles a fim de designar o que se reproduz nos fracassos que escapam a qualquer controle e ao conhecimento do sujeito, ele não toma o cuidado de especificar que o modelo de racionalidade dos tempos modernos não é mais a finalidade, como em Aristóteles. Assim, seu empréstimo é um pouco malfeito. Jacques Lacan, "Tiquê e autômaton", in *O seminário*, livro 11: *Os quatro conceitos fundamentais da psicanálise*, trad. M. D. Magno. Rio de Janeiro: Jorge Zahar Editor, 1996, pp. 55–65.

rior" oposta à "realidade psíquica" que seria o campo próprio da psicanálise? Não exatamente, porque, se os objetos estão nos limites do dizível e configuram-se apenas nas repetições que marcam o compasso de nossa vida e de nossas transferências, o que é inconsciente é sempre investido "na realidade" que talvez esteja fora do controle do sujeito que deseja, mas que não por isso é independente dele. Estamos o tempo todo, sem saber, no "exterior de nós mesmos", em lugares decisivos de um "nós mesmos" cuja importância é circunscrita apenas pelos materiais da "realidade externa" que nos parecem mais reais e mais ameaçadores que outros. Lacan dizia: o que foi foracluído do simbólico retorna no real, sinalizando com isso que a dualidade interno/externo é completamente perturbada pela psicanálise. Relendo bem Freud, percebe-se que toda a teoria do trauma supunha já esse questionamento do par "interior/exterior", mesmo que tal par ainda se expressasse nos termos de um homem do século XX que começava a acreditar demais na distinção entre os "domínios" do psíquico, supostamente interno, e do social, supostamente externo. Sabemos bem, mesmo com dificuldades em inventar conceitos para pensar isto, que o que é social é também subjetivo, e vice-versa. No entanto, o social e o subjetivo não são facilmente representáveis como a superfície paradoxal de uma figura topológica, como afirmava Lacan. E isso precisamente porque há objetos cuja própria opacidade efetua a interface entre o que separamos como social e como subjetivo. Não se passa facilmente de um a outro, como quando se percorre a superfície da figura topológica do *cross-cap*. Tampouco basta falar de laço social, como fazem com frequência psicanalistas a fim de entender como o subjetivo e o social se articulam. Porque, ao proceder dessa maneira, se reduz o social às relações que os sujeitos de desejo mantêm com o social. Também não basta recorrer aos afetos na condição de relações dos sujeitos com o político. Pois, na articulação entre o subjetivo e o social, há opacidade, há não transparência. Pretendo mostrar que não se pode descrever essa articulação de forma sobreponível ou congruente quando se parte de relações sociais e de formações subjetivas, mesmo que ambas estejam sempre articuladas. Nisso consiste a opacidade, a não transparência, a síntese disjuntiva, diria Deleuze, da articulação entre o subjetivo e o social. Por isso os intermináveis debates a respeito da questão da proeminência do social sobre o psicológico, ou o inverso. Debates que são particularmente estéreis quando se desenvolvem em termos de causalidade, uma vez que se trata de duas construções irredutíveis de uma mesma realidade, e a divergência dos métodos define o rigor elementar do pensamento. Como afirmava Spinoza, a substância é única, mas nós a pensamos de acordo com atributos distintos, o que supõe uma crítica da categoria de causalidade. Spinoza explicitava isso a respeito dos atributos "pensamento" e "extensão", mostrando que nunca há efeito causal de um sobre o outro. Eu acrescento apenas que, na articulação do subjetivo com o político e com o social, há pontos de opacidade quando se passa de um registro a outro. São esses pontos de opacidade, de não congruência, que chamo de objetos e instituições. Esses pontos de passagem opacos permitem a invasão [*empiétement*] do subjetivo pelo social, e vice-versa. O social e o político não são o campo da transparência! Podemos compreender isso um pouco melhor se considerarmos, justamente, os objetos que articulam os trajetos pulsionais que nos caracterizam subjetivamente, mas também os materiais sociais nos quais eles se podem investir e dissimular.

Sobre esses nós do social e do pulsional, eu daria alguns exemplos a princípio breves: o movimento LGBTQ intervém em questões que se enunciam na medida em que colocam em jogo sujeitos de desejo e de pulsões e que impactam não apenas na filiação, mas também na política. Trump, por exemplo, proibiu a aceitação de transexuais no exército americano. Essa medida concerne a um só tempo aos questionamentos "o que é um homem?" e "o que é um exército?". É o oposto do que aconteceu na época em que militantes homossexuais lutaram contra a aids e contra o opróbio do qual eram objeto, instaurando práticas sexuais seguras e reivindicando, quando enfrentavam a morte de seus/suas parceiros/as, mudanças jurídicas na seguridade social, depois na filiação. Politicamente, é o oposto do que acontece na referência anterior a Donald Trump, mas conceitualmente se trata da mesma imbricação do político com o sexual.

Outro exemplo nos é dado pelas experiências dos hospitais psiquiátricos de Saint-Alban conduzidas por Tosquelles, depois pela de La Borde, animada por Guattari e Oury: trata-se de oferecer às pessoas que sofrem de loucura o investimento em um funcionamento institucional que insira os meandros de seus delírios e de suas pulsões em novos ritos socializados, em novos ritmos. É uma fórmula de cuidado que objetiva transformar a loucura ao evitar normalizar os sintomas dos pacientes, isto é, ao evitar curvá-los, justamente, às leis da "realidade exterior". Tampouco se trata de interpretar a loucura ou os sintomas. Essas máquinas sociais capazes de reorganizar as máquinas desejantes (Guattari e Deleuze) mostram que um dispositivo de cuidado toma forma em uma situação política determinada: a experiência do hospital de Saint-Alban é impensável sem os desdobramentos da Guerra Civil Espanhola, e a clínica de La Borde é impensável sem os desdobramentos da Guerra da Argélia e da Segunda Guerra Mundial. "Impensável sem" quer dizer que as práticas sociais efetivadas nesses estabelecimentos de cuidado são, ao mesmo tempo, uma reorganização esperada da loucura e um contraponto aos funcionamentos sociais e políticos dos países que levaram cuidadores ao exílio político e doentes ao exílio subjetivo. O que chamo de imbricação do subjetivo e do político não implica dizer que ambos sejam a mesma coisa, muito menos que um esteja no interior e o outro, no exterior. O que torna alguém louco nunca é apenas um trauma político. No entanto, essas experiências articulam componentes heterogêneos sempre imbricados.

Em todo caso, gostaria de refletir sobre o que acontece (mesmo para aqueles que não venceram) quando, subitamente, há política em um país.

Ainda que eu saiba engajar-me em atividades de longo prazo que possuam uma dimensão coletiva, não me considero uma militante política, pois não almejo falar em nome de um comum que me distancie das minhas competências. Eu sei ser professora de filosofia; sei também exercer a psicanálise; e, na junção dessas duas atividades, sei criar redes de pesquisa internacionais que perduram por décadas, participar da criação e da direção de instituições e associações que trabalham para desbravar e desenvolver esses caminhos. No que concerne às atividades de longo prazo, é isso. Agora, quando é preciso falar de coisas imediatas, deixo-me guiar pelo que me parece impor-se, pois o contrário seria abjeto. Porém, se nas situações críticas eu sei escolher, não me sinto confortável nem com os atos nem com as palavras que se reivindicam a Verdade sobre o que constitui a essência de uma sociedade em um dado momento e que se propõem a agir em nome dessa verdade. Há, nos engajamentos e nos atos, muitos fatores inconscientes; agir não é aplicar princípios. A formulação dos princípios e a gramática da universalidade por meio da qual eles são enunciados vêm depois. As escolhas são ditadas pelo limiar do intolerável que se trata de recusar.

Ao dar esses poucos elementos – esporádicos – de análise, certamente sou sensível às ilusões nas quais as gerações do século XX caíram e que, apenas tardia e penosamente, puderam ser reconhecidas pelos atores dessa História como ilusões. Foi aos filhos e filhas desses atores que essas ilusões, com seus pontos cegos, puderam aparecer como tais, graças aos sintomas que induziram nas famílias. É de fato o caso de dizer, com Marx, que os homens fazem sua História, mas não conhecem a História que fazem. Falar de ilusão não é de forma alguma renegar o que foi feito em nome dos princípios, sejam eles chamados de comunismo, personalismo ou universalismo. Falar de ilusão é refletir sobre as condições da ação, que, mesmo em política, são menos controladas do que se diz.

Nas afirmações "não me sinto confortável com as palavras e os atos que se distanciam do que sei fazer, do que aprendi a fazer", meu intuito não é simplesmente destacar uma posição pessoal. Ao dizer "eu", desejo introduzir uma reflexão sobre o modo como a política e a verdade se comportam mutuamente. Não é sempre em nome de uma verdade da situação na qual precisamos nos situar que agimos? Uma verdade que captaria, portanto, a essência, o ponto nodal daquilo sobre o que ela fala.

O nó da economia e do político: um privilégio evidente, mas negligente

Essa primeira perspectiva se vincula a uma segunda: afirmar algo que diz respeito ao todo, ao cerne, ao essencial dos conflitos que se desenvolvem em uma sociedade, caminha de mãos dadas com a universalidade do que é afirmado: desde Aristóteles, que enunciou claramente essa correlação, uma análise essencialista do político se alia à modalidade universal da enunciação, a qual, portanto, não é mais a enunciação de um locutor, mas uma proposição válida para todos e proveniente de lugar algum. Pretender analisar o cerne de um conflito considerado essencial, pretender transformar a sociedade aplicando uma verdade e falar em nome de todos são três temas correlatos.

Essa correlação se verificava desde o início da filosofia política, na obra de Aristóteles,[8] quando esse "essencial" fazia referência a uma ideia hierárquica das instâncias que constituem uma cidade. A partir das revoluções inglesa, francesa

---

8 "Designo por universal [*katholou*] aquilo que pertence a todos [*kata pantos*] e a cada um por si [*kathauto*] e enquanto tal [*ê auto*]"; Aristote, *Organon*, v. 4: *Seconds Analytiques*, trad. Jean Tricot. Paris: Librairie Vrin, 1987, v. IV [73b], p. 27. Retraduzi o texto para tornar mais visíveis os quatro aspectos do universal. O universal serial (para todo *x*), para Aristóteles, claramente se refere, por um lado, à eminência da totalidade e, por outro, à essência de alguma coisa da qual se diz que participa, por si mesma, da universalidade. É disso que Foucault almejava se distanciar ao extrair, das formações discursivas, outra dimensão que não "a racionalidade imanente", a "nervura ideal" que se pretende extrair quando se pensa um objeto na verdade de seu conceito; M. Foucault, *A arqueologia do saber*, op. cit., p. 50.

e americana, a ideia do bem comum deixa de ser pensada como inscrita em um cosmos. O universal mudou, e, como Alain Badiou desenvolveu amplamente em *O ser e o evento*, a própria ideia de totalidade não coincide mais com a de unidade desde que matematizamos os infinitos na matemática e na ciência.[9] O infinito e o cosmos não deveriam mais estar relacionados. No entanto, no âmbito da filosofia política, continuamos – Alain Badiou, muito particularmente – falando do comum e do todo da sociedade, quer se trate do Bem da cidade, por exemplo, da justiça, quer se trate do cerne dos conflitos que a animam, como sendo a "contradição principal" de uma sociedade, nacional ou globalizada. Assim, fala-se sobre isso apagando as condições nas quais se enunciam as proposições que valem para todos e cada um. Continua-se afirmando que uma filosofia política concerne a uma comunidade como um todo, e o que se afirma sobre o todo vale para cada um. É esse o suposto estatuto da verdade na política. Caso contrário, estaríamos condenados, segundo essa perspectiva, ao ceticismo que explora a correlação ilusória entre universalidade e essencialidade enquanto se aproveita, constantemente, da demonstração caso a caso da insignificância dessa correlação.[10]

---

9   Alain Badiou, "O infinito: o outro, a regra, o Outro", in *O ser e o evento* [1988], trad. Maria Luiza X. A. Borges. Rio de Janeiro: Jorge Zahar Editor/Editora UFRJ, 1996, pp. 119–24.

10   Sobre o ceticismo e o cinismo, estratégias de pensamento que destroem caso a caso a suposta validade universal do que é afirmado, Hegel produziu uma análise notável: no pensamento cético, a demolição caso a caso é, de fato, dependente daquilo que acredita destruir quando pensa, ao afirmar a nulidade de todo seu conteúdo, em se libertar. "Assim, a consciência-de-si céptica experimenta nas vicissitudes de tudo que queria consolidar-se para ela sua própria liberdade [...]. Mas de fato esta consciência justamente aqui, em vez de ser uma consciência igual-a-si-mesma, é apenas uma confusão puramente casual – a vertigem de uma desordem que está sempre se reproduzindo. A consciência céptica é isso para si mesma, já que ela mesma mantém e produz essa confusão movimentada. Assim, ela confessa ser isso: confessa ser uma consciência singular, de todo contingente; uma consciência que é empírica, dirigida para o que não tem para

Mas há outra maneira de conceber o comum e o universal, particularmente em política: o que se apresenta como um discurso político que se desprende ou não, ou não completamente, da situação social e subjetiva daquele que age declina-se também em termos de localidade do pensamento político e da ação comum. Falar em nome do que é considerado fundamental na história de uma sociedade é querer garantir sua ação pelo conhecimento de uma verdade essencial. Tomemos como exemplo o debate recente *Que faire?* [Que fazer?], de Marcel Gauchet com Alain Badiou, organizado em 2014 por Martin Duru e Martin Legros para a revista *Philosophie Magazine* e que, desde 2016, está disponível para um público mais amplo.[11]

A divergência entre os dois filósofos diz respeito à autonomia ou à não autonomia do político em relação ao econômico. Mas, sobre a suposta centralidade dessa dimensão da vida social, e sobre a pertinência dessa abordagem para se balizar na crise contemporânea, os dois estão de acordo: Marcel Gauchet defende que o capitalismo mudou de natureza com o fim dos impérios, a financeirização da economia sem redistribuição e a difusão de uma ideologia individualista que, mesmo sendo um componente distinto do capitalismo, anda de mãos dadas com as regras do mercado financeiro. Ele afirma que, apesar de tudo, a democracia política possui recursos que permitirão reorientar o capitalismo globalizado e financeirizado. Alain Badiou, ao contrário, defende que a natureza do capitalismo não mudou desde o século XIX: o imperialismo continua sendo a fase superior do capitalismo (compramos países em vez de invadi-los ou administrá-los), e a democracia parlamentar acompanha os diversos momentos do seu desenvolvimento. Ele chega ao ponto de

---

ela realidade nenhuma: obedece àquilo que para ela não é nenhuma essência; faz e leva à efetividade o que para ela não tem verdade nenhuma"; G. W. F. Hegel, *Fenomenologia do espírito* [1807], trad. Paulo Meneses et al. Petrópolis: Vozes, 2003, p. 157.
11 A. Badiou e Marcel Gauchet, *Que faire?* [2014]. Paris: Gallimard, 2016.

afirmar que, qualquer dia desses, a China se tornará democrata, já que se tornou capitalista.[12] É realmente interessante acompanhar esse debate, principalmente no que concerne à relação entre ação e verdade:[13] para Badiou, a política é a experimentação de uma Ideia nas configurações locais. Fazer política é "trabalhar em prol da fusão entre o aspecto teórico da Ideia e as ações locais suscetíveis de encarná-la".[14] Para Gauchet, ao contrário, a história dos comunismos mostra "o fracasso de toda tentativa ideológica de compreender de modo prematuro e definitivo o funcionamento de uma sociedade".[15] A tarefa se define da seguinte maneira: "Tenhamos em mãos modelos-chave; inversamente, escrutinemos o que efetivamente se produz e, a partir dessa análise, tentemos influenciar o curso das coisas". Digamos que um é dogmático, enquanto o outro não oferece critérios suficientes para distinguir "o que se produz efetivamente" de uma constatação empírica que nunca diz por que escolhe privilegiar esse ou aquele aspecto da realidade. Mas, tanto para um como para outro, o decisivo é o econômico-político, pois é o que daria acesso ao todo, ainda que o individualismo que transborda

---

12 "A democracia representativa está constitutivamente sob a autoridade do capital" (ibid., p. 100) e "isso me faz dizer que a China acabará, um dia, descobrindo as virtudes do regime democrático, muito mais apropriado ao desenvolvimento do regime capitalista do que o pesado regime burocrático" (ibid., p. 102).
13 Para Badiou, os três componentes do capitalismo são: "O peso ainda absolutamente decisivo da propriedade privada, o jogo incontrolado da concorrência dos interesses, a busca desenfreada por lucro como única lei de atividade" (ibid., p. 79). Para Gauchet, "o capitalismo coagula toda uma série de fatores heterogêneos. É uma caixa-preta onde encontramos elementos muito díspares: finanças, a estruturação das operações pelo mercado, uma forma social absolutamente singular e recente, a empresa e o trabalho assalariado e, por fim, o universo das ciências e das técnicas" (ibid., p. 117). Gauchet acrescenta que a lista dos componentes não é exaustiva, mas sem dizer muita coisa sobre o ponto que me interessa aqui: a teoria política afirma a essência da sociedade como um todo?
14 Ibid., p. 89
15 Ibid., p. 94.

do capitalismo atual seja, para Gauchet, irredutível a uma "última instância" econômica.

Curiosamente, esse debate não aborda nem as sexualidades, nem a pulsão de morte, nem as mulheres: mudanças na procriação, entrada maciça na esfera dos assalariados, luta contra as violências sexuais, avanços brutais ou discretos, mas decisivos de todo modo. Quando a questão da propriedade é abordada, permanece vaga: Badiou denuncia no capitalismo "o peso ainda absolutamente decisivo da propriedade", mas sem especificar se se refere à propriedade dos meios de produção ou à propriedade de modo geral.[16] Acertadamente, Gauchet faz com que Badiou perceba (e concorde)[17] que ele não sai da imprecisão, que era também a de Marx, no que diz respeito à implementação de uma propriedade coletiva dos meios de produção. Mas, sobre o que vincula os direitos individuais à promoção da propriedade privada, Gauchet também permanece pouco preciso.[18]

Objetos, relações, localidade

Essas discussões são vistas como locais e, portanto, de incidência mínima, mas eu gostaria de interrogar, voltando ao começo, sobre a questão de saber se não seria sempre por meio de desvios que as situações políticas mudam. E mostrar que esses desvios derivam sempre de componentes locais de uma situação. Essa localidade dos conflitos políticos não

---

16 Para ser mais exata, ele aborda duas vezes a questão da propriedade: na primeira vez, trata-se claramente da propriedade dos meios de produção (ibid., p. 79); na segunda, a questão é pôr fim à importância excessiva da propriedade em geral: "esse núcleo primordial que esgarça e tece o todo não é senão a propriedade privada. Voltaremos a esse problema lancinante que, em última análise, constitui o cerne do debate" (ibid., p. 160).
17 Ibid., p. 161.
18 "Não é possível separar o triunfo da lógica dos direitos pessoais do triunfo do princípio da maximização dos interesses dessas mesmas pessoas" (ibid., p. 115).

teria o mesmo estatuto que a localidade dos objetos na psicanálise, o de serem encruzilhadas de exigências, reivindicações, ações cujos agentes não controlam completamente seu alcance quando as praticam? A visada de uma ação política se definiria exclusivamente pelo controle proveniente de um suposto saber verdadeiro sobre a sociedade? Não haveria situações[19] nas quais os atores se implicam sem ter controle sobre elas, e não haveria sempre uma parcela desse não controle na realização de programas? Ou melhor: o elemento ativo não seria, justamente, aquilo que não foi controlado?

Como exemplo de realidade tipicamente social e subjetiva, cristalização de ritos e pulsões, escolhi voltar-me à propriedade. A escolha dessa combinação de ritos, conflitos e pulsões está associada, no meu trabalho, a diversas razões: a polissemia do termo já indica que seja um emaranhado de modos de subjetivação e de instituições políticas. É uma questão local, mas cuja influência se estende em múltiplas direções. Exerceu um papel de destaque no conflito inacabado entre os marxismos e os liberalismos, no qual é convocada, principalmente, na relação do econômico com o político. Quando se trata da propriedade, teremos dito tudo ao nos atermos ao fato de que ela articula o econômico ao político por meio da apropriação privada ou coletiva dos meios de produção? Todo mundo percebe a polissemia dos termos próprio, propriedade, identidade, mas poucas pessoas se atêm a esse aspecto de um modo que nos seja atualmente útil.

Ao longo deste livro, teremos em mente a afirmação de Freud, de 1930, segundo a qual a hostilidade mútua dos homens em sociedade não se resolverá por uma organização política da propriedade?

> Não é de minha alçada a crítica econômica do sistema comunista, não tenho como investigar se a abolição da propriedade

---

19 Distancio-me aqui do emprego desse termo por Alain Badiou, que, em seu pensamento, designa o que é matematizável, e não o que é acontecimental. Entendo por situação um agenciamento de componentes heterogêneos e localizados por sua composição.

privada é pertinente e vantajosa. Mas posso ver que o seu pressuposto psicológico é uma ilusão insustentável. Suprimindo a propriedade privada, subtraímos ao gosto humano pela agressão um dos seus instrumentos, sem dúvida poderoso, e certamente não o mais poderoso. Mas nada mudamos no que toca às diferenças de poder e de influência que a agressividade usa ou abusa para os seus propósitos, e tampouco na sua natureza. Ela não foi criada pela propriedade, reinou quase sem limites no tempo pré-histórico, quando aquela ainda era escassa, já se manifesta na infância, quando a propriedade mal abandonou sua primária forma anal [...]. Se eliminamos o direito pessoal aos bens materiais, subsiste o privilégio no âmbito das relações sexuais, que se torna fonte do mais vivo desgosto e da mais violenta inimizade entre seres que de outro modo se acham em pé de igualdade.[20]

Estaria em jogo apenas um curto-circuito fácil demais entre a infância da humanidade e os destinos pulsionais individuais ou, de fato, uma abertura para o que o ideal proclamado de igualdade nas sociedades democráticas não consegue resolver melhor do que as sociedades não modernas, segundo a formulação de Philippe Descola? Julgaremos essa abertura comparando-a ao modo como Spinoza, em sua última obra, póstuma, o *Tratado político*, atinha-se unicamente à impotência do homem isolado para fundar o "corpo político": "Se dois se põem de acordo e juntam forças, juntos podem mais, e consequentemente têm mais direito sobre a natureza do que cada um deles sozinho; e quanto mais assim estreitarem relações, mais direito terão todos juntos".[21] A insistência de Spinoza no número e a identidade estabelecida entre potência e direito eliminam toda referência a uma benevolência ou

---

20 Sigmund Freud, "O mal-estar na civilização", in *O mal-estar na civilização, Novas conferências introdutórias* à *psicanálise e outros textos (1930–1936)*, trad. Paulo César de Souza. São Paulo: Companhia das Letras, 2010, pp. 79–80. Obras Completas, v. 18.
21 Baruch de Espinosa, *Tratado político*, trad. Diogo Pires Aurélio. São Paulo: Martins Fontes, 2009, p. 18.

a uma hostilidade supostamente naturais entre os homens, mas também toda referência ao sujeito da vontade.

Chegamos, portanto, a esta conclusão: o direito de natureza, no que concerne propriamente ao gênero humano, dificilmente pode ser concebido se os homens não tiverem direitos comuns, terras que possam habitar e cultivar juntos, se não puderem garantir a preservação de sua potência, proteger-se, repelir toda violência e viver de acordo com uma vontade comum a todos. Quanto maior (segundo o § 13 desse capítulo [de Spinoza]) for o número daqueles que estiverem reunidos em um corpo, mais direitos terão em comum.[22]

O ponto comum entre Freud e Spinoza é que eles tomam uma distância crítica de uma definição unicamente jurídica da democracia. Mas, onde Spinoza visa, primeiramente, eliminar toda referência a uma promessa ou a um contrato fundador do "corpo político", Freud se pergunta: como conceber as relações entre a propriedade e as forças de destruição mútua que uma sociedade (em todo caso, moderna) afasta e das quais, ao mesmo tempo, se nutre constantemente? O que as instituições são capazes de transformar é a impotência dos homens isolados (Spinoza) ou sua hostilidade mútua inconsciente (Freud)?

A questão "o que é a propriedade?" é tanto central, pois diz respeito ao entrelaçamento do econômico com o político, como marginal ou local, pois concerne aos objetos que circulam ou não circulam em uma comunidade, nas relações, nos ritos e sujeitos em que adquirem forma. É esse paradoxo que me interessa.

É por não se reduzir a uma questão de essência que escolhi abordar a propriedade por vias que, supostamente, não poderiam ser unificadas: como os antropólogos encontram a propriedade e a individualidade nas sociedades "não modernas"? Como outras sociedades que não as nossas organizam as relações entre a propriedade e a identidade dos sujeitos?

---

22 Ibid.

A propriedade individual é um bom instrumento para transformar a violência das relações sociais? Por fim, como a psicanálise pode contribuir para compreender essas relações sem reduzi-las a um laço social que seria solúvel no simbólico (quer se entenda esse termo no sentido estrutural, como Lévi--Strauss, quer no sentido topológico do nó entre Imaginário, Simbólico e Real, como Lacan)?

A ideia norteadora, e que ponho à prova, é a de que a propriedade é uma instituição menos racional do que se pensa. Ela possui uma forte ancoragem nos mecanismos mágicos e instaura um regime animista da existência social e subjetiva. Por não dar conta desse estrato animista da existência social, a crítica da reificação, mas também as políticas da propriedade e suas teorias, não alcançam seu objetivo.

Curiosamente, é em conjunto que Hegel, Marx, Freud e Lacan me permitem desenvolver essa perspectiva. Mas um Hegel que não se limita a conceber a articulação da sociedade civil com o Estado. Um Marx que se interessa pelo problema local da propriedade da madeira morta caída nas florestas da Renânia em 1842. Do mesmo modo, um Freud que não se limita a reduzir ao psicológico a análise das relações sociais, afirmando que o ódio é mais "fundamental" do que a propriedade privada econômica. Por fim, um Lacan que explicitaria melhor como o excesso de gozo que circula no que ele chama de "os quatro discursos" (discursos sociais que ordenam de diversas formas a exclusão do objeto causa do desejo) se relaciona com as regras, as instituições e as produções de uma sociedade. O econômico-político não basta para definir as linhas de força de uma sociedade. A partir de quais "linhas de fuga" as linhas de força são constantemente redefinidas quanto a sua importância? Em política, podemos sair do pressuposto segundo o qual o racional é real (epistemologicamente) e o real é racional (ontologicamente)?

[2]
OS OBJETOS ENTRE O REAL E A REALIDADE

É a partir do excesso em que consiste a vida sexual, se comparada às organizações das relações sociais, que psicanalistas abordam as trocas. Por "excesso", entendemos que a vida sexual não se resume ao fato de fazer amor, ela é a sequência de tentativas de tornar compatível aquilo com que sonhamos – e que forja nossa singularidade – e as condições de existência cotidiana e social. Freud falava em um "mal-estar na civilização" e em um "além do princípio do prazer"; Lacan preferia o termo gozo, que é um termo jurídico e que ao mesmo tempo expressa o fato de que os prazeres e os desprazeres possuem uma inclinação excessiva que não é compatível com o direito e as relações sociais e políticas.

Freud, em *O mal-estar na civilização*, parte das possibilidades efetivas, porém limitadas, que os seres humanos têm de transformar seu infortúnio em experiências compatíveis com prazeres. Ele aborda as relações sociais e as instituições como recursos para a felicidade ou como impedimentos para ela. Uma abordagem curiosa das relações sociais, pode-se dizer! No entanto, esse foi o lema da Revolução Francesa, proclamado por um de seus anunciadores: "a felicidade é uma ideia nova na Europa". Mas Saint-Just apresentava esse programa de um governo revolucionário em um contexto de luta contra os "inimigos da Revolução". Freud retoma a questão do que pode o político em favor da felicidade dos homens em um contexto bastante diferente. Ele situa as relações sociais entre os meios capazes de temperar a impotência dos homens para realizar seus desejos e transformá-los em prazer e satisfação. Lacan, na linha de Bataille, que partia de uma leitura combinada de Hegel e Mauss, fala menos de infelicidade e de impotência do que de gozo como aquilo que circula nas relações sociais sem nunca conseguir tomar a forma de objetos fixos. O excesso não circula menos nas regras sociais, inventando a forma de um objeto paradoxal, irredutível a um objeto que figuraria nas trocas como um objeto entre outros e que ele denominou "a". A essas regras das relações sociais que, de modos diversos, se empenham em afastar os objetos extraídos do gozo Lacan chama "discurso"; o único discurso que atribui uma função explícita aos objetos "a" é a própria psicanálise, que, portanto, também pode mostrar como nos outros discursos esses objetos estão ativos, porém velados em sua função de instaurar laços sociais. "Mal-estar na civilização" ou "gozo" circulando nos laços sociais, convenhamos, são maneiras estranhas de abordar as trocas em sua dimensão política. Mas não mais estranhas do que as proposições de Jacques Rancière, por exemplo, que também caracterizam a cidade pelo modo como ela instaura uma estética das imagens e um regime social do sentir, bem como pelas formas diretamente políticas dos conflitos que se dão entre aqueles que partilham da palavra pública e os "sem parte".

Quando examinamos na psicanálise o modo como os desejos sexuais em plena ação nos sintomas, nos sonhos e na transferência cruzam as regras das relações sociais, jurídicas e políticas, uma dupla articulação se desenha: as regras e as atividades sociais que já estão ali, conforme o caso, formam um entrave ou, ao contrário, uma saída para deslocamentos de objetos e transformações de pulsões que se beneficiam dessa matéria reputada externa. As teorias psicanalíticas oferecem modelos às vezes pertinentes, às vezes obsoletos para dar conta desses cruzamentos: teoria do assassinato do pai, estabelecimento do respeito às leis pelo recalcamento compartilhado da culpa ligada a esse assassinato primordial, teoria do mais-de-gozar circulando nas estruturas chamadas "discurso", que vinculam de diversas formas o excesso do gozo aos saberes que o procuram enquanto escapam dele.

Como elementos de realidade social intervêm nas curas analíticas. Um exemplo

Frequentemente, nas curas, os impasses dos quais os/as analisantes querem emergir são mal resumidos pelas teorias. O mais interessante, se quisermos entender como as organizações de desejo são forjadas pelo recurso às instituições, ou apesar do entrave que elas representam, é mensurar a inadequação dos modelos clássicos a essas situações clínicas.

Antoine D. poderia ser descrito sob a rubrica dos "obsessivos", de acordo com a primeira tradução do termo alemão *Zwangsneurose*, que atualmente preferimos traduzir por neurose de compulsão [*nevrose de contrainte*]. Sua vida, tanto na esfera do trabalho como na sexual, depara-se com inibições constantes; ele diz que mal está vivo, embora tenha uma profissão universitária reconhecida e algumas relações amorosas no âmbito das quais enfrenta com angústia a impotência que o detém no início de uma relação. Ele sabe que suas atividades de pesquisa também estão como que paradas. Ele diz contentar-se com um mínimo que, a longo prazo, poderia comprometer sua carreira. Também sabe, desde sempre, que sua infância foi marcada por um duplo luto: o avô materno faleceu alguns meses após seu nascimento, o tio materno se suicidou quando ele tinha dez anos, e sua avó, desde então, diz que ele é sua única razão de viver. A regularidade das sessões de análise se tornou um rito entre os demais ritos dos quais também é preciso poder emergir. Ele é tão inteligente que, quando fala de um sonho, tudo o que compreende desse sonho é um modo de afastar de si o próprio fato de que sonhou. Pelo seu saber, ele pulveriza o sonho que o perturbou por um momento. A analista é tentada a esperar passivamente que a violência contida em sua amabilidade tão regular entre em contato com uma suposta violência presente nas relações com seu pai. Mas nada disso se produz. Um acontecimento de sua vida amorosa poderia ter orientado minha atenção para uma violência recalcada que se inscreveria no esquema clássico da relação com o pai, obstáculo ao desejo pela mãe. O primeiro sonho relatado em análise realmente colocava em cena sua culpa: ele estava fugindo com um amigo porque cometera um crime. Crime indeterminado, mas acompanhado de uma cláusula suplementar: ele roubara os travesseiros de seus pais. Ele se via sozinho na prisão, fora condenado à morte e escrevia uma última carta aos pais, contando-lhes sobre o seu amor. Toca o despertador... Que maravilhoso sonho edipiano, diríamos, exceto pelo fato de que o crime fora cometido contra os pais conjuntamente e não adiantava de nada, na cura, esperar que uma violência dirigida mais precisamente contra o pai se manifestasse. Como a verdade muitas vezes supera a ficção, Antoine D. conheceu uma jovem, com quem viveu por algum tempo, cujos pais tinham sido mortos violentamente. Ele respeitava esse sofrimento dela tanto e a tal ponto que, para não fazê-la sofrer ainda mais – dessa vez por ciúmes –, acabou aceitando não mais encontrar nenhum de seus amigos, sobretudo nenhuma de suas amigas "de antes", mesmo que isso implicasse afastar-se de quase tudo que lhe fosse importante. A análise lhe permitiu perceber a que ponto a situação era insuportável para ele, apesar de tudo. No período em que foi alvo das reivindicações violentas de sua companheira, ele falava muito e, dessas vezes, sem intelectualização, pois não suportava ser a causa do sofrimento de alguém ou mesmo criar uma circunstância favorável a esse sofrimento. "Eu absorvo tudo que ela critica em mim: esta noite sonhei que, na ausência da minha amiga Françoise, eu me hospedava em sua casa. Mesmo que não exista mais nada entre mim e Françoise há muito tempo, eu me sinto culpado. Basta Louise me acusar que, apesar de tudo, eu me sinto culpado e prefiro desaparecer da sua vida." Não lhe passava despercebido o fato de que esse cenário de culpa era também uma maneira de se distanciar da dita Louise. Culpa, certo, mas transformada em um retraimento masoquista que não se organizava de acordo com o esquema preciso de uma rivalidade edipiana. É isso que ele repetia, dirigindo-se não a mim, mas falando incansavelmente, como se não se dirigisse a ninguém nas sessões. Seria muito pedir que a analista estivesse presente e existisse em sua escuta. A transferência estava presa nesse retraimento generalizado que marcara sua adolescência. O fato de que alguém o escutasse não deveria figurar no programa de cura, o que tornou possível, paradoxalmente, minha intervenção: "Para você, a situação analítica é ideal e sem fim: seria muito perigoso que alguém o escutasse".

As únicas características marcantes de sua juventude (além do terror, sempre atual, de sua avó materna, que o elegera como razão de viver) eram as palavras de sua mãe, que o chamava de "carniça" quando ele ficava insuportável e fazia besteiras. Pois ele nem sempre fora esse homem que se retraía. Um protesto se deu logo após a minha intervenção a respeito do fato de que ele se dirigia a... ninguém. Datava de sua adolescência o momento em que ele parara de acompanhar seus colegas, persuadido de que nunca levaria jeito com as mulheres nem saberia usar as transformações de seu corpo. Foi nessa época que ele investiu no trabalho intelectual, compatível com seu retraimento. Um dia, porém, um acontecimento lhe vem à memória repentinamente: as mães que aguardavam os filhos na saída do colégio, ele sempre as considerou "bisbilhoteiras", e isso desde a escola primária. Um dia, para se afirmar como garoto em relação a uma colega de classe, ele se colocou de pé diante dela, no recreio, e despejou todos os insultos que conhecia. No dia seguinte, a mãe dessa garotinha o puxou para um canto e lhe "passou um sabão". Com seu olhar de hoje, ele estima, aliás, que essa mãe agiu muito corretamente: ela o puxou para um canto, sem divulgar o caso para sua família. "Mas não importa, as mães são umas bisbilhoteiras. E eu queria apenas dizer a Cécile que gostava dela. Desde então, não estou presente para nenhuma mulher."

Na realidade, mesmo que eu tenha dito que essa lembrança lhe chegou de súbito, isso não é bem verdade. Tudo começara com um sonho, exatamente após a minha intervenção sobre o fato de que aquela ou aquele que o escutava não deveria existir – "Em resumo, você está falando sozinho, não é preciso pedir o que quer que seja à pessoa que o escuta, ela não deve existir". No dito sonho, ele mastigava uma carga de tinta de caneta, deixando a tinta escorrer por sua garganta. Na frente dele estava um colega de trabalho, apenas um pouco mais velho que ele, mas com um percurso de pesquisa satisfatório. No momento em que o colega se surpreendeu com seu gesto, ele se sentiu desmascarado no sonho e acordou. Na sessão, ele diz: "Sou completamente louco", e então fala de seu exibicionismo. Ele diz ter vergonha de ser surpreendido em uma cena tão estúpida. O idiota da aldeia [*L'idiot du village*], penso, em referência ao livro de Sartre sobre Flaubert, cujo título é similar [*L'idiot de la famille* – O idiota da família]. Sabe-se que, etimologicamente, um idiota é um ser fechado em uma posição limitada e muda que pertence somente a ele. É o contrário de uma singularidade que permite tecer relações. Mas o mesmo termo remete também à singularidade intraduzível de uma língua: um idioma. Com esse sonho, Antoine D. se deu a liberdade de comunicar o idioma de seu gozo. Depois do sonho, ele atravessou um período curto, mas violento, de uma hipocondria que o tomou por completo sem que ele pudesse pensar por um só instante que isso teria alguma relação com o sonho ou com sua escolha de uma analista mulher: ele tinha hemorroidas, sentia-se esgotado e acreditava estar gravemente doente. "Talvez tenha sido o sonho que o deixou cansado ao extremo", eu lhe disse. Ele escutou educadamente as minhas palavras e educadamente as rejeitou. Estava sobrecarregado – eis o excesso, no caso em questão – pela convicção de estar gravemente doente. Sua clínica geral (portanto, ela também mulher), ao ver o resultado dos exames prescritos, dissera-lhe: "Eu não estou preocupada com você". Ele também não podia acreditar nela. No entanto, foi nesse período da análise – as mães bisbilhoteiras, o sonho do idiota com a carga de tinta, as hemorroidas – que sobreveio um episódio novo em sua vida profissional, permitindo-lhe tanto um reconhecimento como uma saída de seu gozo passivo: um conflito bastante violento opôs vários de seus colegas e, em vez de se retrair como lhe era habitual, ele propôs uma saída possível da crise e ficou surpreendido por lhe terem agradecido imensamente pela intervenção firme. E então ele esqueceu sua angústia de estar doente, impressionado de ter saído de sua inibição costumeira por meio de uma intervenção tão violenta como eficaz nesse conflito. A partir daí ele voltou, na análise, à saraivada de insultos que fora a maneira pela qual, quando garoto, se colocara diante de uma menina. Insultar não exatamente uma garotinha, mas, sobretudo, insultar no absoluto, em presença de uma garotinha por quem se sentia atraído, era a única maneira que ele tinha de afirmar sua presença. Pode-se sempre dizer, ao escutar sobre essa cura, que o que lhe faltou foi um pai rigoroso que o fizesse sair do seu aprisionamento no gozo da mãe e da avó materna. Mas em nome de que imporíamos uma norma de subjetivação? O gozo desse homem se desenvolvia em um cenário efetivamente passivo, mas não foi a rivalidade edipiana tal como é descrita que o fez sair dele. Depois ele falou muito sobre os lápis que seu pai, funcionário de uma papelaria, dava-lhe, encorajando assim seus talentos de pintor e desenhista. Mas, ao mesmo tempo, foi o poder do sonho-com-a-carga-de-tinta-escorrendo-pela--garganta que lhe permitiu, naquele momento, reconhecer-se em sua passividade. Até ali, ele a admitia intelectualmente, com a condição de não sonhar consigo mesmo em um "gozo do idiota". Ele dizia apreciar que seus amigos soubessem algo acerca da sua sensualidade. Mas essa meia aceitação não se sustentava mais desde que o sonho o confrontara a um "gozo do idiota". E esse reconhecimento – eis o processo de uma análise – é similar à invenção, nas relações sociais, de uma saída desse gozo, até o momento aprisionado nos sintomas de retraimento e impotência.[1]

---

[1] Freud, a propósito dos sintomas somáticos da histeria, que vêm ao encontro dos conflitos da alma, falava de *"somatisches Entgegenkommen"*, comumente traduzido por "complacência somática". Trata-se, porém, de outra coisa: do modo como a realidade vem, como que por acaso, ao encontro de um trabalho subjetivo.

Como o desejo, a realidade e o real se encontram (*Entgegenkommen*)

No momento em que essa transformação se produz, observamos que intervém de forma contingente uma circunstância favorável, um fato aparentemente independente – no caso, um conflito violento entre os colegas de Antoine D. que não o envolvia. Esse fato heterogêneo àquilo que ocupava sua análise à época funciona, no entanto, como um recurso para o que chamamos de suspensão do recalcamento pelo sonho; o colega que figura no sonho faz a junção entre esses planos. Não perguntaremos nem qual é a causa nem qual é o efeito do sonho: foi o sonho que, ao reconduzir sua inibição ao campo do gozo, tornou possível uma intervenção pertinente no trabalho? Ou, ao contrário, foi a realidade que, nesse momento, sinalizou para aquilo que começava a se liberar graças ao trabalho com as resistências na transferência (sua recusa de minha interpretação das hemorroidas)? De fato, é o próprio processo da transferência e do seu manejo pelo/a analista que efetua a junção entre o que chamamos indevidamente de interior e exterior ou, ainda, de psíquico e realidade. Outro elemento importante: esse jeito que a realidade tem de vir ao encontro de uma transformação subjetiva atuante na cura nem sempre esmaga o sujeito. Lacan evidenciou muito bem a relação entre o pouco de realidade dos restos diurnos e aquilo que é o mais traumático no desejo.[2] Ora, no exemplo que desenvolvo aqui, quando essa circulação entre a realidade e o traumático do desejo se instala, o sonho não esmaga o sujeito. Certamente Antoine D. passou uma parte de sua vida mantendo a distância o gozo no qual sua inibição se sustenta, mas o sonho não o destruiu, mesmo que para ele tenha sido uma provação. Esse apelo a um elemento de realidade (um resto diurno, de acordo com o vocabulário freudiano) inventa em sonho uma transposição do sintoma de inibição que utiliza a realidade social – a profissão do pai – e, ao mesmo tempo, consegue transpor-se à sua realidade social atual: o

---

2 J. Lacan, "Tiquê e autômaton", op. cit., pp. 57-58.

conflito entre seus colegas, independente dele, mas no qual ele interveio. Esse papel do fator contingente, emprestado da realidade e por si só sem conexão com o sintoma, levou-me a escrever em *Éloge des hasards dans la vie sexuelle* [Elogio dos acasos na vida sexual] que o/a analista intervém menos como "sujeito suposto saber" (mesmo que o/a analisante assim o considere) do que como um conector graças ao qual se produz uma ligação entre espaços de existência até o momento cuidadosamente separados pelo recalcamento do gozo; no caso, o gozo mudo de um "idiota". O que é eficaz em uma cura não é apenas, ou não em primeiro lugar, a suposição de um saber e a queda progressiva dessa suposição, com a desidealização do Outro que se segue; é, principalmente, o fato de a transferência servir para inventar objetos o mais próximos possível dos cenários de gozo, como nesse sonho.

O fato de esses fatores contingentes serem emprestados da realidade e de, graças a eles, o real, isto é, o traumático dos desejos que fabricou os sintomas, poder transpor-se mostra também que não há, de um lado, um sujeito fechado em si mesmo e, no exterior dele, uma realidade social ou relações de poder que, às vezes, cruzariam os desejos. Desse ponto de vista, ainda que Deleuze e Guattari, em *O anti-Édipo*, tenham se equivocado ao construir o social e o político unicamente a partir dos fluxos de desejos, eles tinham razão ao proclamar que o desejo não é uma interioridade nem um "psiquismo" independentes de uma realidade social que lhe seria externa. Eles estavam certos em colocar um ponto-final no psicologismo e no pressuposto de extraterritorialidade da psique em relação ao social e ao político. Mas, como esse exemplo permite precisar, a convergência entre o social e o desejo é paradoxal: ela requer um momento de contingência (e não de exterioridade) que, por si só, permite transformar o que estava congelado "dentro" do sujeito a quem, erroneamente, atribuímos uma interioridade. Os sintomas podem ser resolvidos pela intervenção de fatores emprestados de uma realidade aparentemente externa ao desejo, mas da qual o desejo em sofrimento na repetição transferencial consegue se valer para se transpor. O sonho da carga de tinta toma emprestado um objeto que pertence à profissão do pai, funcionário de uma papelaria. Esse objeto é, ao mesmo tempo, social, paterno e integrado ao cenário de gozo vivido por Antoine D., até o momento, de forma estática. Qual é exatamente a função desse objeto? O objeto não está só consigo mesmo, ele faz parte de um cenário erótico que propicia a comunicação entre ao menos três zonas erógenas: a boca e o ânus de Antoine D. e, talvez, um pênis. Acrescente-se a isso o olhar que circula entre ele o colega. Esse olhar liga os dois protagonistas da "pesquisa científica" que faz parte do circuito pulsional da atividade e da passividade. Diversas vezes, a fim de fazer uma sondagem daquilo que permanecia escondido em algum lugar, aconteceu de eu lhe dizer: "Mas como você se tornou um pesquisador? Isso não estava escrito de antemão na sua história!". Ora, até esse momento da análise, a posição de ignorância que eu adotara permanecera sem efeito. Ela não encontrava a "idiotice" dele. Foi esse encontro que o dito sonho realizou.

Ao intitular o presente capítulo "Os objetos entre o real e a realidade", o que quero enfatizar são justamente as atividades sociais e pulsionais e o papel dos objetos nessas atividades. É precisamente no que concerne a essa articulação entre atos e objetos que a experiência clínica traz algo novo para a análise antropológica e política das relações sociais: o objeto "carga de tinta" condensa de modo até então silencioso aquilo que há, para esse homem, de mais inassimilável e de mais importante em sua vida. A atividade pulsional não isola o objeto em si, que faz parte de uma cena erótica complexa: ele bebe a tinta da caneta com um movimento ativo dos lábios e dos músculos de sua boca, o qual, inevitavelmente, leva a pensar na sucção de um recém-nascido. É exatamente isso que lhe causa horror quando ele percebe do que se trata. Mas não se trata de um retorno ao gozo do bebê: a indeterminação do possuidor da caneta (o colega pesquisador, ele próprio ou a analista bisbilhoteira) inscreve a cena em outro modo pulsional, fálico. E a maneira anal de assimilar o sonho (as hemorroidas) inventa ainda outro compromisso entre a atividade e a passividade, mais ligado à lembrança das "mães bisbilhoteiras" (das quais a médica e a analista fazem parte). De certa forma, um condensado da história da sua sexualidade! Esse gozo privado diz respeito ao que Lacan às vezes chama de "um sujeito acéfalo", isto é, dotado de uma capacidade de invenção singular e pessoal mesmo sendo aparentemente anônimo, como os circuitos pulsionais. Ora, esse gozo privado é o elemento mais conectado às relações sociais, tanto pelo elemento emprestado do trabalho do pai como pela iniciativa atual de Antoine D., tornada possível pelo fato de que agora ele aceita reconhecer-se em seu "gozo do idiota". Para permanecer no vocabulário de Lacan, é esse processo que ele denomina a queda do objeto "a" em uma análise. É porque uma transformação está se produzindo que sua maneira de gozar inventa um sonho que caberia contar a uma analista, mas do qual, em um primeiro momento, ele não entende... praticamente nada. O sonho provém de uma audácia que suprime a inibição, enquanto os recursos da linguagem, em matéria de ambiguidade e de significância, permitem um compromisso. A própria possibilidade de dizer isso está relacionada ao acontecimento do sonho. É em vão se perguntar se o que prevalece na cura é o caráter de linguagem e de significante do sonho ou a reorganização pulsional. O poder de uma análise reside no momento em que os dois se entrelaçam graças à transferência.

Não nos deteremos, portanto, na incansável oposição entre o pulsional e a representação ou a significância, que "alimentou" tantas disputas entre psicanalistas. É preciso definir outros conceitos para abordar o campo específico da análise: a relação entre atos e objetos nesse curto-circuito entre o gozo "privado" e as realidades sociais nos permite fazer isso. O momento do objeto é o momento mais silencioso do gozo. Mas é também o material de uma redefinição das pulsões que emergem de sua "idiotice" e se transpõem graças aos componentes sociais e aos recursos oferecidos, na atualidade, pelas relações sociais que tecem a existência do sujeito. A oposição entre o interno e o externo, prisioneira de uma concepção perceptiva ou cognitiva da realidade, carece desse aspecto decisivo.[3]

---

3   Freud não é absolutamente coerente no que diz respeito a esse ponto: às vezes ele utiliza o esquema perceptivo da oposição entre o interior e "a realidade" exterior ao desejo. Mas, desde *Projeto para*

Ao me expressar, como acabo de fazer, sobre os desafios de uma análise, almejo distanciar-me da divisão corrente entre a *psique*, considerada um domínio autônomo, e a realidade, que seria exterior. Ou, ainda, da categorização que separa o psicológico do social e que sempre esquece de levar em conta o fato de que a psicanálise é uma prática social. Porém, não basta afirmar que a psicologia coletiva é a psicologia do indivíduo.[4] Essa afirmação em si é falsa, precisamente porque os objetos possuem um duplo estatuto que barra a homogeneidade dos dois campos, social e sexual.

Freud e o social em *O mal-estar na civilização*

Voltemos por um momento ao modo como Freud, em *O mal-estar na civilização*, aborda as relações sociais; a questão que

---

uma psicologia científica (1895), o recurso a essa oposição, clássica entre psicólogos e filósofos, introduz uma lacuna, pois se trata precisamente de compreender como tal distinção se pode estabelecer, como o aparelho da alma pode não alucinar continuamente a presença do objeto; S. Freud, *Lettres à Wilhelm Fliess, 1887–1904*. Paris: PUF, 2006, p. 634. Mais tarde, no artigo "A negação" (1925), Freud é mais coerente: o aparelho da alma apenas se interessa pelo exterior para ali espreitar o retorno do que ameaça ou o reencontro com o que pode fazer gozar: "Reconhecemos, no entanto, como condição para a instalação da prova de realidade, que tenham sido perdidos os objetos que um dia trouxeram satisfação real"; S. Freud, "A negação", in *Neurose, psicose, perversão*, trad. Maria Rita Salzano Moraes. Belo Horizonte: Autêntica Editora, 2018, pp. 308–09. Eu traduzo *Realitätsprüfung* por "prova de realidade" [*épreuve de réalité*], e não por "exame de realidade" [*examen de réalité*]. A realidade nunca é neutra, e a função da atenção é se defender do risco de reencontrar o trauma. Isso levará Lacan, com razão, a distinguir a realidade do real, que é precisamente o "mau encontro" do traumático na realidade supostamente neutra em relação ao desejo. Uma vez que relacionamos exclusão, exterioridade e trauma, somos obrigados a abandonar epistemologicamente o esquema perceptivo da realidade.

4 Não é exatamente isso, aliás, que diz Freud em *Psicologia das massas e análise do eu*. Voltarei a essa questão, detalhadamente, no cap. 6 do presente livro.

ele coloca leva apenas a reencontrar as relações sociais, jurídicas e institucionais e vem de um domínio aparentemente distinto: ele se pergunta quais meios os homens possuem para limitar o sofrimento de sua existência, que se assemelha ao que em geral se costuma chamar de busca pela felicidade. Freud se refere, primeiramente, a uma ideia comum na filosofia de língua alemã, que ele procura em Goethe e cujo equivalente encontramos em Kant.[5] Só podemos gozar intensamente daquilo que é contraste, uma felicidade duradoura não é mais felicidade. Haveria, portanto, uma espécie de limite antropológico à possibilidade de uma felicidade concebida como gozo ininterrupto. Mas, acima de tudo, a aspiração à felicidade que concerne aos indivíduos depararia, segundo Freud, com três fatores que lhe são externos: 1. o próprio corpo está condenado à decadência, e o indivíduo processa as dores provenientes de seu corpo como um sinal de angústia que torna impossível a felicidade; 2. o mundo exterior ou, como ele também diz, "a potência da natureza" constitui uma ameaça que sempre pode nos destruir, apesar dos avanços das ciências e das técnicas; 3. por fim, as relações agressivas com os outros homens acabam por arruinar, novamente a partir do exterior, nosso desejo de gozar a vida.

Sua perspectiva é, portanto, investigar sucessivamente como é possível tirar de circulação esses três obstáculos inevitáveis: os paraísos artificiais são um primeiro modo de eliminar o sofrimento. O segundo remédio citado é "dominar as fontes internas das necessidades", pois "o mundo exterior nos deixa à míngua". Mas, desse modo, adquirimos apenas a

---

5 "*Contentamento* é o sentimento de promoção da vida; dor, o de um impedimento dela. [...] *Assim antes de todo contentamento tem de preceder a dor*; a dor é sempre o primeiro. Pois que outra coisa se seguiria de uma contínua promoção da força vital, que não se deixa elevar acima de um certo grau, senão uma rápida morte de *júbilo*?"; Immanuel Kant, *Antropologia de um ponto de vista pragmático*, trad. Clélia Aparecida Martins. São Paulo: Iluminuras, 2006, p. 232. [N. T.: Onde se lê "contentamento" na edição brasileira, na edição francesa utilizada pela autora lê-se "*jouissance*" (contentamento, mas também gozo).]

"felicidade da quietude" e destruímos em nós a própria possibilidade do gozo. Entre essas tentativas, a ilusão religiosa é de uma ordem comparável às sabedorias que matam as pulsões. Ou, ainda, sublimamos nossas pulsões tornando-as compatíveis com a vida social. Mas, por um lado, com isso renunciamos também a um verdadeiro gozo, e, por outro, a arte como "suave narcose" só é acessível a uma elite. Outra solução: o delírio paranoico, que consiste em transpor para a realidade a loucura do desejo (*Wahn*). A única verdadeira solução é buscar o amor sexual; amar e ser amado, a única tentativa que não se contenta em evitar o desprazer. O inconveniente é que ficamos privados de proteção contra a perda daqueles que nos fazem gozar e ser felizes. Foi após ter enumerado todos[6] esses expedientes na busca pela felicidade que Freud chegou às relações sociais, não de qualquer jeito, mas de uma perspectiva muito próxima à de Hobbes: como podemos limitar a destrutividade dos indivíduos uns em relação aos outros? O texto freudiano foi escrito entre 1929 e 1930. Portanto, *Totem e tabu* já propunha, anteriormente, em 1914, um mito sobre o que estrutura o respeito às leis e a fraternidade entre os homens: a partilha do recalcamento do assassinato primor-

---

6 Na verdade, como costuma acontecer quando se refere a textos filosóficos, Freud simplifica o pensamento de Hobbes. Para este, a igualdade dos homens no estado de natureza consiste no fato de que, quaisquer que sejam suas desigualdades de força ou talentos, todos têm a possibilidade de matar uns aos outros. A instância política e jurídica – o Leviatã – faz pesar uma ameaça constante a fim de excluir toda igualdade ruinosa do estado de natureza. Monopoliza o direito de vida e de morte, do qual os cidadãos podem então ser privados. O jurídico é um artifício destinado a tornar possível a fiabilidade das trocas e dos contratos em um cenário de desejo de homicídio que deve ser excluído. Freud retém dessa problemática complexa um desejo de homicídio que deve ser repelido e transformado em respeito pela lei. E o objeto que a lei regulamenta não é, para ele, a propriedade das coisas e o respeito aos contratos, mas a posse da mãe desejada. Ele afirma que a agressividade humana não pode ser limitada pela propriedade e, portanto, nesse sentido, distancia-se de Hobbes, mas também daquilo que nomeia comunismo, de forma vaga, em *O mal-estar na civilização*.

dial. Esse assassinato teria causas diretamente sexuais. É por isso que ele afirma em *O mal-estar da civilização* que a abolição da propriedade privada nunca será suficiente para pôr um fim à destrutividade mútua dos homens. Há razão em enxergar nessas afirmações fórmulas bastante datadas que articulam muito rapidamente o social e o individual. Não se constrói a sociedade a partir de elementos que seriam individuais, e nisso reside a falha das construções da democracia no pensamento de Hobbes, Locke, Rousseau e muitos outros. Toda a minha reflexão sobre os objetos tem como meta, precisamente, mostrar que não se passa com transparência dos sujeitos singulares às relações sociais e políticas.

Mas o interesse da perspectiva de Freud reside em outro lugar: mesmo que isso não baste para pensar as relações sociais, admiramos o caráter resolutamente não normativo dessa investigação dos meios de não renunciar ao gozo que faz a densidade da existência. Freud examina as vantagens e os inconvenientes de diversas soluções: as drogas, "afasta-tristeza", por exemplo, têm como vantagem sua eficácia, mas o inconveniente é que destroem toda a energia dos aparelhos anímicos. Dito isso, por um lado, o apego a um pensamento das relações sociais e políticas é, para dizer o mínimo, restritivo. Por outro lado, e principalmente, o pressuposto de base aqui é o de que o indivíduo existe por si mesmo e se opõe a fatores externos: a primeira exterioridade é seu próprio corpo, depois a natureza poderosa, depois "os outros", que são tanto um entrave quanto um recurso. Porém, se lembrarmos como intervém aquilo que chamei de conivência dos objetos pulsionais e da realidade social em uma cura, esse pressuposto não convém. O erro de fundo está no esquema de partida: a questão da felicidade se colocaria a um aparelho da alma supostamente autônomo, confrontado com realidades supostamente exteriores que às vezes favorecem e, mais frequentemente, desfavorecem seu desejo de gozar e de ser feliz. A evidência enganadora de uma separação entre o interior e o exterior, enunciada de diversas formas, alimenta um psicologismo e mostra o modo pobre como Freud abordou as relações sociais e a organização política das relações entre os homens.

Como as trocas sociais e os objetos que nelas circulam mobilizam o que é procurado e o que é excluído pelo desejo? É a essa questão que a distinção lacaniana entre o real e a realidade responde: o traumático se repete por intermédio da realidade, isto é, por intermédio daquilo que parece ser o aspecto mais independente do desejo; a realidade contém o que foi excluído pelo processo de constituição do sujeito, ou seja, o real. Lacan, em sua teoria do objeto "a", insiste quase exclusivamente no fato de que o objeto pulsional ameaça o sujeito e é inassimilável, pois conquistado a uma exclusão primordial do mal. O sexual, o pulsional, foi conquistado ao traumático. Está correto, exceto por uma nuance decisiva: as provações subjetivas não são uma ameaça que destrói o sujeito. Para Lacan, o objeto é o dejeto do simbólico, se considerarmos o simbólico como o conjunto das instâncias por meio das quais um sujeito de desejo pode se inscrever em uma genealogia e nos significantes que organizam sua história. Ora, o que o exemplo do objeto "caneta-de-tinta-escorrendo-boca-do-idiota-adentro" mostra é que o dejeto não é a única forma de excesso em relação ao simbólico, Lacan equipara estar em excesso, cair do simbólico e ser dejeto. O modelo pulsional é o excremento disso. Ora, essa é apenas uma das modalidades do excesso. O objeto é excessivo, sobra em relação àquilo em o que sujeito do desejo pode reconhecer-se, mas ele apenas cobre no estilo anal o horror do real traumático. Por um lado, há na clínica outras formas de queda que não a do excremento; por outro lado, em uma análise, o objeto também é matéria de uma transformação pulsional e subjetiva. Porque o modo como um/a analisante toma a palavra sobre o que o/a constitui nesses momentos decisivos de uma análise assume uma ênfase bastante notável: uma mistura de espanto e de capacidade de traçar uma via unicamente por meio da enunciação. Trata-se da produção do que na psicanálise chamamos de sujeito. Essa produção de um sujeito é ao mesmo tempo pulsional e social. A conivência entre o que não é assimilado e a realidade institucional é dupla e contraditória: o horror do trauma se repete "por meio da realidade", mas a realidade institucional serve também para transpor o inassimilável do objeto de desejo quando o que foi excluído na constituição do sujeito volta a ser reconhecido. A realidade funciona então como uma oportunidade para essa transposição.

Trata-se, portanto, de compreender em que medida as instituições jurídicas, médicas, econômicas e científicas que têm dificuldade de fazer alusão apenas à realidade efetiva desse sujeito podem, contudo, entrar em acordo com as transformações subjetivas. Elas, que são feitas sobretudo para não reconhecer tais transformações e que, ao mesmo tempo, convocam os atos de um sujeito de desejo e lhe dão oportunidades de se reinventar.

O desvio pela antropologia da dádiva

Essa vinculação entre atos e objetos foi bastante estudada na antropologia, particularmente por Marcel Mauss. O "Ensaio sobre a dádiva"[7] expõe atos de troca que atribuem aos objetos toda uma variedade de funções. É nesse sentido que a obra me interessa. Os objetos e os atos se organizam de maneiras múltiplas. Às vezes, os objetos são a razão de ser da troca; às vezes, ao contrário, são um simples pretexto para colocar em cena relações de prestígio. Frequentemente, eles chegam mesmo a se tornar objetos sacrificados na instauração de novas dominações sociais. Certamente, não há transposição direta da antropologia à psicanálise. Afinal, as sociedades estudadas por Mauss não isolam "sujeitos desejantes" de seu grupo de pertencimento. Os únicos sujeitos individualizados são os chefes, e as trocas modificam as relações entre grupos. Mas isso não impede que a antropologia da dádiva seja uma espécie de laboratório das modalidades de troca e das modalidades de objetos.

Foi isso que Bruno Karsenti estudou em sua obra sobre Mauss, *L'homme total: sociologie, anthropologie et philosophie*

---

[7] "Ensaio sobre a dádiva – forma e razão da troca nas sociedades arcaicas", in Marcel Mauss, *Sociologia e antropologia*, trad. Paulo Neves. São Paulo: Ubu Editora, 2017. Coleção Argonautas. [N. E.]

chez Marcel Mauss [O homem total: sociologia, antropologia e filosofia de Marcel Mauss]: de acordo com os grupos sociais considerados, os acontecimentos durante os quais eram dados presentes que deveriam ser recebidos e depois oferecidos em outra ocasião são diversamente marcados pela violência dos confrontos entre os chefes:[8] às vezes, trata-se realmente de estabelecer relações de amizade e aliança entre duas tribos; os objetos dados, muitas vezes preciosos, mesmo não possuindo preço de mercado, são então recebidos como garantia do equilíbrio hierárquico que se instaura entre os chefes dos grupos. Os objetos são celebrados, as cerimônias e os discursos honram o seu valor, em certo sentido.[9] Os objetos, cuja realidade

---

8   A "teoria da dádiva" [1922] levou cerca de vinte anos para ser construída por Mauss por meio de uma aproximação entre numerosos e variados estudos etnográficos, reunidos nas *Œuvres*, publicadas em três volumes pelas Éditions de Minuit (1968-69). Particularmente, foi a comparação das trocas marcadas pela violência entre os grupos (melanésios estudados por Malinowski e indígenas da América do Norte) com as trocas do *potlatch*, menos marcadas pelas lutas, que permitiu a Mauss forjar esse conceito.

9   A afirmação de Bruno Karsenti confirma, portanto, os trabalhos de Maurice Godelier em *O enigma do dom* [1996], trad. Eliana Aguiar. Rio de Janeiro: Civilização Brasileira, 2001. Mas, como Godelier, Karsenti observa que Mauss não se ateve aos desdobramentos de observações como estas: "se os polinésios não conhecem, ou não conhecem mais, a instituição que merece o nome de '*potlatch*' na América do Norte ou na Melanésia, conhecem, em todo caso, formas de prestações totais ou entre clãs, chefes e famílias. Algumas representam um estado intermediário entre essas instituições e aquelas do *potlatch*. Especificamente, todo contrato se inicia por uma troca de presentes que obrigatoriamente devem ser dados de uma forma ou de outra e, em determinados casos mais ou menos definidos, com um certo excesso. O tema da rivalidade atualmente é estranho a esse sistema, mas o tema do presente, obrigatoriamente dado e, ao mesmo tempo, obrigatoriamente e voluntariamente recebido, é essencial"; M. Mauss, *Œuvres*, t. 3: *Cohésion sociale et division de la sociologie* [1901-39], org. V. Karady. Paris: Éditions de Minuit, 1969, p. 44. No comentário que faz a respeito desse texto de Mauss, Bruno Karsenti insiste, por um lado, na ligação entre o caráter voluntário da dádiva e sua determinação em um ciclo de trocas e, por outro, na

também é formada pelo modo como são ritualmente aceitos, estabelecem relações novas de coexistência, quer ocorram ou não trocas matrimoniais. É o caso do *kula*, na Nova Guiné. Em outras sociedades – geralmente distantes geograficamente –, o que prevalece é, ao contrário, uma luta de prestígio semelhante a uma luta violenta: os objetos são jogados aos pés do chefe do grupo desafiado por outro grupo – no limite, são sacrificados. Os atos pelos quais eles são dados estabelecem seu pouco valor, pois contêm a agressão que imitam. Nesse caso, o objeto está ali apenas para colocar em cena o desafio. Por si só ele não é "nada"? Trata-se, antes, de fazer com que ele não seja nada, isto é, de fazer com que o ato da dádiva negue sua própria condição de dádiva. Destruir o objeto, sacrificando-o de forma ostensiva e provocadora, mantém uma luta. O objeto se confunde com a imposição da supremacia violenta que sua dádiva serve para estabelecer.[10]

Três pontos me parecem notáveis nessa leitura de Mauss por Bruno Karsenti: por um lado, a consistência ou a inconsistência do objeto no "fato social total" que se chama, de acordo com o caso, *kula*, *potlatch* ou trocas pacíficas de *taongas* está associada ao tipo de relação que se estabelece entre os grupos.

O segundo ponto que me interessa nesse estudo sobre Mauss é a função contraditória, necessariamente contraditória, que ele atribui aos objetos na dádiva: "A dádiva só é dádiva na medida em que não é troca, isto é, na medida em que afirma, em sua própria realização, a recusa ou o desprezo por uma eventual contrapartida – em resumo, na medida em

---

diferença entre o *potlatch*, no qual prevalece a rivalidade violenta, e essa troca de objetos chamados *taongas*.

10 Teremos de situar esse estatuto do objeto na dádiva a partir da perspectiva aberta por Annette Weiner, que sugere que a entidade "teorias da dádiva" corresponde apenas às interrogações das sociedades europeias acerca das sociedades não mercantis. Cf. Annette B. Weiner, *La richesse des femmes, ou Comment l'esprit vient aux hommes* [1976]. Paris: Seuil, 1983.

que se manifesta sob a forma de um ato gratuito".[11] Graças a esse paradoxo que ele chama de "reciprocidade suspensa", as relações sociais, segundo ele, são efetivamente criadas pelo que os objetos encobrem. Diversos comentadores de Mauss (Sahlins, Bourdieu, Lefort, Derrida) observaram que a dádiva não é uma dádiva, pois insere o doador no ciclo da obrigação de receber e retribuir. Bruno Karsenti vai mais longe e insiste na função positiva dessa mentira social que a dádiva permite: os atores da troca criam relações graças ao fato de não estarem conscientes de que a dádiva instaura as relações sociais. Os grupos sociais criam suas relações porque ignoram que a dádiva não é uma dádiva, mas a instauração de um circuito de trocas no âmbito do qual os atores se deixam levar. O momento da ignorância ou do inconsciente instaura o social. Bruno Karsenti anuncia isso para mostrar como Mauss se afasta de Durkheim: não é a proibição que cria as relações sociais, é a dádiva, "fato social total" tornado possível por uma "mentira" a respeito do alcance do ato coletivo instaurador.

Ao ler essa análise de Karsenti, poderíamos falar da função performativa ou produtora da dádiva, pois as relações sociais não existem de antemão; é exatamente o ato que as cria com todas as suas variantes. O que impede, todavia, de falar em performatividade é a importância dos objetos mudos nos atos e o fato de os objetos formarem o momento mais inconsciente, mais fora do controle dos atores, e, no entanto, o mais criador. Nesse ponto, novamente o paralelo com o momento do objeto na psicanálise se impõe!

Por fim, Bruno Karsenti destaca a caducidade da distinção entre psicologia e sociologia. O conceito de dádiva, conforme dissemos, é construído a partir de múltiplos dados etnográficos. Não se trata, pois, de modo algum, de um fato a ser apenas constatado. Mostrar que a dádiva tem componentes jurídicos, genealógicos, econômicos, bélicos, religiosos e estéticos é se afastar de uma definição do social que veria na coerção exercida pelo grupo sobre o indivíduo o fenômeno

---

11 B. Karsenti, *L'homme total: sociologie, anthropologie et philosophie chez Marcel Mauss.* Paris: PUF, 1997, p. 347.

de base do social. A ideia da coerção como fundamento da realidade do social permaneceria, para Durkheim, associada à distinção entre o indivíduo supostamente consciente-voluntário e o grupo. Ora, há uma lógica das trocas que ignora essa distinção. E essa lógica é simbólica: ela organiza em um sistema os componentes mencionados, conforme mostrou Lévi-Strauss. A lógica da dádiva se determina em um registro no qual a distinção entre o psicológico e o sociológico não é válida, pois assinala ao mesmo tempo as relações dos grupos e os lugares dos sujeitos envolvidos nas trocas simbólicas. Sabemos que Lévi-Strauss criticou a ideia, desenvolvida por Mauss, de que no *potlatch* há uma força mágica contida nos objetos que exerce uma ameaça permanente em relação aos sujeitos tomados pelo circuito da dádiva: dar, receber, retribuir. Lévi-Strauss, em sua célebre introdução ao "Ensaio sobre a dádiva", enxergava, na manutenção por Mauss da hipótese dessa força mágica dos objetos, um vestígio de psicologismo, pois o *hau*, assim como o *mana* anteriormente estudado, é uma crença atribuída aos "primitivos". Afirmando que o simbolismo só pode ser social, e não individual, ele colocou em evidência as estruturas que regulamentam ao mesmo tempo a aliança, a filiação, as proibições do incesto, as distinções geográficas, culturais, políticas, religiosas etc. Para Lévi-Strauss, a estrutura evitaria a hipótese, que segundo ele seria ainda psicológica, de acordo com a qual a antropologia atribuiria aos homens das sociedades não ocidentais crenças animistas, reservando a si própria a racionalidade. De acordo com Bruno Karsenti, por um lado, o "fato social total" de que fala Mauss é muito similar a uma estrutura, pois une dimensões heterogêneas da vida social e estabelece o vínculo entre elas.[12] Nesse aspecto, Lévi-Strauss

---

12 Seria preciso, então, aproximar essa leitura de Mauss por Bruno Karsenti daquela de Lévi-Strauss por Patrice Maniglier, que mostra que as estruturas não são fixas, mas sim leis de transformação das atividades sociais, de forma alguma incompatíveis com o inconsciente freudiano.

se inscreve na linhagem de Mauss mais do que a critica.[13] Mas Karsenti, por sua vez, critica a leitura que Lévi-Strauss faz de Mauss: ela partiria do indivíduo e suas crenças. Ora, o *hau*, essa força inclusa nos objetos, designa um registro da realidade no qual os homens e as coisas se misturam. Vimos, aliás, que a "mentira social" cria a socialidade dos indivíduos que não existem por si próprios. Por fim, o *hau* não é mais primitivo do que as regras jurídicas[14] das sociedades ocidentais, e isso não coloca de maneira alguma uma objeção ao caráter simbólico e estruturado das práticas que se concebem, a um só tempo, como práticas de linguagem e materiais. É bem interessante ver que um filósofo do direito, Yan Thomas, compartilha da ideia de Mauss e de Bruno Karsenti de que a lógica jurídica que pensa as relações sociais a partir das relações das coisas entre si não deriva de uma crença mágica, mas de uma lógica metonímica usual nas formações simbólicas. Mauss se referia ao jurista Huvelin, insistindo no vínculo que se mantinha, em Roma, entre uma coisa vendida

---

13 Bruno Karsenti gosta de citar muitos textos posteriores à "Introdução à obra de Marcel Mauss" nos quais Lévi-Strauss se reconhece no "fato social total"; cf. B. Karsenti, *L'homme total*, op. cit., p. 276. Ele recusa, no entanto, a ideia de Lévi-Strauss segundo a qual Mauss construiria o social a partir do individual, isto é, das representações. "Poderemos nos perguntar se a interpretação estrutural, abrindo caminho para uma conceituação formal dos fenômenos sociais, ao marcar a preeminência da função simbólica descoberta 'no nível inconsciente', não corresponderia a uma distorção do propósito de Mauss" (ibid., p. 278).

14 O próprio Lévi-Strauss, em *O pensamento selvagem*, aproxima os ritos de *intichiuma* – por meio dos quais os Aranda retiram periodicamente da terra objetos sagrados, de pedra ou madeira, chamados *churinga* – dos nossos arquivos e das nossas visitas ao tabelião. Trata-se de criar uma continuidade temporal por meio da lembrança das origens míticas dos nomes de totem. A instauração dos nomes totêmicos e a função dos *churinga* caminham lado a lado. É desse mesmo modo que os documentos registrados por tabeliães estabelecem, além da morte dos proprietários de bens, que os herdeiros deles são também proprietários; *O pensamento selvagem*, trad. Tânia Pellegrini. Campinas: Papirus, 1989, p. 268.

e o seu proprietário. Coisas ou pessoas podiam ser retidas indistintamente caso a transação não fosse feita em conformidade com as normas. Yan Thomas, por sua vez, afirma que, nas ficções que embasam o direito romano, ficções que tomam as imagens das coisas sagradas pelas próprias coisas, a questão não é de crença, mas de instituição.[15] Voltaremos a esse ponto, pois a questão também é a de saber se todas as associações por contiguidade que misturam atos, pensamentos e objetos no campo do inconsciente sexuado derivam da magia ou, simplesmente, dos recursos metonímicos das formações simbólicas. Talvez não faça sentido opor relações sintagmáticas na língua e metonímicas no inconsciente ao que chamamos de magia quando descobrimos tais relações "entre os outros".

Depois da crítica que opôs Lévi-Strauss a Mauss, Bruno Karsenti faz questão de estabelecer que a lógica da dádiva em Mauss permanece uma lógica passional e que, se houver crença no circuito da dádiva, ela é indissociável das relações que cria: não se pode inscrevê-la na posteridade das teorias nem de Hobbes nem de Rousseau, como dizem com muita frequência os comentadores (Sahlins sobre Hobbes, Davy sobre Rousseau, por exemplo), pois a dádiva não é um contrato, mesmo sendo tão complexa quanto aquilo que o *contrato social* constrói, que repousa na ideia de vontade geral. E, diferentemente de Hobbes, a lógica da dádiva não considera a sociedade uma limitação à agressão natural dos homens por meio da fiabilidade, artificialmente instituída, das relações de propriedade e dos contratos: o *potlatch* é uma luta por meio da propriedade, e não pela propriedade. "O objetivo da luta, nesse caso, de forma alguma é a posse das coisas e o gozo dos bens – o modo pelo qual Hobbes resolvia a rivalidade –, mas definitivamente o prestígio."[16] Homens e coisas misturados, atos de trocas agonísticos que não inserem os homens em um estado civil por uma razão trans-

---

15 Yan Thomas, *Les opérations du droit*. Paris: Seuil/Gallimard, 2011, p. 149.
16 Ibid., p. 366.

cendental ou calculista, no entanto lhes permitem "depor as lanças" por meio do comércio, isso é a dádiva. "Matar a propriedade", para usar a expressão de um indígena tlingit, é transformá-la em dádiva ou destruí-la, conforme o caso.[17]

Não se pode, portanto, como faz Freud em *O mal-estar na civilização*, opor uma origem sexual/simbólica das relações sociais à questão da apropriação das coisas. Também não se pode insistir unilateralmente, como faz Lacan, no fato de que os objetos não são nada porque, na antropologia, eles se inscreveriam nas relações sacrificiais de guerra e, na psicanálise, seriam completamente indiferentes. Pois, tanto na psicanálise como na antropologia, o caso em questão é apenas um em meio a outros. Sabe-se que Lacan muitas vezes insistiu em modalidades de pulsões em que o objeto "é totalmente indiferente", não tem, "falando propriamente, nenhuma importância",[18] é "puro ocupante do lugar vazio".[19] É certo que, ao fim, ele disse que o objeto, inventado para estabelecer uma relação não universalizável entre o Simbólico, o Imaginário e o Real do trauma, tem por si só um papel positivo, pois garante a consistência de um entrelaçamento entre as instâncias subjetivas. No entanto, na maior parte das vezes, ele fez do objeto "a" um nada, associando o que excede do Simbólico a um dejeto. Essa negativização do objeto concerne tanto ao objeto da pulsão quanto ao objeto do desejo ou mesmo do amor, segundo Lacan, para quem "o amor é dar o que não se tem [a alguém que não quer isso]".[20]

---

17 B. Karsenti, *L'homme total*, op. cit., p. 365.
18 J. Lacan, "Desmontagem da pulsão", in *O seminário*, livro 11, op. cit., p. 159.
19 Este último trecho citado encontra-se em "Démontage de la pulsion" (in *Le Séminaire*, livre XI: *Les quatre concepts fondamentaux de la psychanalyse*. Paris: Seuil, 1973, p. 153), edição utilizada por M. David-Ménard, mas não tem correspondência direta na edição brasileira de Lacan consultada para esta tradução. [N. T.]
20 J. Lacan, in "De épistèmè a muthos", in *O seminário*, livro 8: *A transferência*, trad. Dulce Duque Estrada. Rio de Janeiro: Zahar, 1992, p. 126.

Ora, observa-se, a propósito da cura sobre a qual eu refletia, que é preciso marcar uma diferença entre o objeto inassimilável e o objeto inassimilado: o objeto é inassimilável pelo sujeito no qual ele provoca a decomposição... até que o analisante possa suportar o fato de estar preso a esse objeto. No exemplo que dei, isso dura até o sonhador, impressionado com seu "gozo do idiota", poder se reconhecer naquilo que excluía de si mesmo. Lacan afirma que, quando o objeto "a" é menos excluído pelo sujeito, ele cai, ou seja, ele se representa. Mas o termo queda é ambíguo. É certo que, quando o objeto pulsional, até aquele momento excluído, pode figurar em um sonho, essa figuração indica que o sujeito está menos preso a esse objeto. Nesse sentido, sua *Darstellung*, sua apresentação em sonho, indica sua queda. Queda que remete ao que Freud chama de suspensão do recalcamento. Mas, para Lacan, muito frequentemente a queda implica que o objeto em si mesmo é um nada, isto é, um dejeto cuja única função é mascarar o horror do trauma. Dizer que ele é um dejeto não dá precisão suficiente a sua mudança de estatuto: quando ele pode tornar-se presente em sonho, é porque o sujeito suporta reconhecer-se nesse termo não integrado às suas referências simbólicas. Diga-se, de antemão, que o equivalente a "dejeto" para a antropologia é unicamente o sacrifício dos objetos nas cerimônias violentas do *potlatch*. Em ambos os casos, de fato, o objeto em si mesmo é completamente indiferente. Ora, na antropologia da dádiva, essa é apenas uma das modalidades de troca entre grupos tribais. Insistir unilateralmente no vínculo entre a violência social ou pulsional e o objeto expulso ou o objeto destruído restringe o registro dos objetos e dos atos aos quais eles se vinculam. Lembremos, por exemplo, da descrição de Lacan do amor de transferência: "eu te amo – diz o analisante ao analista –, mas porque amo esse presente que inexplicavelmente se transforma em um presente de merda". O objeto excremento deveria resumir o modo como a pulsão desfaz a idealização – produzida pelo analisante – do analista amado como um "sujeito suposto saber" da verdade do analisante. Seria apenas por meio da violência do objeto anal jogado ao Outro que a idealização do analista no amor de transferência poderia cair? Mas a realidade das curas é mais complexa. Para Antoine D., por exemplo, o episódio das hemorroidas é menos uma recusa violenta dirigida à analista que o surpreende em uma cena de gozo do que uma maneira de se autorizar a evocar, durante as sessões, o que ele ama nas relações sexuais no registro das carícias. O episódio das hemorroidas é tanto uma suspensão do recalcamento como uma maneira de jogar na cara da analista um modo de gozo até então excluído. Por outro lado, nesse exemplo, o registro anal liga-se a outros componentes pulsionais – oral, fálico, invocante –, algo que é mal resumido pela metáfora do dejeto. O que o desaloja do seu "gozo do idiota" é, no sonho, a presença do colega mais ativo do que ele; é também a voz da analista em sessão ao dizer que a extrema fadiga que ele sente talvez seja efeito do que ele se autorizou a sonhar. Dizer isso é fazer com que os objetos pulsionais saiam de seu gozo mudo; é permitir a produção de um sujeito que transpõe o espaço no qual ele estava preso a objetos. De fato, o paciente agora pode dizer na cura que, para ele, no pátio da escola primária, a questão era afirmar sua presença diante de uma garotinha de quem ele desejava se aproximar.

Uma certa tradição, inaugurada por Georges Bataille e Alexandre Kojève, leu Mauss a partir de Hegel, insistindo unilateralmente no uso sacrificial de objetos que não são nada, já que o desejo de ser reconhecido se afirma a despeito da vida. E uma grande parte da obra de Lacan retomou tal leitura redutora. Mas essa não é a única direção lacaniana. No ponto em que estamos de nossa reflexão sobre a função das coisas nas relações sociais e sexuais, já é tempo de mostrar que Hegel atribui também às coisas uma importância decisiva na epopeia do reconhecimento.

[3] O DIREITO DE PROPRIEDADE E O ANIMISMO DO INANIMADO: HEGEL, FREUD, MARILYN STRATHERN

O papel dos objetos sociais no reconhecimento

O conceito de reconhecimento, em sua fundação hegeliana, tornou possível uma extraordinária unidade das ciências sociais: se ser, para as mulheres e os homens, é ser reconhecidas/os, esse reconhecimento atua em todas as esferas da existência que as ciências humanas distinguiram desde então: psicologia, sociologia, psicanálise, história, ciências da linguagem. Por outro lado, o reconhecimento como desafio das existências humanas atravessa, sem a ignorar, a distinção entre conhecimento e ação, entre teoria e prática. O reconhecimento se decide, para Hegel, no trabalho, no desejo e na linguagem e pressupõe todos os registros da relação com a alteridade; o Outro possui múltiplos aspectos: ele é o inconsciente como lugar que determina a posição da consciência-de-si sem que ela o saiba num primeiro momento. Como em toda prática social da linguagem que faz de nós, para quem nos escuta, outra pessoa que não aquela que gostaríamos de ser, na medida em que nosso ato tinha uma intenção. Ele se explica longamente acerca desse ponto na subseção da *Fenomenologia do espírito* sobre a dialética da "Coisa mesma". O inconsciente também é a alteridade de um lugar que estrutura as figuras do outro político sob o modo de uma assimetria na qual posições incompatíveis estão amarradas, sem que o saibam, por meio dessa própria incompatibilidade: os destinos imbricados do senhor e do escravo, de Antígona e Creonte, das Luzes e do iluminismo,[1] da virtude revolucionária e do Terror etc.

A extraordinária construção de Hegel substitui a questão da essência da realidade humana pelas aventuras da alteridade e, assim, consegue unificar as experiências e os saberes. Todavia, é isso que não podemos mais fazer: em seu seminário de 1969-70, *O avesso da psicanálise*, Lacan, partindo de um pensamento do desejo em relação ao saber, faz uma incursão no campo da crítica da economia política. Ele enuncia proposições interessantes sobre aquilo que teria, no capitalismo da segunda metade do século XX, substituído a mais-valia tal como Marx a concebera por um mais-de-gozar que se forma na exclusão mútua do gozo e do saber. Ele não propõe, como teria feito Hegel, uma síntese da produção dos valores econômicos e das "unidades de valor" do desejo investido nos saberes universitários. Para Lacan, a teoria dos quatro discursos busca dar conta das relações sociais a partir da exclusão mútua do gozo e do saber. Mas ela não tem o poder de totalização das experiências do sujeito que Hegel ambicionava. Nenhum conceito mais englobante, como era o de reconhecimento em Hegel, unifica a separação dos campos. A questão não é mais, para Lacan, de uma intervenção crítica da psicanálise naquilo que os outros discursos não abordam e que, entretanto, marca seus pontos de falha ou de incompletude. Apesar de algumas ambiguidades sobre o real, Lacan não propõe um "saber absoluto" e evita atribuir ao discurso analítico a função de uma metalinguagem.

Poderíamos ainda aproveitar certos aspectos da "teoria do reconhecimento", mesmo prezando, filosoficamente, pela especificidade dos campos de saberes e pela irredutibilidade das práticas?

---

1   Doutrina mística que se desenvolveu no século XVIII na Europa e reunia pessoas que buscavam a iluminação interior. [N. T.]

Mais precisamente, há um aspecto da problemática hegeliana do reconhecimento que poderia encontrar novos desenvolvimentos: as relações sociais, para Hegel, atuam sempre entre os humanos e as coisas ao mesmo tempo. Marx almejava atualizar no fetichismo da mercadoria uma transformação das relações sociais em coisas. Ele queria pôr fim à opacidade dos objetos no capitalismo. O valor que toma forma no trabalho social não é mais legível nas relações de mercado, nas quais as coisas fazem desaparecer as relações ativas das quais são feitas. Essas relações são ainda mais opacas no capitalismo na medida em que permanecem mascaradas as condições que fazem da força de trabalho uma mercadoria como outra qualquer no mercado de trabalho. Ao mesmo tempo, a força de trabalho é uma mercadoria muito peculiar, pois, quando consumida, pode produzir um valor maior que o seu preço. Para Hegel, contudo, essa capacidade das coisas de mascarar uma atividade da qual são feitas não é própria do regime capitalista; é um recurso paradoxal do reconhecimento: o momento em que o desejo de ser reconhecido se fixa nas coisas produzidas, possuídas ou mesmo construídas por iniciativas coletivas é, ao mesmo tempo, um momento em que o desafio do reconhecimento parece perder-se e em que, no entanto, os trocadores de objetos, os usuários de um edifício cultural ou mesmo as instituições de um Estado tornam concretas as relações sociais. A materialidade é aqui decisiva, mesmo que seja também o esquecimento da reflexividade que os/as participantes de uma relação buscam: ser reconhecido/a, por exemplo, por tal pessoa, por tal instância jurídica, tal instituição. Como as relações humanas e sociais atuam nas relações codificadas ou ritualizadas entre as coisas? Ao colocar dessa maneira a questão dos objetos e dos circuitos de troca, poderemos, talvez, definir por vias transversais o que caracteriza as condições do desejo nas sociedades de capitalismo financeiro, por exemplo. Quando é que a opacidade dos circuitos de troca prepara o ato de reconhecimento, e quando, ao contrário, certas formas de opacidade ligadas aos objetos o tornam impossível?

Ao considerar, assim, o reconhecimento não apenas como uma reivindicação dos indivíduos que gostariam de inscrever no direito uma garantia contra uma exclusão prévia, mas como relações sociais que vinculam as pessoas por meio das coisas, com as coisas, apesar das coisas que circulam entre elas, proponho-me inicialmente a reler as análises hegelianas que atribuem às coisas (*Dinge* e *Sachen*, de acordo com o grau de "espiritualização" do mundo) um papel de mediação e, com isso, de limitação da violência das relações sociais.

Alienação, estranhamento, ser reconhecido

Em relação aos usos do termo reconhecimento a partir de Hegel (escola de Frankfurt, Lacan, Judith Butler, Nancy Fraser), há uma sobriedade hegeliana neles. O reconhecimento está ligado à análise dos conflitos instauradores da vida social, sem implicar uma redução das relações sociais à produção de bens.

1. Hegel emprega muitos outros termos: encontrar-se ou perder-se, chegar à verdade sobre si mesmo etc. "Reconhecimento", em sentido estrito, está muito ligado ao momento em que a consciência-de-si descobre que não será humana senão pela intervenção de outros humanos. Na *Fenomenologia do espírito*, essa questão atua na transição entre "desejo" e "ser reconhecido".

2. O reconhecimento passa pelas coisas, sem as quais ele permanece abstrato, isto é, permanece "no elemento do subjetivo". Essa crítica de uma concepção apenas individual do sujeito é válida não só na célebre dialética do senhor e do escravo, mas nas relações sociais em geral:

> Nada há aqui que não seja recíproco, nada em que a independência do indivíduo não se atribua sua significação *positiva* – a de ser para si – na dissolução de seu ser-para-si e na *negação* de si mesmo. Essa unidade do ser para outro – ou do fazer-se coisa – com o ser-para-si, essa substância universal fala sua *linguagem universal* nos costumes e nas leis de seu povo.
>
> No entanto, essa imutável essência não é outra coisa que a expressão da individualidade singular que aparenta ser-lhe oposta. As leis exprimem o que cada indivíduo *é e faz*; o indiví-

duo não as conhece somente como sua coisidade objetiva *universal*, mas também nela se reconhece, ou: [conhece-a] como *singularizada* em sua própria individualidade, e na de cada um de seus concidadãos.²

3. A função das coisas é, segundo Hegel, limitar a violência, graças a um momento de silêncio no que concerne aos desafios políticos das situações analisadas; devemos reler, nesse sentido, tanto na *Fenomenologia do espírito* quanto nos *Princípios da filosofia do direito*, o modo como a riqueza das relações sociais fracassa em atribuir a si mesma a forma abstrata do direito da propriedade e dos contratos, sendo esse fracasso a própria "prova" da riqueza da cultura (*Bildung*) e do Estado.³ De fato, é essa criação de coisas sociais, que integram as experiências de confronto da consciência com a produção de coisas estranhas à consciência-de-si (*Entfremdung*), que é decisiva para Hegel. Para ele, a produção de uma realidade social na qual os sujeitos possam "encontrar-se" entre os seus extrapola o conceito de reconhecimento. Ao mesmo tempo, é a relativa impotência do direito de propriedade que prova que a produção das relações sociais é mais concreta do que o chamado direito abstrato.

---

2   G. W. F. Hegel, *Fenomenologia do espírito*, op. cit., p. 252.
3   Vladimir Safatle, em sua obra *Grande Hotel Abismo*, faz uma aproximação entre a negatividade hegeliana da falta e o ser lacaniano: o que faz dos sujeitos atores políticos é o fato de que sua aparente individualidade está submissa a um teste de dissolução interna. É desse modo que o político se torna real, o termo "real" designando, então, tanto a realidade efetiva em Hegel como o real traumático constitutivo da sexualidade no sentido lacaniano; V. Safatle, *Grande Hotel Abismo*. São Paulo: Martins Fontes, 2012. Eu questiono essa tese: por um lado, a leitura de Hegel que ela supõe é unilateral, pois Hegel insiste também na materialidade das criações coletivas das quais um grupo ou um Estado toma a iniciativa. É essa materialidade que retira o indivíduo de uma subjetividade abstrata e lhe confere um alcance político. Por outro lado, a quase identidade estabelecida por Safatle entre a noção de dissolução da subjetividade unicamente individual e a teoria lacaniana da dissolução subjetiva merece ser discutida. Cf. cap. 6.

Relendo a *Fenomenologia do espírito*, eu refletia sobre o que o reconhecimento deve aos conflitos. No entanto, fui surpreendida ao redescobrir que o pensamento hegeliano não é simplesmente uma teoria do reconhecimento: a exteriorização (*Entäusserung*) do espírito e seu estranhamento (*Entfremdung*) são tão importantes em todas as experiências da consciência quanto o momento em que a consciência, nos processos aos quais se mistura, obtém um reconhecimento explícito, seja dos parceiros com os quais ela se forma, seja do mundo. Por mundo, entendam-se aqui a eticidade (*Sittlichkeit*), a sociedade civil (*bürgerliche Gesellschaft*) e a cultura (*Bildung*), que criam uma realidade na qual a consciência pode encontrar a densidade das relações de que precisa para ser reconhecida.

Dois fatores estão relacionados:

1. O reconhecimento não tem alcance se não estiver inscrito em um mundo, o que supõe que esse mundo tenha também uma opacidade para a consciência. O momento do reconhecimento não comportaria nenhuma verdade se não se inscrevesse, substancialmente, no que é a contradição interna do reconhecimento.

2. O segundo fator é que a questão da alienação, do "estranhamento", concerne ao espírito, isto é, a um coletivo, mais do que à consciência e à consciência-de-si, mesmo quando Hegel descreve "o sistema das experiências da consciência". A consciência tem a impressão de que é ela que busca o reconhecimento; no entanto, é tomada por um movimento no qual é o polo objetivo/objetal (*gegenständlich*) que tem a iniciativa de lhe atribuir um papel no que ela, a consciência-de-si, chama de um mundo do reconhecimento. A condição desse processo é que o aspecto unicamente individual da consciência-de-si esteja submetido a um teste no qual aquilo que era seu propósito – ser reconhecida ou intervir no reconhecimento de um outro capaz de reconhecer ela própria – perde-se. Em outras palavras, o reconhecimento é um movimento que insere e remove o indivíduo. O ser reconhecido só mantém sua importância na "vida do espírito" por meio do momento opaco, para a consciência-de-si, em que o

espírito se dá uma materialidade que suspende a capacidade dos sujeitos individuais de controlar o movimento que liga a alienação (*Entäusserung/Entfremdung*) ao ser reconhecido (*anerkennt werden* e *anerkennen*). Hegel mostra com excelência como a materialidade, a um só tempo, extingue e sustenta a realidade (*Wirklichkeit*) dos conflitos sociais:

> [A realidade efetiva como mundo] Adquire seu ser-aí pela *própria* exteriorização [*Entäusserung*] e desessenciamento [*Entwesung*] da consciência-de-si, que na devastação imperante no mundo do direito parece impor-lhe a violência externa dos elementos desencadeados. [...] Ora, esse agir e vir-a-ser, mediante os quais a substância se torna efetiva, é a alienação da personalidade; com efeito, o Si vigente em si e para si, *imediatamente*, isto é, *sem alienação*, é [um Si] sem substância, e joguete daqueles elementos tumultuosos. *Sua* substância, é pois, sua exteriorização mesma, e a exteriorização é a substância [...].[4]

Ora, esse paradoxo do reconhecimento e de sua perda momentânea não seria importante também em psicanálise? Se uma análise não é apenas o desenrolar de uma história por parte de um sujeito, se não é apenas o desnudamento da cadeia de significantes que subjugou esse indivíduo, e sim a transposição dos impasses da vida sexual nas condições da cura, resulta que o importante é que o saber inconsciente do desejo não passa ileso por aquilo que está em causa na repetição. É menos importante, aliás, que o ato analítico escape ao saber do que sua ocorrência na mudança de estatuto da repetição. Os recursos e limites da transferência concernem aqui às relações entre o poder da repetição e o saber. E, como esse poder da repetição é tanto fecundo como perigoso, o papel do/a analista não é exclusivamente sustentar a posição na qual ele/a é colocado/a como "sujeito suposto saber", mas, sobretudo, atuar como uma encruzilhada entre as diversas

---

4   G. W. F. Hegel, *Fenomenologia do espírito*, op. cit., p. 336; trad. modif. [N.T.: os colchetes que indicam o termo original em alemão são da autora].

cenas em impasse que se repetem na cura graças às condições que ela instaura. O ato do/a analista intervém nos limites do que pode ser reconhecido.

Por um lado, podemos abordar essa questão por meio da insistência de Lacan no real do sintoma e nos perguntar: o que, nos objetos que causam o desejo, é inassimilável pelo simbólico e constituinte? Pode-se falar, na cura analítica tal como concebida por Lacan, em uma opacidade dos objetos no sentido definido pela leitura de Hegel? Não é certeza: o texto subjetivo que confronta um sujeito com os objetos de suas pulsões, e assim o desaloja do que ele acreditava ser "ele mesmo", é menos material[5] do que o teste da "alienação" do indivíduo, tomado por suas próprias ações em um real coletivo que o ultrapassa.

Por outro lado, se acentuarmos positivamente, com Hegel, o momento em que o aspecto ético e jurídico do reconhecimento é esquecido no âmbito das coisas sociais, não oporemos mais uma concepção ético-política do reconhecimento a uma teoria econômico-política da sociedade. É preciso parar de opor o reconhecimento ético-político às teorias da produção dos bens: as coisas produzidas não são apenas econômicas, elas concretizam esse momento em que a transformação das relações entre sujeitos sociais passa pelas coisas e se apoia em silêncio nas coisas e na materialidade das instituições para criar novas formas de vida social. A inflação do termo reconhecimento na teoria social da escola de Frankfurt não seria dependente de uma filosofia da consciência, da representação? A produção de coisas é decisiva porque as relações humanas nelas atuam ignorando-se entre si. O momento da opacidade faz parte da instauração do social, do jurídico e do

---

5 A materialidade, para Lacan, está mais ligada ao circuito pulsional do que aos objetos, que são sempre considerados indiferentes em si mesmos, substituíveis por qualquer coisa e ocupando o lugar do vazio. No entanto, Lacan diz também que, na transferência, a repetição gira em torno dos próprios objetos das pulsões. A singularidade da repetição confere ao seu traçado uma quase materialidade. Poderíamos falar em circuito da repetição?

institucional. Marx, em seu célebre texto sobre "o fetichismo da mercadoria e seu segredo", define o fetichismo em contraste com a utopia de uma sociedade onde as relações sociais se tornariam transparentes, onde não precisariam mais assumir a forma fantástica de uma relação entre coisas que vão sozinhas ao mercado para serem trocadas. Pois bem! Após ler Hegel e refletir sobre a opacidade dos mercados financeiros e sobre a falsa transparência da internet nas sociedades capitalistas neoliberais, e também prestar atenção à relação entre o real, na repetição, e a invenção de novos objetos transferenciais pelos pacientes, nas curas, diremos, antes, que o importante é poder distinguir em que casos os objetos e os materiais da socialidade criam um mundo humano e em que casos sua opacidade, de outra natureza, o impede. Essa questão, antes de Marx, vem de Hegel. Ou melhor, é relendo Hegel e Marx no presente que podemos colocá-la.

Identificar a vontade com uma coisa, com coisas

A propriedade, para Hegel, coloca em relação vontades e coisas. É uma relação social que, curiosamente, se funda metafisicamente no inanimado. As Coisas medeiam as relações sociais e, em particular, a violência dessas relações. Isso aparece com precisão em Hegel, desde a *Fenomenologia do espírito* (1807), em todas as figuras da consciência, e permanece verdadeiro nos *Princípios da filosofia do direito* (1821). Ser proprietário é afirmar que uma coisa é minha: heterogênea a uma vontade da qual é desprovida, a coisa é, todavia, aquilo com que a vontade se identifica, em um ato paradoxal: a iniciativa da vontade, qualificada de "espiritual", realiza-se ao negar-se, e essa liberdade encontra, graças a isso, materialidade e limites. Trata-se de uma *Entäusserung* da vontade, termo que algumas vezes é traduzido por alienação[6] e outras por dois

---

[6] Por exemplo, Jean-Pierre Lefebvre ao traduzir para o francês a *Fenomenologia do espírito*; G. W. F. Hegel, *Phénoménologie de l'esprit*. Paris: Aubier, 1991, p. 330.

termos: exteriorização/externação.⁷ A vontade dá a realidade a si mesma e nega-se ao identificar-se com uma coisa. É essa identidade afirmada com uma coisa metafisicamente diferente de si que "faz pensar" em animismo. Não que a coisa seja dotada de uma alma (justamente não), mas a vontade a habita de certa forma. Eu poderia de imediato arriscar uma aproximação sugestiva e inesperada com os antropólogos: sem precipitação, notemos mesmo assim que Marilyn Strathern, por exemplo, compara os ritos de transmissão ligados às máscaras rituais na Nova Irlanda, os *malanggans*, ao direito das patentes entre os "euro-americanos", combinação de tecnologia e de direito da propriedade intelectual.⁸

Hegel distingue a posse (*Besitz*), isto é, o estabelecimento em algum lugar ou o uso de alguma coisa, da propriedade propriamente dita depois da tomada de posse. A propriedade (*Eigentum*) é o ato jurídico que instaura uma relação exclusiva entre vontade e coisa. A polissemia do termo é constantemente invocada por Hegel: *Eigentümlichkeit* significa em alemão a especificidade, quase como o termo *propriété* [propriedade], em francês, que se refere ao que alguém ou alguma coisa tem de "*propre*" [próprio]. Mas o significante francês carrega também a questão da "*propreté*" [limpeza, pureza],⁹ diferentemente do alemão, que conota uma característica singular (*eigen*). A tomada de posse (*Besitznahme*) é o fato de fazer sua, pelo modo como você se serve dela, uma coisa da

---

7   Foi a escolha feita por Jean-François Kervégan em sua tradução dos *Princípios da filosofia do direito*; G. W. F. Hegel, *Principes de la philosophie du droit*. Paris: PUF, 2003, § 79, p. 231 [ed. bras.: *Princípios da filosofia do direito*. São Paulo: Martins Fontes, 1997]). O termo "alienação" não limita a relação da vontade com uma coisa: por exemplo, no contrato (*Vertrag*), a coisa passa para outras mãos, isto é, torna-se a coisa de uma outra vontade.

8   Marilyn Strathern, "A patente e o *malanggan*", in *Parentes, direito e o inesperado: parentes são sempre uma surpresa*, trad. Stella Zagatto Paterniani. São Paulo: Editora Unesp, 2015, pp. 201–43

9   Em francês, a palavra "*propriété*" [propriedade] relaciona-se às palavras "*propeté*" [limpeza, pureza] e "*propre*" [próprio, mas também limpo, bem lavado]. [N. T.]

qual você é juridicamente proprietário: a atribuição de valor a um terreno, a um comércio, a um instrumento, o uso contínuo de alguma coisa. Isso acomoda materialmente uma à outra a vontade e a coisa: habitar uma casa, saber valer-se de um instrumento complexo etc.

A heterogeneidade entre vontade e coisa que dá conteúdo e limites à vontade é o critério do qual se vale Hegel para diferenciar o que pode adquirir forma jurídica de propriedade e o que não pode. Eu não posso reduzir meu vizinho à condição de animal de carga, porque seu ser vivo, para a minha vontade, não tem uma exterioridade igual à exterioridade que liga minha vontade a determinada coisa. Por outro lado, posso ser estoico, distanciar-me do meu corpo, isto é, declarar e tornar efetivo o fato de que meu corpo e as cadeias que o encerram não são eu mesmo como vontade. A vida é uma totalidade, enquanto a coisa é o que dá limites e realidade efetiva à minha vontade. Portanto, eu não posso dissociar de um outro sua vida transformando-a em algo de que eu seria proprietário. Esse critério metafísico leva Hegel a se posicionar contrariamente ao que há muito tempo se chama, no direito privado, de distinção entre nua propriedade e usufruto: uma propriedade que seria completamente distinta da tomada de posse não seria mais uma propriedade. Ele critica então certos atos do direito romano.[10] Se admitirmos que uma pessoa jurídica possa ser proprietária enquanto todo uso da coisa for prerrogativa de um outro, estaremos lidando com "uma loucura da personalidade".[11] E, pela mesma razão, ele justifica que qualquer pessoa possa dispor dos "bens sem dono". Certamente, a propriedade como título e o uso são relativamente distintos, mas não podem ser completamente

---

10 Sobre essa questão, ver Y. Thomas, *Les opérations du droit*, op. cit.
11 O termo empregado por Hegel é bastante forte: *Verrücktheit*; G. W. F. Hegel, *Grundlinien der Philosophie des Rechts*. Stuttgart: PH. Reclam, 1970, § 62, p. 114. Como costuma acontecer, os tradutores franceses apagam a referência de um filósofo à loucura; J.-F. Kervégan coloca: a vontade seria vazia [ed. bras.: "delírio da personalidade", in *Princípios da filosofia do direito*, op. cit., p. 59].

dissociados, pois são a coisa e seu uso que atribuem à vontade sua realidade.

Os exemplos são bem interessantes: os monumentos públicos, se o Estado não fizer nada, isto é, se não materializar nada de si mesmo por meio do uso social e político que faz deles, tornam-se sem dono. Inversamente, existem coisas cuja realidade é rica demais, espiritual demais para assumir a forma desse vínculo paradoxal entre vontade e coisa: é o caso das obras de um escritor ou um artista; a família gostaria de reduzi-las a uma propriedade privada, mas elas se tornam sem dono por uma razão oposta à que intervém no caso dos monumentos públicos: seu conteúdo torna-se universal e, por conseguinte, não possui mais o caráter limitado de uma coisa. A exterioridade e a limitação da coisa são também a razão pela qual Hegel exclui, na condição de ajurídicas, a escravatura, a servidão e a alienação da religião, da inteligência ou do sentido ético em proveito de uma vontade outra. De fato, o ato pelo qual tomo posse de minha personalidade não é uma coisa externa e limitada; não pode ser objeto da vontade de um outro. Essa distância sutil entre propriedade e uso que permite julgar os limites do próprio direito é particularmente ilustrada no direito de propriedade intelectual: uma obra é por si só homogênea demais à vontade de quem a produz para ser uma propriedade privada, ou melhor, para que a forma-propriedade consiga enquadrar esse ato do espírito que é a socialização das obras. Isso não significa que o direito de propriedade intelectual não exista, significa que ele sempre falha parcialmente, algo que os conflitos concernentes às heranças das obras manifestam com uma regularidade cuja necessidade é pensada por Hegel. Por outro lado, o direito é bem-sucedido em regulamentar a reprodução das invenções e das obras por meio de técnicas que fazem das coisas produzidas cópias do original: a tipografia permite que uma obra circule de forma completamente independente da vontade criadora, e essa materialidade justifica plenamente que a circulação das obras esteja relacionada ao direito de propriedade. Mas o autor permanece proprietário, como testemunham as reedições ampliadas. Existe, diz Hegel, todo um leque de nuances entre a arte e o artesanato: para as verdadeiras obras de arte, a reprodução é em si mesma outra produção artística, de tanto que a vontade investida é indissociável dos materiais na invenção de um estilo. No outro extremo, as obras de artesãos sustentam que a vontade produtora seja reproduzida pelos materiais de um modo que absolutamente não é singular.

Após Walter Benjamin, e na era da internet, essa visão hegeliana está na ordem do dia. Nós todos subscrevemos um direito de difusão de nossas obras na internet. E a bioética vive destes problemas: as células dos órgãos humanos são objeto de propriedade? Pode-se alugar o ventre? A questão se coloca da mesma maneira para a pessoa cujo corpo possui tais órgãos e para aquela que gostaria de se tornar proprietária deles? Disso decorrem o interesse e as dificuldades específicas da propriedade: há algo nas "coisas" orgânicas ou sociais que as torna mais do que coisas encerradas em seus limites. A própria lacuna que caracteriza o direito de propriedade faz com que a especificidade (*Eigentümlichkeit*) de certas coisas vá além da propriedade. E essa atividade imanente ao direito como formatação ativa das relações sociais falha porque a matriz de partida, o face a face entre vontade e coisas, encontra seus limites. Trata-se de uma iniciativa e de uma formatação abstratas.

Nos atos sociais, uma coisa nem sempre é, portanto, simplesmente particular; às vezes ela é "a coisa de todos e de cada um"[12] e, como tal, universal. Antes de figurar no mundo da cultura, isso já aparecia na troca. As coisas "devem-se alienar", devem ser trocadas para dar forma ao seu valor, esse componente que se desenha de modo imanente nas falhas de formatação de muitos atos sociais pela propriedade. A

---

12 Essa é uma expressão de Hegel ao descrever a contradição entre uma simples coisa para os sentidos de quem a criou (*Ding*) e a sua realidade social de coisa (*Sache*), apreendida por outras pessoas e de outros modos. É isso que Hegel denomina "o reino animal do espírito, ou a coisa mesma". E, em um capítulo seguinte, ele a retoma, ao falar do espírito tornado alienado de si mesmo no real.

propriedade, portanto, vai na direção do contrato que em alemão se chama *Vertrag*: a coisa "troca de mãos", de certo modo, porque é habitada por uma inadequação entre a marca jurídica e a tomada de posse. E, se assim posso dizer, a situação se repete: o que pode ser trocado e o que escapa ao poder de um contrato? Um contrato de trabalho não pode incidir na totalidade das forças vivas dos trabalhadores; porque, se assim o fosse, o que é trocado seria de valor inestimável, seria a própria vida do trabalhador, que não teria mais, em relação ao trabalho que vende, essa relação de exterioridade indispensável em todo registro da propriedade e das trocas. Marx evidentemente radicaliza essa análise, tanto pela distinção entre força de trabalho e trabalho no contrato como por sua crítica da propriedade em geral e da mercadoria no regime capitalista: no mercado, o fato real de que os objetos são produto de uma atividade social é apagado em prol de uma fantasmagoria cativante e deslumbrante por meio da qual os objetos parecem atribuir-se sozinhos um preço.

Conhecemos também o célebre texto em que Hegel afirma que o casamento não é um contrato, pois a comunidade de relações que perfaz sua realidade é rica demais, concreta demais para "caber" de algum modo na forma contratual. O texto no qual Kant fazia do casamento a instauração de um contrato de propriedade mútua dos órgãos genitais do outro é um horror, segundo Hegel, porque há componentes demais nas relações entre marido e mulher para que a forma-propriedade as enquadre. Ou ainda: não há contrato social de que se possa dizer que funde o corpo político; o ato pelo qual esse corpo que é um Estado compõe a própria substância dos indivíduos é real demais para ser moldado por um contrato que faria do corpo político uma associação de indivíduos. Nesse ponto, o interlocutor de Hegel não é mais Kant, e sim Rousseau: Hegel elogia Rousseau por ter definido uma vontade coletiva, supraindividual, como fundamento do político, mas o critica por ter chamado de "contrato" o ato por meio do qual um povo é um povo.

O importante, nesses exemplos variados, é que o raciocínio utilizado é o mesmo para os monumentos públicos ou a propriedade das obras, o trabalho, o casamento: o direito de propriedade, por sua própria insuficiência, localiza as formas mais concretas, mais complexas da produção social.

O debate com as coisas no direito de propriedade é útil por sua relativa impotência. É uma aventura que fracassa. As violações do direito são a manifestação desse fracasso. O direito, necessariamente desprezado em razão de sua abstração, só se torna de fato ele mesmo mediante a invenção de penas que mensuram a gravidade dos delitos e crimes e, com essa medida, fazem com que a atividade jurídica alcance uma universalidade menos abstrata do que a mera propriedade. Não são, portanto, o valor das coisas trocadas no contrato nem o valor das infrações estimadas pelo direito de punir que fazem a abstração do direito, mas a identificação de uma vontade a uma coisa e o reconhecimento que os seres sociais buscam promover ao se reconhecerem mutuamente como pessoas, ou seja, como proprietários. Outros autores, Marx, mas também Strathern, dirão em seguida que a propriedade é uma instituição que separa, é uma exclusão que se apresenta como uma relação, o oposto de uma relação social.

É a partir do ponto de impossível de seu poder que o direito de propriedade situa a densidade das relações sociais. Citando muitos exemplos, Hegel mostra que é de forma imanente que essa atividade jurídica tenta e fracassa em seu enquadramento. O que ele chama de contingência é o que se manifesta nas tentativas inelimináveis, que, contudo, são fracassos, do direito abstrato. A contingência, para Hegel, é sempre negativa.

Não enfatizamos suficientemente o alcance dessa análise, pois a leitura de Hegel feita por Marx se concentra (ao menos em seus textos célebres) na relação da sociedade civil com o Estado. Na *Crítica da filosofia do direito de Hegel*, Marx mostra que o Estado hegeliano nunca é de fato "deduzido", como pretende seu autor. O Estado permanece uma exigência, uma Ideia, como a lei moral kantiana que Hegel, contudo, tanto critica. A leitura de Marx do texto de Hegel é realmente pertinente no que diz respeito a essa questão: Hegel afirma que o Estado não resulta dos empreendimentos comuns da sociedade civil. Longe de ser o efeito dessas formas de existência comuns que no fundo são muito mais egoísmos de grupo do que uma iniciativa política universal, ele é o verdadeiro sujeito ativo que mantém juntas todas as ações sociais. Quando as instituições buscam sua universalidade nas associações, nos sindicatos, nas iniciativas culturais coletivas, seria sempre o próprio Estado que estaria pressuposto pelas criações coletivas das quais ele parece resultar. Tal é o idealismo de Hegel, tomado de antemão por ele e que Marx mostra não ser objeto de uma dedução, embora Hegel pretenda que o seja. O Estado permanece uma Ideia; consequentemente, Marx expõe que ele não é transcendente em relação às lutas de classes que se desenvolvem na sociedade civil.

Não está errado; mas, ao reduzir a filosofia do direito unicamente à sua terceira parte para expor um sofismo, Marx elimina a função crítica, discriminante, da análise da propriedade feita por Hegel.[13] A propriedade não é somente a propriedade dos meios sociais de produção, ela atravessa os diferentes registros de existência social que o direito busca enquadrar.

Hegel, porém, é menos idealista em sua análise da propriedade no capítulo "O direito abstrato" do que em sua análise do Estado. As "tentativas jurídicas" que procuram, às vezes encontram e finalmente falham em inventar uma forma adequada para as relações sociais configuram um processo imanente. Ora, ao introduzir minha questão, parto da hipótese de que a realidade política não se transforma pela aplicação de uma Ideia verdadeira acerca do que seria a essência de uma comunidade. Levar a sério a ideia de sobredeterminação como alternativa à causalidade idealista de Hegel exige mostrar que é sempre por meio dos detalhes que parecem não essenciais à luz da Ideia do político que a realidade política muda. A suposta centralidade da contradição principal permanece um idealismo. Os mecanismos próprios ao político são realmente um fracasso da causalidade da Ideia, pois o que gera uma transformação são sempre fatores deslocados em relação ao que se supõe essencial. Considero então com cuidado a propriedade,

---

13 Não é sempre o caso, como mostro no cap. 6.

justamente porque ela possui múltiplos aspectos que desafiam a oposição entre essencial e não essencial, principal e periférico, última instância e instâncias secundárias. A propriedade suscita a comunicação entre esferas de existência social cuja relação seria imprevisível se permanecêssemos na hipótese da centralidade do econômico-político.

São atalhos como esses que a antropologia às vezes revela: Marilyn Strathern compara o direito de propriedade e das patentes a ritos de fabricação de máscaras ou estatuetas na Nova Irlanda que, ao fazer uma pele e dar contornos a um morto, permitem que suas capacidades e seus bens se transmitam e que esse morto se torne um ancestral. A propriedade como direito abstrato pode então ser pensada como os ritos por meio dos quais nossas sociedades, construídas como democráticas, dão a seus membros uma segunda pele.

Deve-se chamar o direito abstrato de animista?

Ao qualificar de animista a relação com as coisas no âmbito da propriedade, faço um uso um pouco particular desse termo. Por um lado, o animismo é tradicionalmente definido como a atribuição de uma alma às plantas, aos animais, aos objetos inanimados, como no totemismo. No entanto, como disse no início desta investigação, a equação estabelecida por Hegel entre vontade e coisa é paradoxal: a matéria inanimada da coisa é colocada como heterogênea ao espírito que dela se faz possuidor e se apropria. A consciência torna-se ao mesmo tempo exterior e alienada a si mesma nas coisas, mas é a vontade livre que presumidamente se torna alienada a si mesma por essa alienação. Esse processo complexo não corresponde à imediatidade do que é considerado a alma das coisas e dos seres no animismo. Por outro lado, convém comparar o uso da noção de animismo à definição que Philippe Descola, junto com Eduardo Viveiros de Castro, elabora do animismo como modo de identificação, isto é, como modo de pensamento que estabelece uma identidade da interioridade entre humanos e não humanos e uma não identidade na "fisicalidade", isto é, nos corpos perceptíveis. Para os europeus, os corpos se evidenciam em sua realidade, a questão que polariza nosso pensamento é a de saber a quais corpos atribuir uma alma e quais corpos (os dos selvagens, primitivos, escravos, animais etc.) talvez sejam desprovidos dela. Para os não modernos, como dizem os antropólogos, a questão não se coloca nesses termos. Os corpos não são nada evidentes em sua realidade, e é por isso que o encontro dos corpos é uma provação que dura por toda a vida e que se inscreve em uma epopeia de encontros perigosos organizados pelo esquema da predação. Os Achuar, por exemplo, na Amazônia, concebem essas relações a partir do tema da predação, enunciada de múltiplas maneiras. A questão da atribuição de uma alma aos seres com quem as relações se estabelecem não se coloca como uma crença à qual seria preciso aderir, da qual se poderia duvidar etc. Também não se trata exatamente de um sistema classificatório como o "pensamento selvagem" de Lévi-Strauss, que ainda pressupõe a validade da distinção entre natureza e cultura. O animismo é um pensamento estruturado que molda a existência por meio de um esquema geral independente de "nossas" categorias; por exemplo, o esquema da predação. A oposição contraditória entre vontade e coisa, para Hegel, com certeza é completamente estranha às "metafísicas canibais". No entanto, o ponto comum entre Hegel e o animismo redefinido por Descola é que o animismo não é nem uma crença nem um sistema classificatório, mas um pensamento, uma metafísica.

O animismo dos antropólogos e o animismo segundo Freud

Como dito antes, o termo utilizado por Viveiros de Castro e Descola para caracterizar o animismo é "modo de identificação". Ora, é precisamente esse termo – distinto, portanto, dos termos "compreensão" e "sensação/percepção" – que aparece na escrita de Freud quando ele estabelece uma proximidade entre o inconsciente e o animismo. Mas, para Freud, o termo possui outra significação.

Quando, em 1915, Freud justifica a hipótese do inconsciente, ele começa distinguindo o tipo de saber contido nos fenômenos inconscientes de qualquer conhecimento, no sentido filosófico e psicológico do termo. Os sintomas, os sonhos, os atos falhos e a sugestão pós-hipnótica se desenvolvem ao mesmo tempo por atos e por discursos sustentados pelo sujeito, mas sem que esse sujeito tenha o controle dessas manifestações de si mesmo. É essa ausência de controle, oposta à consciência cartesiana que se definia como garantidora da verdade de suas ideias, que Freud chama de inconsciente. O inconsciente não é um conhecimento de si não consciente, não é uma cognição, é uma identificação e, além disso, uma relação imediata consigo mesmo na condição de outro.

Freud começa empregando termos cartesianos, depois os corrige: que outro homem tenha também uma consciência é uma dedução (*Schluss*) que fazemos por analogia entre as expressões perceptíveis e as ações de um/a outro/a e as nossas próprias para torná-las compreensíveis, diz ele. Mas, logo em seguida, corrige-se. Essa tese intelectualista (que faz do conhecimento a norma de todo pensamento) não lhe convém:

(Psicologicamente mais correto seria talvez afirmar que sem maior reflexão nós atribuímos, a cada outro indivíduo, nossa própria constituição e também nossa consciência, e que tal identificação é o pressuposto de nossa compreensão.) Essa conclusão – ou identificação – foi outrora estendida, pelo Eu, aos outros seres humanos, animais, plantas, às coisas inanimadas e à totalidade do mundo, e se revelou útil enquanto a similitude com o Eu individual foi preponderante, mas tornou-se menos confiável à medida que o "outro" se distanciou do Eu.[14]

---

14 S. Freud, "Das Unbewusste", op. cit., p. 268 [ed bras.: "O inconsciente", op. cit., p. 78]. Traduziu-se *unverlässlich* por "menos confiável"; mas, na frase em questão, parece-me, o termo também significa o contrário: o animismo é menos confiável, e seu alcance não se estende mais a todos os seres, porém ele também é impossível de

Qual é o alcance dessa última frase e, em particular, da expressão "o 'outro' se distanciou do Eu"?[15] Não se trata de exonerar os modernos de toda e qualquer crença animista. O sujeito do verbo "distanciar-se" não é o indivíduo consciente e que age de acordo com a própria vontade, mas um sujeito indeterminado e plural. Um processo, em resumo, similar ao da teoria da evolução: aconteceu que as formas do outro tornaram-se cada vez mais estranhas ao eu [*je*]. Para nós, Modernos, o mecanismo da identificação concerne apenas aos outros seres humanos. Não obstante, não é sempre imediato, ainda que estejamos... inconscientes disso. Quando atribuímos uma consciência a outros seres humanos, essa atribuição não pode mais assumir o caráter imediato de uma certeza; ela parece-nos o objeto de uma dedução. Nós perdemos nosso pensamento selvagem. "Nós" é o comum dos homens modernos e, no lugar de honra, Descartes!

O que está de fato em questão na escrita de Freud é uma genealogia da consciência cartesiana, mais precisamente o célebre texto de Descartes sobre "os chapéus e os casacos" na segunda meditação das *Meditações metafísicas*. Descartes se pergunta como é possível que esses chapéus e casacos que ele vê passando de sua janela sejam, por ele, atribuídos a homens, e não a autômatos ou a animais cobertos por chapéus e casacos. O que acontece, ele responde, é que um julgamento do meu entendimento encontra a minha vontade, tomando por base informações sensoriais e perceptivas, e não uma certeza imediata.[16] Freud vê nessa afirmação carte-

---

ser abandonado. Observa-se que, na citação em questão, o sujeito do verbo "distanciar-se" é o indeterminado, e não o indivíduo consciente e dotado de vontade. Aconteceu que as formas do outro se tornaram heterogêneas ao Eu (*Je*).

15 Ou, seguindo a tradução francesa utilizada por David-Ménard, que difere um pouco da edição brasileira usada aqui, temos o seguinte: "*Mais elle devint d'autant moins fiable que les diverses formes de l'autre s'éloignaient du Je*" [Mas ela tornou-se menos confiável à medida que as diversas formas do outro se distanciavam do Eu]. [N. T.]

16 Descartes também afirma que é por meio de um raciocínio sobre a grandeza comparada do objeto visto e da imagem do objeto que

siana, que faz da relação com o outro o conteúdo de um ato intelectual e de uma dedução, o ápice do desconhecimento daquilo que está em jogo: a identificação anímica com o outro. O que não impede que esta exista, como diria Charcot.

Por fim, a etapa seguinte da afirmação freudiana: o inconsciente é o outro em nós mesmos. O inconsciente não deriva de um conhecimento (e é por isso que não é uma "dupla consciência"), mas de uma identificação imediata. Então, finalmente, o único domínio no qual ainda somos animistas, queira ou não Descartes, é na relação com nós mesmos enquanto outro.[17] Mas estamos tão afastados do pensamento animista que desconhecemos sua ação efetiva em nós ali mesmo onde ela se exerce indefectivelmente: no inconsciente. Nós, especialmente os filósofos, consideramos esse acesso ao outro uma dedução.

A dificuldade que temos em ler esse texto de Freud sobre o animismo do inconsciente é uma prova a mais em favor do que ele afirma: uma certa concepção da razão nos torna cegos ao que, em nós, tem relação com o animismo, isto é, o inconsciente como aquilo que nos liga a nós mesmos como outro e aos outros. Essa crítica da consciência e da razão intelectualista não implica uma renúncia da razão. O próprio Freud é racionalista, mas almeja ampliar os conceitos de razão e inteligibilidade. Seu único defeito, na minha perspectiva, é estar a tal ponto em disputa com a filosofia que se torna alusivo demais em relação a ela. Por exemplo, em seu artigo sobre o inconsciente que acabei de citar, ele aproxima a incerteza, no sentido das palavras que motivam um filósofo a redefinir tudo, da catástrofe que deixa à deriva toda relação partilhá-

---

se desenha sobre nossa retina que deduzimos a distância do objeto em relação ao olho. Foi criticando radicalmente essa concepção da percepção como ato intelectual, isto é, cognitivo, que Merleau-Ponty (a partir de Husserl), em *Fenomenologia da percepção*, opôs a intencionalidade ao julgamento e à dedução.

17 Isso não equivale à expressão "si mesmo como um outro", tal como formulada por Paul Ricœur, pois as formas de alteridade não são todas humanas, no raciocínio freudiano. E, mesmo quando o são, sua proveniência do animismo afeta a alteridade com uma estranheza singular.

vel entre coisas e palavras no delírio do esquizofrênico. Ou, ainda, quando ele reduz as filosofias a uma *Weltanschauung* [visão de mundo] totalizante e paranoica.[18]

Sua crítica ao intelectualismo inicia-se e encerra-se alusivamente com uma crítica genealógica ao nosso cartesianismo de Modernos, que acessa apenas de modo bastante limitado nossa "selvageria", não obstante ativa.

Ora, na última etapa do raciocínio de Freud, prolonga-se o mesmo gesto por meio de uma referência, explícita, mas igualmente apressada, a Kant. Retomemos seu raciocínio: ele acabou de dizer que estamos separados de nós mesmos do mesmo modo como estamos separados dos outros. É esta a contribuição da psicanálise: o inconsciente trata-se de uma identificação animista negada ou excluída. Os "selvagens" atribuíam aos animais, às plantas e aos corpos inanimados a alma que nós reservamos aos humanos. Freud afirma que convém estender a nós mesmos a alma desconhecida que atribuímos aos outros humanos. Essa problemática da extensão e da restrição dos objetos sobre os quais recai a atribuição de uma alma perpassa todo o texto. O mais surpreendente é que, em um terceiro momento de seu desenvolvimento, o caráter fora de alcance (da nossa consciência e do nosso conhecimento) que caracteriza o inconsciente é aproximado por Freud daquilo que, para Kant, está fora de alcance do conhecimento no mundo externo (*Aussenwelt*), a saber, os objetos. Freud não especifica que os objetos cindidos em dois não são equivalentes à cisão do sujeito que implica o inconsciente. Ele se apega à ideia de que os processos de nossa alma são por si próprios inconscientes e que sua percepção pela consciência deixa algo fora de alcance. Ele não cita precisamente a tese de Kant relativa ao espaço e ao tempo, que nada são nas coisas em si, mas que tornam possível e ao mesmo

---

18 S. Freud, "Acerca de uma visão de mundo", in *O mal-estar na civilização*, op. cit. Sobre o significado político da luta de Freud contra as *Weltanschauungen* [visões de mundo], ver Jean-François Solal, *Si la psychanalyse est une histoire vraie...* Paris: Éditions Campagne Première, 2018, p. 42.

tempo limitam o nosso acesso ao que seria a coisa em si; antes, ele chega a essa aproximação por uma pirueta irônica: para Kant, a Coisa em si é radicalmente inacessível, porém a psicanálise encontrou um acesso ao inconsciente! É certo que, para Kant, a Coisa em si justamente não é acessível, é simples indicador epistemológico do caráter espaçotemporal de todo e qualquer conhecimento dos objetos. Freud resume essa doutrina kantiana falando simplesmente do "condicionamento subjetivo da percepção exterior". Naquilo que percebemos há, segundo Kant, algo de incognoscível, é isso que lhe interessa na comparação com o inconsciente.

No entanto, esse desvio por Kant faz com que Freud perca a distinção entre conhecer e identificar-se imediatamente, por meio da qual ele iniciou sua reflexão sobre o inconsciente.

Ele ganha, por outro lado, uma primeira ideia da divisão (*Spaltung*) que Kant identifica no objeto (entre *Gegenstand* e *Objekt*) e que Freud denomina separação entre inconsciente e consciente no sujeito. A diferença entre os dois incognoscíveis é, diz ele, que o inconsciente é menos incognoscível do que a coisa em si, pois a psicanálise como prática cria um acesso ao objeto desconhecido (*Objekt*) que torna a alma dividida. Mais do que falar em interioridade, seria preferível afirmar que é a polarização pelo desconhecido que cliva a alma. Mas com frequência Freud continua empregando termos que pertencem mais a uma filosofia da percepção do que ao que ele próprio descobre.

Apresentemos o percurso de Freud de outra maneira: poderíamos esperar que, ao criticar o conhecimento intelectualista em prol desse outro ato de pensamento que é a identificação consigo mesmo como "um outro desconhecido", Freud se distanciasse também da questão do objeto. Todavia não é o caso, pois o que lhe interessa em Kant é a polarização do conhecimento do objeto por meio do que, no objeto, justamente não é mais dado, mas desconhecido. É essa cisão entre objeto e coisa em si habitando o objeto que o detém.

O estatuto do inconsciente é então abordado por meio dessas duas referências, completamente diferentes, mas que ele combina explicitamente:

A suposição psicanalítica da atividade anímica inconsciente nos parece, por um lado, um desenvolvimento ulterior do animismo primitivo, que em tudo nos fazia ver imagens fiéis de nossa consciência, e por outro lado o prosseguimento da retificação, empreendida por Kant, de nosso modo de conceber a percepção externa.[19]

O que fazer com essas afirmações complexas e em que ponto estamos em relação à questão da propriedade e dos objetos?

Primeira observação: "identificar" não quer dizer a mesma coisa em Freud e em Philippe Descola. Por um lado, Descola, junto com Lévi-Strauss, inscreve-se em uma tradição estruturalista que se recusa a atribuir uma heterogeneidade radical, no que concerne à razão, ao "pensamento selvagem" ou ao inconsciente. Lévi-Strauss encarava o "pensamento selvagem" classificatório como um modo de pensamento não menos racional que o nosso, cujas ilusões ele denunciava; por exemplo, a ilusão de uma inteligência histórica que, segundo ele, é uma classificação entre outras, embora pretenda captar uma causalidade temporal. Por outro lado, Descola, tomando como critério de classificação a "fisicalidade" e a "interioridade", distingue quatro tipos de identificação de acordo com as sociedades consideradas, isto é, quatro maneiras de colocar em relação os corpos e o pensamento. Ora, identificar aparece aqui como uma noção neutra em comparação à oposição freudiana entre dedução ou atribuição imediata. O animismo não é, portanto, nem mais nem menos imediato do que outros modos de estabelecer relações. E o naturalismo, modo de identificação dos Modernos, não é mais racional do que o analogismo, o totemismo ou o animismo.

Segunda observação: Freud, tanto quanto Hegel e tanto quanto a própria língua alemã, joga com a ambiguidade dos termos "*eigen*", "*Eigentum*", "*Eigentümlichkeit*". Em francês, o significante "*proprieté*" [propriedade] está ligado tanto à *pro-*

---

19 S. Freud, "Das Unbewusste", op. cit., p. 270 [ed. bras.: "O inconsciente", op. cit., p. 107].

preté [limpeza], ao *propre* [limpo], como à *proximité* [proximidade] consigo mesmo. Mas não à especificidade ou ao caráter intrínseco de alguma coisa ou de alguém, exceto por intermédio da expressão *"le propre de..."* [o que é próprio de...][20] alguma coisa ou alguma pessoa. O alemão, na série *"eigen"*, *"Eigentum"*, *"Eigentümlichkeit"*, acentua mais do que o francês a relação entre o caráter intrínseco e a posse. Porém não há nenhuma relação significante com a *propreté* [limpeza].

Tanto em Freud como em Hegel vemos o animado e o inanimado serem postos em um mesmo plano.[21] Hegel insiste no vínculo jurídico e na heterogeneidade metafísica da coisa inanimada em relação à iniciativa do espírito que a investe e identifica-se com ela. Mas a vontade proprietária não se confunde com o objeto. E, para Hegel, o saber, mesmo imediato, pode transformar-se, quando o espírito corrige seus próprios erros, em formas de pensamentos conceituais. Por outro lado, Freud descreve, sob a denominação de animismo, uma alternativa mais radical: quando a pretensão intelectual do conhecimento se desenvolve, é às custas de barrar o acesso àquilo que diz respeito à identificação como identidade vivida e inconsciente com o outro, com o estrangeiro.

Entretanto, esse tema da exterioridade, isto é, da estrangeiridade do inconsciente para a consciência, convoca os contornos do objeto kantiano e, a partir daí, o objeto no sentido de *Gegenstand*. Mesmo quando o conhecimento consegue apreender a exterioridade colocando diante do sujeito um objeto, há, todavia, um contorno não objetal, não objeto. Kant com frequência especifica: um para além que não se deve positivar como um existente (*Dasein*), mas que o pensamento pode situar como aquilo que não pode alcançar. A coisa em si é incognoscível e, por isso, estrangeira, pois

---

20   Nesse caso, o significante *"propre"* assume o sentido de "característico", uma particularidade de alguém ou alguma coisa, tal como em: *Rire est le propre de l'homme* (Rir é próprio do homem). [N. T.]
21   Tanto para Hegel como para Freud, a distinção proposta por Philippe Descola pareceria, em um certo sentido, simples demais, atrelada demais a evidências perceptivas para fundar uma teoria.

esse desconhecido não assume o estatuto de objeto. A rigor, ela não é externa nem ao objeto nem ao sujeito, pois, se o fosse, estaria situada no espaço. É o fenômeno espacial que é externo. Kant, com sua distinção entre objeto e coisa em si, dificilmente é um animista – em todo caso, ele o é menos do que Hegel. Não há mergulho nem no objeto nem na Coisa. Mas o que, ainda assim, interessa a Freud nessa relação entre objeto e Coisa em si é a cisão, a *Spaltung* que instaura a relação com o incognoscível. E o outro com quem nos identificamos é, paradoxalmente, um incognoscível.

Em Freud, a exterioridade intervém, portanto, em um outro domínio que não aquele do espaço kantiano: ele ainda está relacionado ao objeto, mas às custas daquilo que excluímos de nós mesmos: é nesse movimento de desconhecimento da consciência que não possui mais acesso à sua própria atividade de identificação nem com as plantas, nem com os animais, nem com as coisas inanimadas que se produz, do exterior e por ele, como um rebento de um exterior radical, o objeto. A inteligência apenas se volta para o que ela excluiu de si ao transformar o excluído em objeto. Quando, em 1920, Freud denomina negação (*Verneinung*) a afinidade radical do ato intelectual de julgar e da exclusão fora de si de algo de que, paradoxalmente, tomamos conhecimento, desenvolve de um modo diferente do de Kant esse tema de uma luta constitutiva do sujeito julgador. A inteligência apenas se volta para o que ela excluiu de si ao transformar o excluído em objeto. Seria tão diferente assim da metafísica canibal[22] concebida por Viveiros de Castro? Podemos aproximar exclusão e predação? Eis a primeira questão que autoriza o confronto de Freud com alguns antropólogos contemporâneos. Viveiros de Castro, por sua vez, aceita mais convictamente do que Descola que o pensamento canibal é uma metafísica, e não apenas um pensamento classificatório. Também para outros antropólogos a metafísica do espaço e dos lugares

---

22 Eduardo Viveiros de Castro, *Metafísicas canibais*. São Paulo: n-1 edições/Ubu Editora, 2016.

está ligada ao estatuto da propriedade, em toda a polissemia desse termo. É o caso, por exemplo, de Marilyn Strathern.

A redistribuição das riquezas na Nova Irlanda e "nossas" patentes

Os objetos descritos por Marilyn Strathern sob o nome de *malanggans* condensam os ritos de luto, a transmissão dos bens e capacidades daquele que deixou a vida e, também, a invenção de uma relação social nova entre o grupo e aqueles que fazem valer um "direito" de prosseguir com uma parte do que foi a vida do morto. A existência efêmera das estatuetas ou de máscaras compósitas na Nova Irlanda interessa à antropóloga como meio técnico e institucional de uma transformação social: quando um membro de um grupo morre, é preciso fazer para ele um corpo ou uma nova pele para que possa tornar-se o ancestral de outros corpos presentes, que "herdarão" suas capacidades, seus bens, seus talentos. Trata-se geralmente de uma máscara: de forma geral, sua aparência é a de uma cabeça, mas sobre ela são enfiadas inúmeras pequenas esculturas de serpentes, pássaros, peixes, asas de papagaio. O sangue cola os diversos materiais uns aos outros. O importante é que não se sabe qual é o fundo nem quais corpos são fixados sobre qual fundo. Os corpos menores definem o lugar do grande corpo ou, ao contrário, estão presos à sua superfície? Em todo caso, esses corpos não podem ficar uns sem os outros, e é precisamente nisto que reside a questão: um corpo só se faz presente ao fazer para si um ancestral. É por isso que, segundo Strathern, ainda que a fabricação dessas estatuetas não se reduza a um rito fúnebre, ela faz sempre referência a uma morte. Ao trocar o estatuto do morto por essa produção de seu outro corpo, fabrica-se o ancestral-de-um-vivo. Eis o alcance desse conglomerado inventado.

1. O primeiro ponto importante e intrigante diz respeito à profundidade e, consequentemente, ao espaço e ao tempo: visualmente, não sabemos mais qual é o fundo e qual é

a superfície da estatueta ou da máscara, nem quais corpos estão colados em qual fundo. Esse é o primeiro ponto que Strathern observa, pois ele subverte nossa intuição do espaço. Nós acreditamos dominar o espaço concebendo-o como externo. Nossas técnicas e tecnologias acentuam essa crença na exterioridade. Acreditamos habitar a natureza a partir de um plano superior e dominar o tempo separando passado e futuro. Ora, a indistinção entre a profundidade e a superfície nos *malanggans* produz efeitos no tempo social. A fabricação dos *malanggans* estrutura o tempo de outro modo: não sabemos quem envolve o que em um *malanggan*; é uma invenção sutil que faz com que nossos ancestrais nos habitem na medida em que nós os sucedemos quando preparamos para eles um corpo de ancestral. E é, por isso mesmo, a produção de um novo futuro anterior[23] para um morto que dá a um vivo aquilo que será sua identidade.

2. Em seguida, para que essa nova circulação de competências ocorra, é preciso instaurar uma junção delicada que merece ser comparada à junção entre arte, técnica e direito em nossas sociedades. Os parentes e amigos de um morto apelam, às vezes muito tempo após essa morte, a um escultor, que dá materialidade à ideia sobre as competências de tal parente e amigo. De certa forma, eles vendem a lembrança do morto. Os papéis respectivos do escultor e daqueles que se consideram habilitados a transmitir capacidades, competências e qualidades do ausente permitem uma transformação e uma redistribuição do que lhe era "próprio". Essa maneira de redistribuir assemelha-se estranhamente, diz-nos Strathern, à relação entre as tecnologias contemporâneas e o direito que as enquadra por meio de patentes: o *malanggan* é o objeto técnico, mas só é socialmente válido por meio dessa junção

---

23 O *futur antérieur* é um tempo verbal francês que exprime uma ação futura que se conclui antes de outra ação, também futura, como no exemplo: "Quando eu tiver arrumado minhas malas, chamarei um táxi". É similar ao futuro composto do subjuntivo do português brasileiro. [N. T.]

entre os pretendentes à transmissão e a invenção do objeto que dispersará de fato as competências do morto. No fim das contas, registrar uma patente é, ao mesmo tempo, apropriar-se de uma invenção e aceitar as condições financeiras e institucionais de sua apropriação e de seu uso por outros. Portanto, é também fazer circular capacidades. A diferença em relação aos *malanggans*, por um lado, é que, nas sociedades euro-americanas, o objeto técnico a princípio não está vinculado às práticas de luto, não é destruído e permanece vinculado ao seu inventor por meio da propriedade ao mesmo tempo que se separa dele segundo as regras financeiras e de uso. A verdadeira questão, se abandonarmos nossas categorias euro-americanas, então é: como nós mesmos nos separamos daquilo que nos habita e nos envolve ainda que acreditemos dominá-lo? E, nesse registro, os habitantes da Nova Irlanda nos precedem, pois eles sabem que somos envolvidos pelo que produzimos, que nossas produções não nos tornam "mestres e possuidores" de nossas tecnologias, como afirmava Descartes referindo-se à natureza. Os *malanggans* nos tiram da ilusão de um espaço e de uma tecnologia imunes a todo encantamento. E, inversamente, o encantamento no qual nos parecem viver as populações distantes se revela menos mágico e mais próximo de um pensamento como o de Heidegger comentando Hölderlin: "o homem habita no poeta". O que quer que pensemos do ecletismo das referências mobilizadas por Marilyn Strathern, em especial dessa crítica rápida a Descartes juntamente com o apelo a Heidegger, convém avaliar a questão central dessa estratégia: "Mas o que há de tão especial no funcionamento desse poder (do morto), que é preciso primeiro colocá-lo dentro de um corpo para, depois, liberá-lo?".[24] Por outro lado, que exterioridade regrada é essa que instauramos por meio dos objetos nos ritos dos Melpa ou nas tecnologias contemporâneas, que por sua vez são regulamentadas pelo direito de propriedade intelectual? Em ambos os casos, a técnica atuante envolve os agentes muito mais do que eles a dominam. As condições de produ-

---

24 M. Strathern, "As patentes e o *malanggan*", op. cit., p. 205.

ção desses objetos são sempre simultaneamente técnicas, rituais e jurídicas.

3. Por fim, afirma Strathern, a ilusão técnico-científica de controle é como que amplificada pela separação jurídica entre o proprietário e seu artefato. O direito das patentes regulamenta as relações entre o objeto colocado à disposição de todos graças à sua permanência e o agente que teve a ideia, que o fabricou e que é, portanto, o proprietário. O objeto *malanggan*, ao contrário, perde sua consistência de objeto uma vez que as capacidades que ele condensava encontram nas relações sociais uma nova distribuição. Quando a máscara tiver reunido em si todas as capacidades do morto que são transmitidas aos vivos, o objeto terá desempenhado sua função e será destruído. Strathern ressalta com humor que uma das maneiras recentes de os nativos se livrarem dessas produções, como exige o rito, é vendê-las aos europeus, que as transformam em "obras de arte".

Como se vê, Strathern não descreve em si mesmo, como faria uma etnógrafa, o rito no qual o *malanggan* é exposto.[25] Ela interessa-se mais pelas relações do que pelos objetos, pois as estatuetas intervêm em uma complexa forma de estruturar o tempo social. Mas ela mostra que os habitantes da Nova Irlanda sabem que a vida ancestral os habita tanto quanto eles a habitam, pois isso se lê nas estatuetas. Ela é comparatista, no sentido apontado por Marcel Detienne: em antropologia, é preciso comparar o incomparável. Talvez exista também um encantamento das tecnologias contemporâneas, segundo a expressão do antropólogo Alfred Gell retomada por Bruno Latour, encantamento esse que se atém a um envolvimento

---

25 Contrariamente ao que faz outra antropóloga, Marika Moisseeff, que atribui uma função decisiva, porém paradoxal, ao objeto criado pelo rito: ele representa o irrepresentável, característica da sociedade dos Aranda da Austrália. Entre os Aranda, o voo das penugens postas sobre as máscaras, durante as cerimônias, dissipa-se ao ritmo hipnótico dos rombos [instrumento musical], materializando assim, por um instante fugaz, a presença-ausência do ancestral totêmico e a identidade pessoal secreta do iniciado. Cf. cap. 4.

do interno e do externo que nossas concepções oficiais da natureza, da ciência e dos objetos desconhecem.

A questão das relações entre objetos, pessoas e relações foi, como todos os antropólogos concordam, desestabilizada por Marilyn Strathern. O ecletismo reivindicado em sua obra, um pouco como na de Donna Haraway, tem por propósito explícito pensar "diferentemente" [*penser "autrement"*], para retomar um termo de Foucault em *A arqueologia do saber*. Ele consiste, por exemplo, aqui, em convocar brevemente Heidegger e, ao mesmo tempo, a etnografia da Papua-Nova Guiné em uma análise de nossos modos de habitar e de sermos habitados por tecnologias que constroem nosso cotidiano.

As modalidades sociais desse ato pelo qual os habitantes da Nova Irlanda se separam do que eles próprios produziram são comparadas ao direito das patentes. Que exterioridade regulada é essa que cremos instaurar pelos objetos nos ritos ou na tecnologia contemporânea, que por sua vez é regulamentada pelo direito de propriedade intelectual? Em ambos os casos, a técnica atuante envolve os agentes muito mais do que eles a dominam, e as condições de produção desses objetos são sempre simultaneamente técnicas, rituais e jurídicas. O direito, sabemos há muito tempo (ao menos desde Giambattista Vico, no século XVIII), é nossa magia não apesar da racionalidade, mas por sua pretensão a ela, isto é, por sua pretensão de mensurar crimes e infrações. Por meio dessas aproximações longamente trabalhadas, trata-se ao mesmo tempo de fazer surgir o estranho em nossa banalidade e desfazer a magia do estranho nos outros. Nesse sentido, Strathern está mais próxima de Lévi-Strauss, de Anne-Christine Taylor e de Julien Bonhomme do que de Mauss, que aceitava isolar o *hau*, poder mágico dos objetos. Pois o direito das patentes realiza um duplo trabalho: ele dá a uma invenção a forma jurídica da propriedade, mas também permite que múltiplos autores disponham de uma capacidade, contanto que comprem os direitos abertos por uma patente que transforma o inventor no proprietário de uma ideia, um pouco como os herdeiros na Nova Irlanda "vendem" sua ideia a um escultor.

Em sua atividade comparatista, Strathern, por um lado, reencontra certos temas críticos da noção de natureza: entre os euro-americanos (que às vezes Strathern chama de anglófonos...), denomina-se "natureza" àquilo que não é apropriável por uma patente e que não é simplesmente descoberto, mas inventado. Disso decorrem as dificuldades contemporâneas do direito em dar um enquadramento às biotecnologias. Intervir no DNA é descobrir ou inventar? Por outro lado, ela faz da propriedade nosso mito ou nossa magia: ela não diz, como Marx, que a propriedade privada define uma relação social pelo inverso de uma relação, a exclusão entre o outro e eu, mas afirma que os euro-americanos vivem no mundo encantado da propriedade:

> Será a propriedade um modo de habitação? A maneira como os euroamericanos vinculam as coisas a si mesmos os faz sentir em casa no mundo – seja contido pela tecnologia, seja pela natureza – do qual eles pensam que as coisas vêm. A propriedade é um tipo de segunda pele para esses dois recipientes, um mundo através do qual as pessoas estão infinitamente interconectadas por meio de inclusões e exclusões das relações de propriedade [...] assim como as coisas estão intrinsecamente separadas das pessoas, também as coisas intrinsecamente separam as pessoas umas das outras.[26]

A esse encantamento convém opor como contraponto a tecnologia dos *malanggans*: "É o direito de fazer corpos, de fazer matéria e de atribuir forma física às figuras que é transferido entre gerações e entre grupos".[27]

Às exclusões criadas pela propriedade opõe-se, portanto, a junção sutil entre a lembrança das capacidades de um morto na memória de um parente e a iniciativa de um escultor a quem o parente vende sua ideia, em alguns casos muito tempo após a morte do ancestral.

---

26 M. Strathern, "A patente e o *malanggan*", op. cit., pp. 229– 30; trad. modif.
27 Ibid, p. 231.

Escapar do encantamento particular da propriedade, não é isso que, de certo modo, Hegel já fazia ao chamar a propriedade de "direito abstrato"? E também Freud, quando dizia que nosso animismo é a nossa relação com o outro com quem coincidimos ao passo que fazemos dele nosso objeto?

As sociedades euro-americanas (segundo a expressão utilizada por Marilyn Strathern) não ignoram as relações entre os desdobramentos de uma morte e a propriedade: lembrei no primeiro capítulo a observação de Lévi-Strauss, em *O pensamento selvagem*, que aproxima dos ritos totêmicos as idas ao tabelião após uma morte. Ainda que a esfera das trocas mercantis nos pareça autônoma em relação à esfera religiosa, a transmissão dos bens ao longo das gerações familiares ou sociais vincula os vivos aos mortos, reconhecendo sua separação. Mas diversos fatores distinguem nitidamente o regime dos objetos de troca e de transmissão nas sociedades modernas. Com frequência observou-se que, nas sociedades não modernas, as coisas não estão separadas das pessoas nem nas técnicas de fabricação de um ancestral pela construção dos *malanggans* nem na importância dos objetos e das regras que presidem sua circulação nas trocas cerimoniais. Os historiadores do direito percebem, além disso, que, mesmo nos contratos de venda contemporâneos, permanece algo desse vínculo persistente entre um objeto e seu primeiro possuidor, ainda que seja apenas nas cláusulas temporárias de retração ou na distinção entre direito de uso e direito de nua propriedade. Marilyn Strathern mostra que os objetos circulam entre as esferas da vida social de formas tão múltiplas que nem suspeitamos, tanto que as separações instituídas em nossas sociedades nos parecem naturais ou racionais graças ao direito.

A antropologia sugere ainda outras pistas para compreender a mistura de racionalidade e magia despercebida que faz da propriedade uma instituição concentradora dos conflitos políticos: garantidora das liberdades individuais e da segurança ou chave de uma mudança de sociedade que seria liberada das crispações identitárias alimentadas por nossas relações ilusórias com as coisas domináveis. As coisas possuídas condensam não apenas uma metafísica do espaço e a fabricação de uma segunda pele para nossas identidades frágeis, mas também as hierarquias características de uma sociedade e os próprios princípios da dominação dos homens sobre as mulheres, em torno da qual se reúnem em um todo as práticas sociais, eis a tese de Maurice Godelier. Duas afirmações fundamentais a estruturam: por um lado, existem objetos transmitidos e não intercambiáveis cujas virtudes sociais são mantidas em segredo, pois eles contêm os princípios políticos e religiosos das hierarquias. Por outro lado, não há sociedade que não reúna suas práticas e ritos em objetos que unifiquem tais princípios. Nesse sentido, os objetos que não trocamos, mas são conservados para serem transmitidos, possuem uma função política e quase estatal, inclusive nas sociedades ditas sem Estado. Convém, portanto, determo-nos nesses estudos da função política das coisas.

As democracias não estariam interessadas em inventar novas formas de conexão entre invenções, heranças, coisas e pessoas sociais?

[4] OS OBJETOS QUE TROCAMOS E OS QUE NÃO TROCAMOS, MAS CONSERVAMOS PARA SEREM TRANSMITIDOS

A contribuição de Maurice Godelier[1]

Pode parecer inapropriado se interessar por objetos na era das nanotecnologias e das redes de informação que, depois da física do século XX, descartaram os objetos considerados parte de uma filosofia do conhecimento que caiu em desuso. Entretanto, a aproximação entre os objetos "a" de Lacan, o estatuto das coisas de Hegel e a função dos objetos na dádiva indica que o importante desses diversos objetos é o componente inassimilável que eles condensam para um sujeito de desejos. É também o fato de que os processos de reconhecimento, paradoxalmente, produzem relações graças a uma "mentira social" que cria relações e separações características de um grupo social.

---

1 "Des choses que l'on donne, des choses que l'on vend, et de celles qu'il ne faut ni vendre ni donner, mais garder pour les transmettre" [Coisas que damos, coisas que vendemos e coisas que não devem ser nem vendidas nem dadas, mas guardadas para serem transmitidas]. Refiro-me ao belo título do primeiro capítulo do livro de Maurice Godelier, *Au fondement des sociétés humaines: ce que nous apprend l'anthropologie*. Paris: Champs/Flammarion, 2010, p. 75.

Nesses três campos, observemos que os objetos estão ligados a atos: circuitos pulsionais dos desejos que vão procurar em ou sobre determinados outros "algo" que destitua o sujeito em questão de todo controle; provação por meio da qual as ações e a obra adquirem sua consistência social dando-lhe uma outra realidade que não aquela que o agente acreditava ter em mira; circuitos de trocas que fazem os atores entrar em um sistema de atos que se dava como iniciativa pessoal e gratuita; fabricação de objetos que permite a transmissão das capacidades de um morto.

O momento do objeto especifica-se como componente inassimilável (*das Unheimliche*) na psicanálise, como "devir alienado" (*Entfremdung*), segundo Hegel, como "mentira social", segundo Mauss. Portanto, os objetos não são, inicialmente, objetos-a-serem-conhecidos, mesmo com uma dimensão incognoscível como na coisa-em-si kantiana; eles são principalmente o lugar e o instrumento de inúmeros paradoxos: experiência de inadequação nos encontros sexuais e amorosos, contradição das vontades conscientes de nossos atos em sua própria realização, sigilo dos princípios do poder na produção das relações sociais.

Desvendar o que se efetua por meio dos objetos é, a cada vez, compreender como eles pontuam, mascaram e tornam reais os processos: objetivação das lutas pelo reconhecimento por meio das coisas sociais para Hegel, polarização dos circuitos de desejos por uma configuração que excede a estrutura significante que programou o lugar de um sujeito em uma constelação familiar, correlação entre ritos e objetos nas trocas das sociedades não modernas.

Nos últimos dois domínios, o contraponto se estabelece não apenas entre objetos e processos, mas entre objetos e estruturas. Ora, o debate que opõe os estruturalistas aos partidários do objeto em psicanálise lembra bastante o conflito a respeito dessa alternativa na antropologia. Se confrontarmos esses dois campos, poderemos tirar algumas conclusões a respeito das políticas do reconhecimento?

Das leituras de Marcel Mauss, retive até aqui apenas um exemplo, filosófico: a leitura de Bruno Karsenti que insiste no fato de que aquilo que não é dito graças aos objetos "faz sociedade" nas trocas. Esse leitor de Mauss se dedica a minimizar a importância do conflito teórico que opõe as estruturas, em Lévi-Strauss, à insistência sobre os objetos que sempre estaria, segundo este, maculada pelo psicologismo: nos circuitos de trocas do *potlatch* ou do *kula*, os objetos são, para Lévi-Strauss, o ponto de impacto das crenças, sempre mais ou menos individuais, enquanto as estruturas simbólicas são realidades sociais. Retomemos, então, como ponto de partida, sua célebre afirmação segundo a qual o simbolismo sempre é social, trata-se de estruturas como sistema de diferenças e desvios significantes organizando tanto a aliança quanto a troca de bens. Em certa medida, Mauss teria suspendido a eficácia das estruturas atribuindo aos "selvagens" uma crença na função mágica dos objetos que é preciso dar, receber e retribuir, caso contrário a potência destrutiva que trazem consigo se desencadearia. Desde a crítica de Mauss feita por Lévi-Strauss, compreende-se que esta alternativa – ou os objetos ou as estruturas – concerne à abordagem antropológica em seus aspectos epistêmicos e políticos tanto quanto ao fenômeno estudado: "É da natureza da sociedade que ela se exprima simbolicamente em seus costumes e em suas instituições; ao contrário, *as condutas individuais normais jamais são simbólicas por elas mesmas*: elas são os elementos a partir dos quais um sistema simbólico, que só pode ser coletivo, se constrói".[2] Para Lévi-Strauss, falar do *hau*, essa potência encerrada nos objetos, é atribuir aos outros transformados em selvagens ou em primitivos uma crença mágica que, para o próprio antropólogo, consiste apenas em um resíduo de crença.

---

2   C. Lévi-Strauss, "Introdução à obra de Marcel Mauss", in Marcel Mauss, *Sociologia e antropologia*, trad. Paulo Neves. São Paulo: Ubu Editora, 2017, p. 15; grifos meus.

Nem todos os objetos podem ser trocados

Mas os antropólogos críticos do estruturalismo respondem a essa crítica. Maurice Godelier afirma que, ao contrário, a autonomia da estrutura enquanto simbólica se coloca quando o antropólogo se separa de seu campo em nome da neutralidade de uma ciência que estaria imune ao que estuda no campo que é o seu:

> Logo, os objetos sagrados dos Baruya são, para eles, *antes de serem signos e símbolos, coisas que possuem um espírito, portanto, poderes*. Espírito e poder são ditos com a mesma palavra: *koulié*. [...] Que não creiamos em suas crenças é um fato que nos concerne e que pode atestar uma consciência crítica de sua religião, ou mesmo uma consciência irreligiosa das religiões, isto é, uma consciência crítica de todas as religiões, de todas as crenças e práticas religiosas. Mas o fato de não partilhar uma crença não a extingue.[3]

Maurice Godelier revisita a questão das crenças não para validar a posição de Mauss sobre a magia do espírito ameaçador que assombraria os objetos nos circuitos de trocas, mas para dar um estatuto a uma dimensão coletiva e objetiva das trocas: o *potlatch* nunca liga apenas dois indivíduos. Esse algo a mais que não é nem a crença no sentido unicamente psicológico nem a estrutura é, segundo Godelier, a reprodução das relações sociais: propriedade, filiação, descendência, prerrogativas religiosas, ordem cósmica ligada aos ritos de iniciação – mais frequentemente dos homens, mas às vezes também das mulheres. Em todos esses domínios se instaura a dominação dos homens sobre as mulheres. Conforme disse, a alternativa que valoriza ou a função dos objetos ou o simbólico determinado como estrutural – e para o qual o objeto é um "significante flutuante"[4] – permanece presente. A ela acrescenta-se a

---

3   Maurice Godelier, *O enigma do dom*, op. cit., p. 185; trad. modif.
4   A expressão que se tornou famosa é de Lévi-Strauss, mas Lacan a retomou ao afirmar que o objeto circundado pela pulsão é comple-

ideia de que um estruturalismo estrito impede que se pense como a dominação atua nas relações sociais.

A contribuição decisiva de Maurice Godelier foi a de abrir o conceito de troca. Certamente, Mauss fizera do *potlatch* um "fenômeno social total", mas sua insistência na magia do *hau* que habita os objetos não era suficiente para mostrar como, nas trocas, inúmeras dimensões da vida social se cruzam. No entanto, é descrevendo tipos de objetos diferentes que Godelier avança em relação à solução estruturalista que almejava afastar-se do psicologismo de Mauss.

Ele mostra a importância, para a produção e a reprodução das relações sociais, dos objetos que não são intercambiáveis e que, portanto, não podem confirmar a ideia de que uma sociedade é uma estrutura significante que faz circular bens e mulheres como significantes. Ele evidencia a associação entre duas teses que critica conjuntamente: ao colocar sobre o mesmo plano todos os objetos, o que permite fazer deles significantes nos mesmos termos das mulheres que os homens trocam entre si, Lévi-Strauss reduz também a filiação e a descendência à aliança e uma sociedade a uma estrutura do parentesco.

Desde os seus primeiros trabalhos com os Baruya (Nova Guiné), Godelier insistia no fato de que era trabalhando com os homens nos jardins que ele, o antropólogo, podia descobrir as denominações e as regras de parentesco de tal sociedade, pois elas estão estreitamente atreladas à divisão das propriedades e à partilha das atividades em função do gênero. Chamar determinadas pessoas de mãe ou irmã não é apenas saber implicitamente que não se vai escolhê-las como esposa, mas é também praticar a transmissão da propriedade de terras e sua divisão de acordo com os gêneros. As prerrogativas sociais e políticas estão emaranhadas nas práticas agrícolas, rituais, religiosas, e o que se realiza nas

---

tamente indiferente em si mesmo e que sua articulação às cadeias significantes se dá pela "unidade topológica das hiâncias em jogo" na cadeia significante e na indiferença do objeto, puro ocupando o lugar do vazio; J. Lacan, *O seminário*, livro 11, op. cit., p. 172.

línguas é esse imbricamento de práticas sociais e de significância. Esses cruzamentos andam de mãos dadas com a instauração de certos objetos que detêm o saber inconsciente de tais alianças. Godelier, em *O enigma do dom*,[5] mostra a importância dos objetos sagrados que não são trocados: em 1996, ele os chamou de "objetos substitutos dos homens e dos deuses"; depois, em 2007, em *Au fondement des sociétés humaines* [No fundamento das sociedades humanas], especifica no título de um capítulo: "Coisas que damos, coisas que vendemos e coisas que não devem ser nem vendidas nem dadas, mas guardadas para serem transmitidas".[6] É, portanto, precisamente pelo intermédio de certos objetos que se efetua a transmissão das funções sociais e generificadas, que são mais do que a aliança e o parentesco.

Como ocorre frequentemente nas ciências humanas, é por meio da descrição de singularidades que as teorias inovam: Mauss privilegia o *potlatch* como sistema de dádiva, observando apenas de passagem que determinadas sociedades não organizam as trocas segundo esse cenário de luta por prestígio que destrói os objetos nas lutas de prestígio. Mauss observa que, mesmo entre os Kwakiutl que praticam o *potlatch*, certos objetos de cobre "não saem da família". E que outras sociedades, para além dos Kwakiutl e de seus vizinhos da costa noroeste da América do Norte,[7] organizam trocas sem que predominem a rivalidade, a competição e o antagonismo. Na Melanésia, no *kula*, os objetos circulam sem serem destruídos. Em Kiriwina, a sociedade estudada por Malinowski em 1922, o *kula* é como um jogo social reservado a alguns, por meio do qual conchas e braceletes entram em uma circulação regrada: o doador coloca um objeto em circu-

---

5 No título da edição brasileira de *L'énigme du don*, o termo "*don*" foi traduzido como "dom". Neste livro, no entanto, optamos pela tradução "dádiva", como consagrada na literatura antropológica e ressoando a opção de *Ensaio sobre a dádiva* para a tradução de *Essai sur le don*, de Marcel Mauss. [N. T.]
6 M. Godelier, "Des choses que l'on donne...", in *Au fondement des sociétés humaines*, op. cit., p. 75.
7 Id., *O enigma do dom*, op. cit., p. 60.

lação, por exemplo, um colar, que ele não mais voltará a ver, ainda que permaneça sendo seu possuidor. Ele permanece o possuidor porque aquele a quem confia o objeto o possui unicamente para tornar possível uma troca com outro bem, até que, na sequência das transmissões, um outro objeto precioso, um bracelete de conchas, possa retornar ao primeiro possuidor do colar. Em outras sociedades melanésias, todos os membros podem envolver-se no *kula* para "aumentar sua reputação". Assim como o *potlatch*, o *kula* não é uma circulação por meio da propriedade: o que está em questão é um risco assumido pelos trocadores, pois é difícil encontrar um proprietário que possua o objeto intercambiável em relação àquele que circula. Godelier desenvolve uma atenção particular ao regime de propriedade que regulamenta o *kula* ou que o *kula* institui: o objeto permanece dependente do primeiro possuidor, o uso que os possuidores intermediários fazem dele é restrito, e, por outro lado, o *kula* tem um fim: quando o proprietário recebe outro objeto precioso, a circulação é fechada, ela se encerra. Ela não pode, portanto, servir conceitualmente para pensar uma estrutura que bastaria para dar conta de uma dada sociedade caracterizada pela significância de todas as trocas e do sistema de parentesco. De certa maneira o *kula* instaura uma hierarquia dos objetos, sobretudo quando um mesmo objeto material pode ter duas circulações: uma se inscreve em uma troca simples entre equivalentes, a outra entra no giro arriscado do *kula*. Arriscado no que concerne ao papel dos possuidores, que é de garantir as regras do jogo de circulação.[8] A circulação de objetos não é sempre uma troca, nem no sentido da troca de mercadorias nem no sentido do escambo.

---

8   Veremos no capítulo seguinte que Marilyn Strathern concorda com Maurice Godelier: as trocas, assim como os atos de subsistência doméstica, não são sociais em si mesmas, elas servem para criar novos vínculos entre pessoas. É por esse motivo que os objetos não são mercadorias; Marilyn Strathern, *O gênero da dádiva: problemas com as mulheres e problemas com a sociedade melanésia* [1988], trad. André Villalobos. Campinas: Editora da Unicamp, 2006.

Acima de tudo, convém fazer uma distinção entre os objetos preciosos e os objetos sagrados. Nem uns nem outros são apenas significantes em correspondência estrutural com as terminologias de parentesco e as proibições do incesto; os objetos preciosos circulam, mas de forma diferente daqueles que são sacrificados em prol do prestígio no *potlatch*; e os objetos sagrados, por sua vez, não circulam nas trocas, sobretudo não nas trocas: eles são enterrados na terra ou nas anfractuosidades, de onde apenas os retiramos no momento das iniciações, ritos de passagem pelos quais os jovens (entre os Baruya, os rapazes) são introduzidos às suas funções de guerreiros, caçadores, maridos e genitores. Godelier os qualifica de objetos-substitutos: eles tornam presente o invisível, os deuses, os ausentes. Esses objetos materializam as hierarquias secretas, porém eficazes, que caracterizam as formas de dominação dos homens sobre as mulheres: eles carregam marcas que celebram não apenas a história mítica das lutas por meio das quais um grupo se estabeleceu em um território (cujo mito distorce ou silencia a história), mas também as diversas vitórias que os homens conquistaram sobre as mulheres, "outrora" demasiado poderosas e tão desordenadas e perdulárias que teriam levado a sociedade à ruína se os homens, ao roubarem seus segredos de caça, cultura e música, não se tivessem açambarcado de suas capacidades. As mulheres permanecem proprietárias de tudo aquilo que os homens lhes roubaram, e é por isso que convém, constantemente, perpetuar a dominação sobre elas. Entre os Baruya, a materialidade não figurativa desse *kwaimatnié* guarda os segredos que só são revelados no momento das cerimônias. Esses objetos que são guardados para ser transmitidos organizam as hierarquias religiosas e políticas. Tal fato se desdobra sobretudo nas práticas que, segundo Godelier, asseguram constantemente, e de múltiplas maneiras, a dominação dos homens sobre as mulheres. Mulheres antropólogas[9] nuançaram essa tese, mostrando que, entre os Baruya, as inicia-

---

9 Pascale Bonnemère, "Du corps au lien: l'implication des mères dans les initiations masculines des Ankave-Anga", in P. Bonnemère

ções não excluem as mulheres; enquanto, nas florestas, os homens praticam com seus filhos homens as últimas etapas da iniciação destes, as mulheres, sobretudo mães, mas também irmãs, não estão inativas nas aldeias: elas praticam ritos que colocam em jogo objetos e materiais correlacionados àqueles manipulados pelos homens. O primeiro ato que um homem iniciado pratica é trazer à sua mãe um animal que ele matou com as armas que, a partir desse momento, o definem como caçador. Trata-se, de fato, de um presente, diz Pascale Bonnemère; esse homem não exclui o maternal, ele transforma em uma relação de outra qualidade a relação simbiótica da qual foi arrancado quando, na puberdade, entrou na Casa dos Homens. As antropólogas que foram introduzidas às iniciações ao lado das mulheres ankave e baruya não rejeitam a dominação, mas têm acesso ao que as mulheres fazem nas sociedades da Nova Guiné, inclusive ao seu papel nas iniciações.

Objetos e ritos no cruzamento do gênero e das sexualidades

Se o gênero é o uso social da diferença biológica entre os sexos afirmada de forma dicotômica, as relações sociais de sexo expõem não apenas a valência diferencial dos sexos nos sistemas de parentesco, mas a dominação que se exerce na produção e reprodução dos poderes econômicos, políticos e religiosos que caracterizam cada *socius*. Mais do que fazer do parentesco o centro organizador do *socius*, Maurice Godelier mostra em sua obra que esse centro reside na conexão estreita entre os ritos que iniciam homens e mulheres em seus poderes e a organização de seus gozos sexuais: há muitas décadas, ele contrapôs ao mito freudiano do assassinato do pai o que nomeou como "sacrifício da sexualidade", que a reprodução das relações sociais exige. O que faz de um grupo de parentesco uma sociedade dotada de unidade é a compo-

e Irène Théry, *Ce que le genre fait aux personnes*. Paris: Éditions de l'EHESS, 2008, pp. 75–90.

sição secreta dos poderes que recrutam os gozos, instituindo alguns e sacrificando outros. Como já expus as diferentes passagens nas quais essa tese se desenvolve no pensamento de Maurice Godelier,[10] vou ater-me aqui ao exame de um ponto particularmente pertinente para detalhar como a antropologia concebe a opacidade dos objetos sociais. Páginas elucidativas de *Métamorphoses de la parenté* [Metamorfoses do parentesco] mostram como as relações político-religiosas, o imaginário da procriação e a vida dos corpos se tecem conjuntamente:

> Mas o que importa acima de tudo é que o corpo, em seus componentes visíveis e invisíveis, seja a cada vez colocado a serviço (de acordo com um código simbólico determinado) da produção-reprodução tanto das relações de parentesco como das relações político-religiosas que as envolvem e que constituem com elas os lugares e as formas de poder que dominam uma sociedade em uma determinada época.[11]

Através das representações de parentesco, e enoveladas a elas, instituem-se relações de poder: a homossexualidade organizada entre os Baruya, longamente estudada, não serve apenas para estabelecer a crença de que o esperma, único elemento ativo na fabricação de crianças, é também o que produz o leite nos seios das mulheres.

O esperma é, portanto, supervalorizado não apenas porque legitima a apropriação das crianças pelo clã do pai, mas porque legitima a supremacia político-ritual dos homens sobre as mulheres, o direito do homem de representar sozinho e de governar sua sociedade, a sociedade, o que não é a mesma coisa que representar seu clã e conservar suas terras, suas funções, seus saberes, a fim de transmiti-los a seus descendentes. Para dominar, é preciso desmembrar os corpos dos dominan-

---

10 "En écoutant, en lisant Maurice Godelier", in Patrick Avrane et al., *Parentalités et Filiation*. Paris: Éditions Campagne Première, 2015.
11 M. Godelier, *Métamorphoses de la parenté*. Paris: Fayard, 2004, p. 339.

tes e dos dominados e alterar suas substâncias, sua essência. A homossexualidade ritual dos Baruya realiza essa dissociação e essa transmutação.[12]

Essa captura das relações de sexo e da procriação pelo político-religioso caracteriza as sociedades em sua diversidade. Entre os Tonga, por exemplo, o processo é outro:

> É o esperma dos homens comuns que é desvalorizado, privado do poder de dar a vida, em prol do sopro espermático do Tu'i Tonga, homem-deus que fecunda todas as mulheres de seu reino, mulheres cuja importância na procriação não é negada por essa teoria aristocrática.[13]

O político-religioso se efetiva na vida dos corpos procriadores e nas teorias que imaginam o papel das diversas substâncias que contribuem para a ordem cósmica e generificada. Por exemplo, entre os Baruya, o esperma emana do sol e constitui a substância ativa que, secundariamente, permite às mulheres fabricar leite. Entretanto, o parentesco não esgota o social, que é trabalhado e, segundo Maurice Godelier, totalizado pelo político-religioso.[14]

A "sexualidade ventríloqua"

Ao fim do capítulo sobre "o corpo sexuado", Godelier menciona que a interpretação do processo de fabricação das crianças humanas "inscreve, de início, a criança que está para nascer em três tipos de relações": uma delas a insere em uma ordem sociocósmica, outra a coloca "nas relações pessoais de parentesco com indivíduos próximos ou distantes, de

---

12 Ibid., p. 337.
13 Ibid.
14 O político-religioso tem por função unificar e totalizar as relações sociais? É, em todo caso, a tese clássica de Maurice Godelier, que, nesse ponto, contraria Foucault, por exemplo.

ambos os sexos e de gerações diferentes", que ela aprenderá a chamar de irmão, irmã, pai, primos etc. Por fim, a criança é inscrita em um terceiro tipo de relação, que constitui, propriamente falando, as relações sociais de sexo: esse indivíduo se encontrará "posicionado antecipadamente nas relações de superioridade (a saber, de dominação) ou de inferioridade (a saber, de subordinação) perante indivíduos do sexo oposto".[15] Maurice Godelier toma o cuidado de precisar, de início, que essas fantasias não são próprias a um indivíduo, elas constituem socialmente os gêneros.

Segundo momento de sua análise: nesses três tipos de relações, "uma dupla metamorfose" se produz. Por esse termo, deve-se compreender que cada uma das dimensões representa a outra e se faz representar pela outra: as relações de propriedade se afirmam na linguagem do parentesco. Por exemplo, entre os Yako da África, sociedade na qual o indivíduo pertence simultaneamente à patrilinhagem de seu pai e à matrilinhagem de sua mãe,

> a terra é transmitida pelos homens em sua patrilinhagem, as funções religiosas são transmitidas pelas mulheres em sua matrilinhagem. Meios materiais de existência (a terra), funções sociais essenciais, rituais, por exemplo, metamorfoseiam-se em atributos das relações que um indivíduo mantém com seus parentes [...].[16]

Isso também vale para irmãos, pois, entre os Yako, por exemplo, quem herdará a função ritual será a irmã mais velha, e não a mais nova. Inversamente, o parentesco não diz somente de si mesmo, mas das propriedades e prerrogativas dos indivíduos, em uma dada sociedade, de acordo com seu sexo. Inicialmente, é esse jogo de esconde-esconde, ou essa sobreposição mútua do parentesco e das funções sociais e político-religiosas que não têm nada a ver com o parentesco, que Maurice Godelier chama de "dupla metamorfose". Pois

---

15   M. Godelier, *Métamorphoses de la parenté*, op. cit., p. 340.
16   Ibid.

cada dimensão atua na outra: a transmissão das propriedades se afirma pela função dos sexos e das substâncias que intervêm na fabricação das crianças e vice-versa. Ao chamar de irmã ou de pai determinado membro da família, cada pessoa também reconhece seu poder de acessar os sacrifícios ou a herança. Maurice Godelier diz dessa metamorfose que "o sexo torna-se gênero".

Porém, como mencionado, existe uma terceira dimensão, que se chama "sexualidade ventríloqua": não apenas o parentesco e as funções sociopolíticas, isto é, não apenas a ordem cósmica e a ordem moral/social, mas também a ordem sexual. O que isso quer dizer? O autor emprega indiferentemente os termos gênero e sexualidade. Porém, ao decifrar o texto em sua sutileza, observa-se que às vezes ele se refere ao gênero, isto é, às funções sociais e econômicas que estão em uma relação de sobreposição mútua às regras de parentesco (como acabamos de ver), e, às vezes, ao contrário, à sexualidade. Por sexualidade entenda-se o modo como cada indivíduo é não apenas socialmente uma "máquina ventríloqua da sociedade" que de certa forma faz girar a sobreposição mútua de duas dimensões distintas, mas também uma "máquina desejante" que experimenta seu corpo sexuado como um lugar onde a ventriloquia se torna efetiva para cada indivíduo, seja confirmando a ordem sexual prevista, seja tentando subvertê-la.

A ventriloquia, portanto, é primeiramente social:

> Essa subordinação de algum modo "impessoal" e geral da sexualidade é o ponto de partida de um mecanismo que imprime na subjetividade mais íntima de cada um, em seu corpo, a ordem (ou as ordens) que reina(m) na sociedade e deve(m) ser respeitadas se esta quiser reproduzir-se. Esse mecanismo opera pelo jogo das representações do corpo e da personalidade e do papel que atribuímos a cada um dos sexos e aos outros agentes no processo que dá origem a uma criança, à vida.[17]

---
17 Ibid., p. 342.

Mas essa lógica social investida nos corpos biologicamente sexuados e que faz do corpo "uma fonte de evidências sociais e cósmicas" também é o lugar de uma eventual subversão que só pode ser subjetiva. Quando Maurice Godelier descreve a experiência da menstruação do ponto de vista de uma mulher baruya, trata-se de gênero ou de sexualidade, no sentido psicanalítico?

> De alienada, a sexualidade torna-se, então, instrumento de alienação. No limite, uma mulher baruya, ao ver o sangue correr entre suas coxas, não tem mais nada a dizer contra sua sorte, ela se sabe vítima e se percebe culpada, por isso responsável pelo que lhe acontece. Assim, compreende-se por que a sexualidade é vivida como algo que pode a todo momento questionar e subverter a ordem da sociedade e do universo. A isso se devem os múltiplos tabus que a cercam.[18]

Ao lermos essas linhas, não deveríamos distinguir uma quarta dimensão? Qual seja: para além de ordem cósmica, ordem moral/social e ordem generificada, sexualidade, que corre justamente o risco de não mais se inscrever em uma ordem. É desse modo que o sexual no sentido psicanalítico se distingue do sexual mobilizado pelo parentesco. Godelier prossegue:

> As representações do corpo determinam, assim, em cada sociedade, uma espécie de anel de coerções sociais, de natureza ideal, que estreitam o indivíduo; um anel que constitui a própria forma, paradoxalmente impessoal, social, de sua intimidade. E é no âmbito dessa forma social da intimidade consigo mesmo que lhe é imposta desde o nascimento, e que organiza *a priori* seus encontros com o outro, que a criança vai começar a viver seu desejo pelo outro. Como outros já se apropriaram dela, seus pais, seus parentes, seu grupo social etc., ela vai espontaneamente querer apropriar-se deles. E é então que vai descobrir que não pode apropriar-se de todos, que alguns, pai, mãe, irmã, irmão, são proibidos ao seu desejo. A

---

18 Ibid., p. 343.

sexualidade máquina desejante opõe-se a si mesma, máquina ventríloqua da sociedade.[19]

Pode-se dizer que é uma questão de termo: sexualidade máquina ventríloqua da sociedade e sexualidade máquina desejante bem que se podem valer do mesmo termo, "sexualidade". Porém, no texto de Godelier, tão esclarecedor e ao mesmo tempo tão difícil, será que não valeria distinguir melhor entre o gênero, que inscreve de forma íntima nos corpos as normas da ordem social, e a sexualidade, por meio da qual o gozo sexual busca definir para cada singularidade uma identidade tanto fantasmática como efetiva que, aqui, se torna identificável pelas lutas que a máquina desejante trava com a máquina ventríloqua da sociedade que ela também é? Essa distinção, que parece barroca, é decisiva: a luta com as normas é exclusivamente política ou constitui uma luta, e portanto uma divisão, que concerne à máquina desejante em sua relação com a máquina ventríloqua?

Finalmente, a dupla metamorfose que Godelier anunciava não era apenas a relação mútua entre parentesco e funções econômicas e político-rituais; era também a relação mútua entre estas duas máquinas, sociogenerificada e desejante:

> Por isso todas essas figuras fantasmáticas das quais a sexualidade é necessariamente a fonte. Pois nela dois deslocamentos imaginários e duas produções simbólicas opostas se realizam. O social se refugia nela e ali se dissimula, travestido nas representações imaginárias do corpo. Desejo recalcado, mas que não por isso desapareceu, refugiou-se no corpo além da consciência para reaparecer alhures, sob formas e em atividades respeitáveis, traindo-se às vezes em um lapso e nutrindo-se tanto do sucesso como dos fracassos pessoais na sociedade.

---

19 Ibid. Observa-se que, para descrever o cerne do social e do sexual, Guattari e Deleuze são aqui convocados mediante a expressão "máquina desejante".

> *Para resumir, a sexualidade se dissimula tanto quanto dissimula, e essa ambivalência a estrutura.*[20]

Como definir melhor o caráter sempre transposto e, todavia, distinto da sexualidade?

Máquina ventríloqua da sociedade e máquina desejante ventríloqua

Esclareçamos o que está em jogo na leitura que proponho: em seu primeiro aspecto descrito pelo texto, a "metamorfose" dissimula o parentesco nas relações de propriedade e de poder. E, inversamente, faz com que o parentesco fale de outra coisa que não de si mesmo: de propriedades, ordem cósmica, prerrogativas religiosas. Certamente, há nisso um jogo de esconde-esconde entre essas duas dimensões. Mas cada uma permanece identificável: mesmo sendo um regime de transmissão das terras que se expressa nas denominações de pai e filho ou de mãe e filha entre os Yako, um dos registros não desaparece no outro.[21] A ventriloquia, nesse caso, não é indistinção. Quando uma voz sai de um corpo que não é o seu, uma dissonância se faz ouvir; portanto, há também uma ventriloquia no parentesco e nas relações sociais. O mesmo não pode ser dito da sexualidade como experiência que luta contra

---

20 Ibid., p. 343.
21 "Realidades que compõem essa sociedade circulam no âmbito de grupos de parentesco engendrados por estes dois princípios de descendência: a terra, transmitida pelos homens em sua patrilinhagem; as funções religiosas, pelas mulheres em sua matrilinhagem [...]. Mas a metamorfose não para aí, pois aquele que herdará a terra será o filho, mas não a filha; aquela que herdará a função ritual será a irmã mais velha, e não uma irmã mais nova (*kako*)" (ibid., p. 340). Essa prevalência das relações de parentesco e das funções sociais se verifica também entre os trobriandeses: sociedade patrilocal, mas matrilinear, na qual as mulheres possuem a propriedade das terras, e os maridos apenas o uso, conforme explica detalhadamente A. B. Weiner em *La richesse des femmes*, op. cit.

as normas socialmente determinadas do prazer, do desprazer, da angústia. Nessa dimensão de sua experiência, uma criança, como descreve Godelier, "começa a viver seu desejo pelo outro" e encontra essa "forma social de intimidade consigo mesma que lhe é imposta desde o nascimento e que organiza *a priori* seus encontros com o outro". Porém, a sexualidade que se desdobra no campo das pulsões e das fantasias é muito mais instável, difícil de ser distinguida das normas de gênero e das relações sociais de sexo do que a sexualidade ventríloqua. Com frequência, psicanalistas são acusados/as de se fecharem no sexual individualizado sem conseguir delimitar seu campo e determinar em que medida a sexualidade também é social. Essa limitação muitas vezes tornou psicanalistas cegos/as ao gênero, isto é, às normas da heterossexualidade dominante e às relações sociais de sexo. Mas essa crítica não dá conta da relação sutil por meio da qual a sexualidade se "dissimula" em outra coisa que não ela mesma, de modo ainda mais radical do que o parentesco. Godelier concorda: se não fossem as revoltas subjetivas e os fracassos pessoais na sociedade, talvez a sexualidade permanecesse indiscernível dos materiais dos quais convém dizer que, do ponto de vista das pulsões e das fantasias dos sujeitos, são todos emprestados, sem determinação que evidenciaria uma essência.

Dizer isso não é ignorar a importância das relações sociais de sexo nem a importância dos problemas de gênero; é, antes, nomear uma dificuldade: quando isolamos a sexualidade, como ela se dissimula por todo lugar onde atuam outras coisas que não ela mesma, o que identificamos corre sempre o risco de desencontrar-se de suas condições sociais de existência. Melhor seria dizer: como a sexualidade se investe no que não é ela, tomando forma por seus deslocamentos e transposições, ela sempre parece, empiricamente, "dissimular-se". Inversamente, no campo da cura, as condições sociais de existência se tornam materiais de pulsões e fantasias, ainda que sejam também as condições reais do jogo com as normas de gênero e da luta com as relações sociais de sexo.

Em *Les constructions de l'universel* [As construções do universal], argumentei que as fantasias dos sujeitos que contribuem para formar as problemáticas que aparentam ser "puramente" conceituais de uma filosofia correm sempre o risco de não serem mais legíveis na forma acabada, universalmente legível, de um sistema, justamente porque essas fantasias, forjadas por sujeitos de desejo, são em parte sem essência determinada *a priori*.

Não se trata da mesma ventriloquia do sexual de que fala Godelier? O sexual está sempre investido em outra coisa que não ele próprio, ora em uma problemática lógica e filosófica que parece independente do pensador, ora em relações sociais de sexo, de parentesco ou de crenças. Voltemos ao exemplo da mulher baruya: Maurice Godelier escreve que "ela se sabe vítima" e, ao mesmo tempo, afirma que essa também pode ser uma experiência de subversão. Mas essa subversão tem duas faces, a de uma luta coletiva e pública contra o lugar da vítima e a de um deslocamento dessa mulher cujo gozo e cujos desejos podem seguir outras vias que não a do gozo vitimizante ao qual ela estava destinada: recentemente, uma esportista de alto nível, corredora, decidiu, durante uma competição esportiva, não se "proteger", deixar correr o sangue de "sua" menstruação. Como fazer aí a distinção entre posição de gênero e sexualidade?

Qualquer que seja o nó que torna quase indiscerníveis gênero e sexualidades, a ventriloquia é mais completa nesse exemplo do sangue menstrual do que quando uma denominação de parentesco remete a um modo de transmissão das terras. Maurice Godelier não demorou a ressaltar em sua obra o fato de que sua investigação a respeito das denominações de parentesco o levou também a outros lugares que não o parentesco: indo à floresta trabalhar com os homens da aldeia onde ele se tinha instalado e ouvindo as respostas a perguntas que concerniam ao tio, à irmã, ao irmão desses homens... ele aprendeu a origem mítica e a história política das lutas entre as linhagens para as quais a conquista das terras cultivadas era uma questão central. Porém, entre os Baruya ou os Samo, assim como em nossas sociedades, ainda que a transmissão das propriedades se afirme nas denominações de parentesco, essas dimensões não desaparecem uma na outra. Quando um de nossos parentes morre, descobrimos no tabelião que nos tornamos proprietários. Quando uma esposa morre, às vezes um marido descobre que não é mais proprietário de seu apartamento, porque seus filhos possuem a nua propriedade dele. Mas, na herança, laços de parentesco e regime de propriedade não desaparecem um no outro. O primeiro nível da ventriloquia não é absoluto. O exemplo da mulher baruya (usado por Godelier, retomado por Françoise Héritier) reside na articulação das relações sociais com a sexualidade: ela vê correr o sangue de sua menstruação, ela se sabe vítima, inscrita por seu corpo em uma ordem cósmica e político-religiosa. Mas, se há nessa experiência um risco de subversão da ordem, não seria porque esse "saber" impessoal poderia ser perturbado pelo que ela experimenta e por uma iniciativa que concerne às relações de prazer que a ligam a certos membros de seu entorno e não a outros, considerando que essas experiências não seguem automaticamente as regras da aliança da sociedade em que ela vive? A sexualidade, diz-nos Godelier, em si mesma, não fala, é sempre outra coisa que fala. Mas é assim tão certo? Formular essa hipótese não seria importar um dispositivo de sexualidade válido apenas para as sociedades dos monoteísmos?

Essa articulação oblíqua entre parentesco e *socius*, mas também entre máquina desejante e máquina social, que Maurice Godelier denomina ventriloquia, demonstra a importância dos objetos: os objetos são aqui os obstáculos à transparência nos cruzamentos que constroem a vida social.

Maurice Godelier debruçou-se longamente sobre a função desses objetos ritualísticos, os *kwaimatnié*, que intervêm nos ritos político-religiosos que transformam o parentesco e a subsistência dos grupos baruya em uma sociedade unificada e garantem a organização da dominação masculina sobre as mulhere. Durante as cerimônias de iniciação, os Baruya introduzem os homens jovens às suas prerrogativas: os *churinga*, geralmente enterrados e em locais reputados secretos, são então integrados a um cocar complexo colocado sobre a cabeça do jovem iniciado. As partes desse cocar evocam as narrativas desveladas ao longo do rito sobre a origem dos poderes dos homens. Eles conquistaram vitórias sobre outros grupos que lhes permitiram adquirir terras e roubaram, muitas vezes com violência e à custa de assassinatos, antigos poderes que as mulheres detinham no tempo do mito. As mulheres na realidade, faziam mau uso de seus poderes de caça, de seus instrumentos de música, de suas capacidades de cultivar plantas. O mundo caminhava para o caos, e seus recursos, para o esgotamento por desperdício... A materialidade do cocar (*kwaimatnié*), cujas partes heterogêneas são sucessivamente postas em funcionamento e destruídas ao longo da cerimônia, garante o segredo cuja revelação durante as longas cerimônias dá aos meninos acesso à identidade de homem por referência ao totem. Apenas o *kwaimatnié* permanece inteiro ao fim da cerimônia e encontra, inalterável, seu lugar enterrado. Esse é, então, exatamente o tipo de objeto que não passa por trocas. Sua função, à qual Godelier foi introduzido pessoalmente durante uma cerimônia privada para a qual um de seus informantes o convidara, é manifestar a identidade totêmica que unifica os membros do grupo em um todo. As relações sociais de troca, de uso, de aliança, de filiação e de descendência nele se condensam e nele se completam. Por conter os lineamentos das hierarquias, o *kwaimatnié* é um objeto político. Antes de mais nada, o que importa para Godelier é mostrar não apenas que os objetos político-religiosos contêm narrativas secretas às quais são introduzidos os jovens iniciados que se tornarão homens, mas que somente os ritos dessa introdução transformam uma comunidade definida pelo parentesco e pela produção social de sua subsistência em uma unidade política. Indo por essa direção, ele se distancia explicitamente tanto de Marx como de Lévi-Strauss. Quando jovens são iniciados, é um chefe ou um xamã quem lhes dá seu nome totêmico – ato proibido ao pai do iniciado. Godelier afirma igualmente que as cerimônias de iniciação reúnem todas as linhagens, garantindo que a produção de novos guerreiros e caçadores englobe todas as atividades dessa sociedade. Chamo a atenção para essa tese de Godelier que interpreta o fato de que as iniciações vão além do parentesco e da subsistência em comum como uma unificação de todas as esferas da vida social. É efetivamente uma tese clássica das filosofias políticas hegeliana e marxiana a de que o Estado totaliza e unifica, ainda que essa totalização só seja comprovada por práticas que "vão além" das capacidades e dos interesses coletivos e individuais, das atividades sociais parciais, como o parentesco. Apenas essa capacidade de "transcendência" ligada aos ritos e aos objetos sagrados reproduz a sociedade, unificando-a. Ir além e totalizar são a mesma coisa? Permanecemos aquém do político quando não totalizamos? Eis a questão à qual me aterei, uma vez que o papel dos objetos me parece sempre ligado a um sítio, local por definição, ou seja, não totalizante.

Mas, antes de evidenciar o caráter parcial dos objetos no jogo do qual participam na política, concluamos sobre a importância de sua opacidade na antropologia.

Há opacidade nas relações sociais. O que Marx descreveu como "o fetichismo da mercadoria e seu segredo" é próprio do modo de produção capitalista, mas o fato de que as relações entre as pessoas que formam uma sociedade adquirem a aparência de uma relação entre coisas não é específico do modo de produção no qual a própria força de trabalho torna-se uma mercadoria. Godelier reconhece que, nas sociedades sem moeda abstrata, em que as trocas nunca estão apartadas das pessoas proprietárias ou possuidoras de objetos, a crença no poder mágico contido nesses objetos prevalece. Foi essa a intuição de Mauss. Mas, em todas as sociedades, é por mecanismos opacos que as relações políticas e sociais se reproduzem,[22] e, nessa reprodução, os objetos sagrados desempenham um papel de condensador ou de catalisador de opacidade.

---

[22] "Cada um sabe por experiência que os indivíduos e os grupos nem sempre dizem o que fazem e nem sempre fazem de fato aquilo que dizem, e essa opacidade é precisamente necessária à produção-reprodução de suas relações sociais"; M. Godelier, *Au fondement des sociétés humaines*, op. cit., p. 249.

A materialidade dos objetos garante seu caráter arrepresentativo

Quando, em 1994, Marika Moisseeff volta-se para objetos similares, ela especifica um dos temas esboçados por Godelier: a importância dos objetos nos ritos reside no fato de que eles materializam o irrepresentável.[23] Ela coloca o ritual no qual os objetos intervêm em relação com o sistema de mundo aranda, na Austrália: o mundo perceptível é sustentado por um dinamismo dos seres e das coisas (chamado, em sua tradução, de "O Sonho") que liga traços de paisagem, traços de vida vegetal e animal e um papel desempenhado pelos seres humanos na renovação dos seres vivos. Os objetos sagrados e mantidos em segredo chamam-se ali *churinga*. Os traços abstratos gravados sobre os *churinga* são marcas deixadas pelo percurso dos seres invisíveis chamados de "espíritos-crianças". Esses seres invisíveis são híbridos: ouve-se falar de sua itinerância, mas também de sua presença nos lugares marcados por acontecimentos: por exemplo, tal traço sobre o *churinga* é a marca do lugar onde o totem da rã saiu da terra. É isso que faz com que Moisseeff diga que o *churinga* é autorreferencial: ele é um pedaço de paisagem no qual está inscrito – sob forma de traço e traçados – o movimento do "ser do Sonho" através da paisagem cujo traço ele representa. O termo "representar", aqui, permanece inadequado: o traçado não representa o mundo, mas, antes, a concepção de mundo aranda; não se trata de uma referência direta.[24] As figuras geométricas em sua superfície podem combinar linhas abstratas com, por exemplo, traçados de patas de pássaros que um personagem teria encontrado em sua viagem. É menos abstrato do que uma escritura; portanto, menos referencial do que uma imagem que valeria por sua verossimilhança. Os traços inscritos sobre os *churinga* são, aliás, tudo menos uní-

---

23 Marika Moisseeff, "Les objets culturels aborigènes ou comment représenter l'irréprésentable". *Genèse*, n. 17, pp. 18–32, 1992. A autora trabalha com os Aranda no deserto central australiano.
24 Ibid., p. 23.

vocos: o que se deve ler neles depende dos mitos aos quais o jovem iniciado, ao receber sua identidade ligada ao Sonho, é introduzido pelo mestre da cerimônia (que não é de sua família). O que é certo é que ele combina uma permanência tangível que inscreve elementos de identidade do lado de uma eternidade espacial à mobilidade dos espíritos-crianças invisíveis e irrepresentáveis que circulam nos vivos e asseguram a fecundidade.

É nessa condição que os *churinga* são incorporados às máscaras fabricadas para as iniciações dos jovens rapazes, iniciações à procriação, mas igualmente à economia geral do mundo. O dinamismo dos espíritos-crianças não é apenas uma ideia filosófica. A fabricação e o manejo do *churinga* nos rituais dão vida à entidade invisível que ele evoca. A máscara é, então, um aspecto desse movimento invisível dos espíritos-crianças que orienta o processo de renovação dos vivos do qual os humanos iniciados participam de forma privilegiada por meio da procriação. A identificação de um membro do grupo a um animal totem não se efetua, portanto, unicamente nos rituais de luto (era essa a tese de Lévi-Strauss), quando um vivo é reconduzido ao tempo do ancestral que ele se torna. É no momento das iniciações dos jovens à sua função procriadora que o itinerário do ancestral-espírito gravado sobre a pedra torna-se a parte estável de um cocar ou de uma máscara efêmera que caracteriza a inserção desse homem em suas múltiplas linhagens animais, vegetais e humanas, mas que define também, de modo performativo, sua singularidade: cada máscara é singular e materializa a um só tempo todos os pertencimentos (serpentes, pássaros, signos abstratos, plantas, humanos) da pessoa e o caráter lábil e evanescente de sua singularidade em seu poder procriador. Marika Moisseeff insiste no fato de que essa máscara é uma contradição realizada: *churinga* é um vocábulo composto por duas noções, em que uma significa "si mesmo" e a outra, "secreto" e "vergonhoso". O rosto do iniciado que vai receber uma "identidade" é, de fato, completamente escondido, tornado invisível pelo sangue que escorre dos seres variados que compõem a máscara e pelos cabelos que ligam os animais e vegetais com os quais é feito o cocar sobreposto do *churinga*. Principalmente, círculos concêntricos vermelhos e brancos feitos de penugem volátil recobrem completamente esse rosto cuja participação lábil no mundo invisível dos espíritos-crianças é como que produzida pelo fato de que, no apogeu da cerimônia, sob o efeito dos ritmos envolventes dos rombos e das danças, as penugens voam. São necessários dias para compor essa máscara que é destruída em alguns minutos, quando os elementos voláteis que a compõem partem. A materialidade efêmera dessas penugens inventa uma existência para o que é quase inapreensível no dinamismo dos espíritos-crianças de que participa o jovem iniciado, investido em seu poder procriador. As máscaras no rito do *quebada* inventam um sentido para a procriação, para a identidade totêmica porém singular dos atores dessa renovação da vida, para a relação entre o espaço do mundo, os traços dos movimentos e a mistura dos reinos animal, humano e vegetal, passando pela morte e pela vida.

Eu dizia que as máscaras no *quebada* são efêmeras, ao contrário do *churinga*. Mas, por esse termo, convém entender duas coisas: a questão não é apenas que elas sejam destruídas, é que o rito no qual a máscara intervém seja a produção material de sua evanescência. Marika Moisseeff insiste na sutileza desse sistema de mundo que produz, graças ao mesmo objeto, a eternidade e um dinamismo inapreensível, bem como evidencia os paradoxos desses rituais e dos objetos que eles colocam em circulação.

A atenção aos objetos, longe de levar a um realismo raso, descortina os paradoxos da vida social e da sexualidade: Moisseeff descreve precisamente como a materialidade opaca a qualquer imagem concentra a eternidade do que permanece secreto e, inversamente, cria por meio de uma matéria efêmera que se dissipa ao ritmo dos rombos a eficácia de um ato essencial à vida social. Já falei da opacidade dos objetos em sua dupla dimensão de máquina ventríloqua e de máquina desejante. Os objetos são necessários, mostra Godelier com os *kwaimatnié*, para dar uma objetividade impessoal e mesmo uma universalidade impessoal[25] ao que, em uma sociedade, transcende o parentesco, os indivíduos e a comunidade de subsistência. O fato de os membros de um grupo acreditarem no poder mágico desses objetos importa menos do que esse ato coletivo que condensa aquilo que unifica tal grupo sob a condição de organizar o segredo e, às vezes, o desvelamento das relações sobre as quais ele se funda. Para Godelier, como já vimos, os objetos não são apenas opacos no sentido de que articulam dimensões heterogêneas da vida social e política, eles constroem a realidade do todo da sociedade. Godelier dá importância ao fato de que, nas iniciações baruya, todas as linhagens estão presentes. Ele assinala também que, nas trocas cerimoniais, grupos rivais e até inimigos podem ser convidados, à exceção daqueles com quem a sociedade esteja em guerra.[26] Moisseeff não retoma a ideia de que o político-religioso unifica o social em todas as suas dimensões. Mas ela constrói o cerne dessa combinação entre sistema de mundo, cosmologia, produção do masculino e filiação.

Seria preciso acrescentar que, se falamos em objetos, falamos também em lugar e espaço: os objetos condensam princípios que não devem ser divulgados a qualquer momento, mas que devem ser transmitidos. Em alguma medida, as iniciações são o lugar onde os objetos adquirem sua função. Um lugar é materialmente construído e singular, ainda que aceitemos a ideia de que o político-religioso reúne as relações sociais em um todo. Esse todo se constrói ao construir seu espaço: os homens baruya constroem, a cada quatro ou cinco anos, uma "Casa dos Homens", onde viverão seus filhos quando forem arrancados do universo das mães e das mulheres: cada pai ergue uma coluna dessa casa (*Tsimia*) que delimita o espaço das iniciações de seus filhos, que duram anos. Esse ato coletivo pode ser lido de duas maneiras opostas: Godelier insiste, sobretudo, no fato de que a *Tsimia*

---

25 M. Godelier, *Métamorphoses de la parenté*, op. cit., p. 114.
26 Portanto, uma sociedade não se define unicamente pelo parentesco; id., *Au fondement des sociétés humaines*, op. cit., p. 215.

representa o todo e transcende a diversidade das linhagens. Mas é possível, ao contrário, mostrar que o espaço da *Tsimia* faz da iniciação um conjunto de práticas e provas delimitadas por um espaço singular, aquele mesmo onde os objetos sagrados adquirirão sua função. Entre os objetos e o espaço construído, é a impessoalidade do todo que se instaura. O fato de os Baruya viverem essa objetividade de sua sociedade através da crença no poder dos objetos e na delimitação dos lugares construídos importa menos do que os atos ideais e materiais por meio dos quais eles se reproduzem como um todo singular. Falaríamos com prazer em performatividade dos lugares, dos objetos e dos ritos se esse termo não tivesse o seu uso preferencialmente voltado para as línguas e a fala.

Objetos sagrados, objetos preciosos e propriedade

A descrição das variedades de objetos sociais, variedade das formas de troca (*potlatch*, *moka*, *kula*, *kitoum*), variedade também das práticas pelas quais os objetos que não trocamos entram em funcionamento, a relação entre troca e transmissão intergeracional, impõem uma reflexão sob novos termos acerca da propriedade.

Já vimos que Marilyn Strathern não hesita em afirmar que a propriedade é o mito das sociedades euro-americanas. Ela a confronta, em seus aspectos mais contemporâneos (direito das patentes para invenções técnicas e propriedade intelectual), com a arte dos Melpa na construção de máscaras e estatuetas para renovar a posse dos objetos, a atribuição de capacidades que um morto detinha; essa renovação é um processo longo, que se entremeia na vida social. Fazer uma nova pele para alguém que acaba de morrer é algo que leva anos. Cooperam para esse feito os artistas, as famílias, os amigos, os talentos das mulheres que confeccionam saias com folhas de bananeira e redes para carregar bebês.

Os ritos da morte e a vida social, ao se renovarem, encontram-se interligados, e o que chamaríamos de herança compreende um leque de capacidades e prerrogativas. Ademais, como observa Annette Weiner,[27] a distribuição dos objetos serve para afastar os perigos da bruxaria e da possessão. Os objetos separam espíritos malignos que se podem apoderar de uma mulher ou de um homem.

Godelier, por sua vez, toma cuidado ao mostrar, seguindo os passos de Mauss, como a posse e a propriedade declinam-se de acordo com modalidades diversas nas trocas de bens preciosos: vimos que, no *kula*, os intermediários transmitem um bracelete de conchas ao longo de uma cadeia de possuidores provisórios que vão buscar um proprietário que possa trocar o bracelete por um colar que não voltará, mas chegará ao primeiro proprietário do bracelete. Participar do *kula* é fazer aumentar sua reputação.[28] Essa forma de propriedade dificilmente se encaixaria na distinção hegeliana de posse, propriedade e tomada de posse ou na distinção kantiana de propriedade dos objetos e propriedade das pessoas "de espécie real".

Nessa variedade de formas de troca, é preciso conceder um lugar de honra às transações feitas com o divino, com os mortos, com os seres invisíveis: de fato, é nos "objetos substitutos" dos seres invisíveis que a materialidade dos objetos adquire toda sua importância. Vimos isso com as máscaras aranda na descrição que Marika Moisseeff faz delas: as máscaras são tudo menos representativas, elas materializam o irrepresentável. A substituição na relação dos objetos sagrados com o irrepresentável atribui todo o seu papel ao que chamo, seguindo Moisseeff e Godelier, de opacidade dos objetos. Godelier conclui:

> Estamos nos confrontando com certos tipos de relações do homem consigo mesmo, relações implicadas naquelas que ele estabelece com o mundo que o cerca, relações que são, portanto, sociais, intelectuais e afetivas ao mesmo tempo e que se

---

27 A. B. Weiner, *Women of Value, Men of Renown*: New Perspectives in Trobriand Exchanges. Austin: University of Texas, 1976; Id., *La richesse des femmes*, op. cit.
28 M. Godelier, "O legado de Mauss", in *O enigma do dom*, op. cit., p. 135.

materializam em objetos. [...] E, no curso do mesmo processo, são suas relações sociais que se constroem de modo tal que a opacidade necessária à sua existência, à sua reprodução, possa, ao mesmo tempo, ser produzida.[29]

Objetos e relações na controvérsia Weiner/Strathern. Dissensos sobre o feminino e o feminismo

Uma psicanalista aprende surpreendendo-se com a leitura dos relatos e teorias em antropologia: por um lado, na antropologia de língua francesa, há um paralelo marcante entre essas duas disciplinas acerca do valor de uma abordagem estruturalista dos símbolos sociais e das organizações de desejo. O embasamento inaugural que Lacan foi buscar em Lévi-Strauss por muito tempo determinou, na difusão do pensamento lacaniano, a importância persistente das estruturas significantes na constituição do inconsciente sexuado. Com isso, um debate se impunha, tanto em psicanálise como em antropologia, acerca dos objetos na sexualidade: priorizar os objetos seria menosprezar a importância das estruturas que formam variações correlacionadas de diferenças entre elementos significantes, algo que os objetos ignoram, sempre presos a termos supostamente individuais e dotados de significação? Essa questão perpassa as leituras mais contemporâneas de Saussure, Lévi-Strauss e Lacan. Nos termos de Lacan, trata-se de saber se a categoria objeto em psicanálise está sempre relacionada à categoria Imaginário. A partir de Lacan, cabe a nós avaliar se a invenção da categoria objeto "a", objeto faltante que coincide com um lugar vazio em uma estrutura, é suficiente para resumir os múltiplos papéis dos objetos pulsionais na clínica e na vida social.

Por outro lado, é espantoso constatar a que ponto o debate em antropologia de língua inglesa está diferentemente centrado, quando comparado à psicanálise: seu foco é a questão do gênero e dos poderes masculinos e femininos, mais do que

---

29 Ibid., p. 204.

a do inconsciente sexuado. Não é que os pesquisadores ignorem Lévi-Strauss, que marcou todos os contextos da antropologia, é que a ponte com a psicanálise não foi feita do mesmo modo, e, consequentemente, o debate sobre a importância dos objetos e das estruturas se desenvolve de forma menos categórica. Em todo caso, na controvérsia que opõe Weiner a Strathern, e vice-versa, trata-se mais de objetos e relações do que de objetos e estruturas. Em sua tese *Women in Between: Female Roles in a Male World* (1968) [Mulheres no entremeio: papéis femininos em um mundo masculino], Strathern mostrara que, na sociedade melanésia do monte Hagen, as mulheres são intermediárias: por um lado, a atividade na criação de porcos lhes permite influenciar as decisões dos homens em transações organizadas por eles; por outro, elas são as pessoas a partir das quais novos vínculos de parceria podem ser estabelecidos, uma vez que os sogros e cunhados com quem os maridos trocam porcos e conchas são seus pais e irmãos. Negligenciando o fato de que as mulheres são produtoras de porcos entre os Hagen, Weiner criticava no trabalho de Strathern um androcentrismo – portanto, um antifeminismo – e mostrava que, em outra sociedade melanésia, a dos trobriandeses, as mulheres desempenham tanto o papel de produtoras como o de iniciadoras das trocas, pois fabricam redes e saias – que são distribuídas por elas nas grandes trocas cerimoniais que organizam após o falecimento dos membros da sociedade: não se trata da fabricação dos *malanggans*, mas de rituais complexos conduzidos pelas mulheres que, combinados à concepção do parentesco, permitem "regenerar a sociedade".[30]

Annette Weiner, por sua vez, concorda com Godelier em fazer dos objetos, trocados ou guardados em segredo, ope-

---

[30] "As trocas de bens femininos que as mulheres efetuam entre as pessoas e os grupos religados ao defunto ao fim do período de luto permitem regenerar a sociedade e o cosmos." A melhor síntese dessa controvérsia é feita por Pascale Bonnemère, que introduziu na França a leitura dos trabalhos pouco conhecidos, uma vez que não traduzidos, de Marilyn Strathern: "Marilyn Strathern en Mélanésie: un regard critique sur le genre, les objets et les rituels". *Tracés*, n. 14, pp. 203–21, 2014.

radores decisivos da vida social. Mas, onde Godelier insiste na função de condensação dos objetos, dos quais alguns, mantidos em segredo e não intercambiáveis, comportam as relações de poder hierárquicas e de dominação dos homens sobre as mulheres, Annette Weiner evidencia o papel decisivo das mulheres na fabricação e nas trocas de objetos que conjuram o poder destruidor da morte. Uma e outro não trabalham exatamente com as mesmas sociedades, geograficamente próximas, mas não precisamente no mesmo local: Weiner, nas ilhas Trobriand, e na mesma aldeia onde Malinowski esteve em 1922; e Godelier, na Nova Guiné, um pouco mais ao sul das ilhas da Oceania. Porém, isso não impede que essas sociedades sejam vizinhas.

A sociedade da aldeia de Kiriwina, o campo de Weiner, é diferente. A distribuição das riquezas entre os habitantes das ilhas Trobriand está ligada aos ritos de luto na ocasião das mortes que ameaçam a continuidade dos laços sociais e à concepção da filiação e da aliança. Entre os trobriandeses, o parentesco é complexo: há um parentesco de sangue, *dala*, que liga mulheres e homens aos seus genitores e os prende à linha materna, cujas genealogias são narradas pelos mitos. Entre o parentesco de sangue e o vínculo de um grupo com a terra que ele tem de cultivar, há ao mesmo tempo uma solução de continuidade e uma junção que os mitos narram, como entre os Baruya: as circunstâncias nas quais um *dala* se constitui são distintas do seu estabelecimento em uma terra. Mas, além disso, há um princípio impessoal de continuidade, chamado *baloma*, cuja potência é encarnada nas mulheres, por serem férteis. É por isso que elas intervêm de forma tão decisiva na conjuração do poder da morte. Podem fazê-lo graças aos objetos que fabricam e distribuem nas cerimônias fúnebres, tecendo novamente quase todos os laços sociais dissolvidos pela morte graças à distribuição dos objetos que elas atribuem aos membros do grupo a cada vez caracterizados. A troca não é, portanto, nem somente uma atividade econômica, nem somente uma circulação de significantes que estaria estruturalmente ligada à forma assumida pelas proibições do incesto. "A necessidade de controle sobre todos os bens existentes aparece de modo manifesto durante o período do luto: inhames, taros, objetos de valor, maços de folhas de bananeira, saias, saber mágico e relações sociais, tudo é reunido, reavaliado, reciclado e, então, reconstituído."[31] E a autora especifica que não se trata apenas de nuançar as vontades de poder que se manifestam por meio da redistribuição das riquezas, mas de dar forma, por meio das cerimônias, à "contradição aparente entre os conflitos que opõem os indivíduos entre si e o estado de dependência no qual se encontram uns em relação aos outros".[32] Os objetos dispensam o face a face, a ritualização da troca acentua a separação dos indivíduos. E essa dinâmica contraditória, condensada nos objetos, rege toda a vida social, ainda que se expresse de forma privilegiada nas cerimônias fúnebres, que podem durar anos. Em razão das relações múltiplas entre as trocas e concepções do parentesco (matrilinear, distinguindo o sangue, a terra e o princípio de uma continuidade atemporal que apenas as mulheres podem garantir), os objetos apresentam valências diferentes, a depender de serem produzidos e trocados por homens ou mulheres.

É surpreendente constatar que, quando Annette Weiner descreve a importância da cultura de inhames pelos homens, nada é misterioso:

> No casamento, os homens recebem inhames e dão objetos de valor (à família da esposa). Em troca desses objetos, adquirem direitos sobre seus filhos e filhas, cujo sustento e crescimento eles garantem, tal como seu pai outrora os criou e alimentou. E, como não param de receber inhames, estão constantemente gastando seus próprios bens para aumentar os de sua esposa, cuja importância transcende o tempo histórico no qual o poder dos homens se exerce.

Curiosamente, o único aspecto que faz com que os objetos dos homens adquiram alguma opacidade ou algum valor

---

31 A. B. Weiner, *La richesse des femmes*, op. cit., p. 105.
32 Ibid.

para além dos ciclos de dependência nos quais eles introduzem os homens concerne, mais uma vez, às mulheres: entre os trobriandeses, não há tabu sobre a sexualidade, particularmente não sobre a sexualidade das mulheres e das moças. Para uma moça, a conduta decisiva que a faz tornar-se mulher socialmente é o compartilhamento de uma refeição com um homem. A partir do momento em que é possível vê-la comendo com um homem, ela entra em uma obrigação de limitação estrita dos encontros sexuais. Para os homens, a única relação sexual de que não se deve falar é, para um pai ou um irmão, a que envolve sua filha ou irmã, antes ou depois do casamento. É espantoso, pois a mãe, o tio materno ou as irmãs da mãe deixam correr livremente todos os comentários sobre a vida sexual das meninas. Annette Weiner, com humor, afirma que é por meio das incessantes trocas de inhames com os homens da família da esposa que os homens abordam, sem dizê-lo, a vida sexual de suas mulheres. Aqui, novamente, não apenas os objetos tecem relações, mas servem também para não falar sobre o que se faz.

Por fim, segundo Annette Weiner, a importância dos objetos na troca está atrelada ao fato de que seu poder separador contrasta com o poder das palavras na magia. Ali onde os objetos negociam um ato no lugar de um face a face, salvaguardando a inviolabilidade pessoal, a magia, ao contrário, apodera-se das pessoas. Em particular, ela negocia de um modo completamente outro os riscos de desligamento provocados pela morte: ela desmantela o domínio que um indivíduo exerce sobre outro. O poder das palavras é mais temível do que o poder que consegue passar pelos objetos.

Por meio do papel que desempenham nas distribuições fúnebres, as mulheres dominam, para todos os habitantes de Kiriwina, o tempo a-histórico, o tempo que estabelece uma continuidade entre a identidade *baloma* e o parentesco de sangue *dala*. Portanto, nada comparável, ou melhor, nada idêntico ao papel desempenhado pelos homens entre os Melpa: no monte Hagen, as trocas de porcos e braceletes no *moka* garantem aos homens um papel político, um nome e um prestígio, com as mulheres intervindo como intermediárias, de acordo com Strathern. Em oposição, Weiner apresenta a descrição de uma sociedade na qual as mulheres possuem um papel ativo multiforme e ligado à sua capacidade de procriar. Realmente, o princípio impessoal e atemporal da sucessão das gerações, do qual as mulheres são as garantidoras, passa na vida social graças apenas à fabricação e à troca regrada das riquezas distribuídas durante as várias cerimônias que acompanham o morto e redistribuem suas capacidades entre os clãs, as famílias, após sua morte. Os objetos têm uma função ambígua, e vem daí sua importância: eles separam os membros de um grupo humano, dispensando-os de formular seus antagonismos, e simultaneamente criam relações. A ênfase dada a essas relações possui também um alcance crítico em relação às teorias da dádiva. Weiner acaba escrevendo que a entidade "dádiva", sobre a qual tanto se discorreu desde Marcel Mauss, talvez seja uma ideia por meio da qual os antropólogos das sociedades fundadas na mercadoria imaginem sociedades outras. O "fenômeno social total" ainda isolaria demais as trocas. Nesse ponto, Weiner e Strathern se encontram.

Poderíamos dizer, então, que há entre os trobriandeses objetos e objetos: os objetos das mulheres estão o mais próximo possível do que não pode ser formulado nos antagonismos nascidos da dependência e da competição e, além disso, materializam o que a sociedade pode fazer para conjurar a morte graças à continuidade impessoal que sua materialidade torna tangível.

As autoras anglo-americanas discutem entre si a questão do gênero e dos poderes associados nas diversas sociedades às quais se dedicam: as discussões giram em torno dos privilégios respectivos de homens e mulheres. É correto afirmar que as mulheres são dominadas e relegadas às atividades que não são de importância pública? Ao criticar os primeiros trabalhos de Marilyn Strathern, Annette Weiner a acusa de ter compreendido mal o poder das mulheres nas ilhas do Pacífico Sul. Ao fazer isso, ela teria importado, em suas descrições, uma distinção que pertence à pesquisadora, não à sociedade à qual se dedica: a das esferas pública e privada, que torna ininteligível o papel político das mulheres na produção e distribuição de riquezas.

Mas o objetivo de Marilyn Strathern, nas respostas que dirige a Annette Weiner e aos antropólogos, é radical. Quando compara as estatuetas compósitas, expostas pelos habitantes da Nova Irlanda nas cerimônias, com as patentes, por meio das quais as tecnologias contemporâneas organizam tanto a separação entre objetos e seus inventores quanto a dispersão das capacidades contidas nesses objetos, Strathern almeja mudar de questão: ela não se pergunta, como Moisseeff, se as estátuas são materiais ou espirituais, nem mesmo se podemos pensar os *churinga*, por sua vez, como objetos materiais ou como significantes puros ou autorreferenciais. Ela busca desestabilizar a evidência das categorias sobre as quais repousam as ciências humanas: material e espiritual, sujeito e objeto, indivíduo e social, mas também dominação, feminino e masculino, distinção à qual Weiner permanece apegada.

Marilyn Strathern responde que a descrição do papel das mulheres feita por Weiner também decorre de um preconceito concernente às atribuições respectivas dos gêneros e de uma ingenuidade epistemológica: tal atividade e tal objeto seriam por essência masculinos; tais outros, femininos: as redes de carregar bebê e as saias de folhas de bananeira seriam femininas em razão de sua forma imaginada como maternal e feminina. Sendo que – e é esta a grande contribuição de Strathern em *O gênero da dádiva* – a coloração generificada das atividades sociais decorre das circunstâncias das ações e relações, e não do gênero das pessoas envolvidas nessas atividades.

Dependendo se a troca ocorre entre pessoas do mesmo sexo ou de sexos diferentes, a relação será chamada de masculina ou feminina, o que nega qualquer qualificação generificada aos objetos em si e também qualquer determinação fixa de gênero à pessoa. "Masculino/feminino", essa dualidade, como a de indivíduo e sociedade, repousaria ainda sobre uma noção pouco rigorosa da unidade de um corpo, de uma pessoa, de um objeto. O que é produzido, seja uma nova pessoa ou uma atividade, conserva uma diferenciação interna que é desconhecida pelas oposições entre corpo e pensamento, indivíduo e sociedade, masculino e feminino, até mesmo pais e filhos: as crianças não seriam uma nova unidade que aboliria sua origem contrastante, diferenciada. Essa disparidade interna permanece efetiva no que tomamos por unidades. É difícil para nós conceber o compósito, todavia isso é indispensável para compreender os melanésios...

O cerne da crítica de Strathern concerne, na realidade, às categorias de indivíduo e sociedade, em antropologia e filosofia política. "Assim, concebemos a sociedade como uma força ordenadora e classificadora e, nesse sentido, como uma força unificadora que reúne pessoas que, de outra forma, se apresentariam como irredutivelmente singulares. As pessoas [...], como indivíduos, são imaginadas como conceitualmente distintas das relações que as unem."[33]

Que a filosofia política conceba as relações de outro modo que não a partir da moldura de dualidade entre os indivíduos e o todo social não é algo novo: seja na crítica de Althusser à "totalidade expressiva" de Hegel ou na crítica de Deleuze às metáforas de uma organização política em benefício da ideia de um corpo sem órgãos irredutível a essa "força unificadora". Para Strathern, trata-se de afastar-se da distinção, comum às sociedades democráticas e jurídicas, entre indivíduo e sociedade. Mas Strathern o faz de uma maneira específica: não se pode dizer, ela afirma de início, que as pessoas tenham dentro de si uma socialidade que suscitaria seu pertencimento ao coletivo. Entre os melanésios, uma pessoa é descrita como compósita e plural [*plurale*], mais do que plural [*plurielle*].[34] A imagem da relação mãe-criança é aqui prevalecente e se opõe à de uma sociedade no masculino, que repousa em um processo de "despluralização". Mas essas primeiras formula-

---

33 M. Strathern, *O gênero da dádiva*, op. cit., p. 40.
34 "*Plurale*": que contém diversos elementos, diversas unidades; "*plurielle*": categoria gramatical que indica pluralidade, antônimo de singular. Na ocorrência em questão, pode-se entender que, para os melanésios, uma pessoa é descrita como plural mais no sentido de ser diversa do que no sentido de ser muitas. [N. T.]

ções não satisfazem Strathern: "Não basta [...] concluir que os melanésios simbolizam a vida coletiva como uma unidade, enquanto as pessoas são compósitas",[35] pois uma tal mudança permanece tributária da suposta dualidade entre indivíduo e sociedade.

Strathern pensa que a teoria da dominação, tanto a de Godelier quanto a do feminismo, permanece inscrita nesse dualismo ilusório de indivíduo e sociedade; pois, nas teorias da dominação, considera-se que um desses dois termos modifica ou controla o outro do exterior. Porém, trata-se de não apagar a disparidade interna em função do que é chamado de coletivo. Por exemplo, "embora os eventos coletivos de fato reúnam diferentes pessoas, não é para 'transformá-los' [os indivíduos] em seres sociais".[36] Ao contrário, pode-se mesmo sustentar que "tais eventos coletivos despluralizados[37] têm para eles [os indivíduos] um caráter tão amoral e antissocial como o têm as pessoas autônomas preocupadas apenas com o seu próprio interesse".[38]

Individualizar as pessoas é conceber um grupo como o que elimina as diferenças internas. Porém, "quando uma pessoa singular ou um grupo coletivo entra em relação com outro, essa relação se sustenta na medida em que cada uma das partes seja irredutivelmente diferenciada da outra. [...] O vínculo ou aliança entre elas não pode ser subsumido sob uma coletividade mais abrangente, pois a díade é uma unidade apenas em virtude de sua divisão interna".[39]

Muitas leitoras e leitores consideraram essa estratégia desconstrutiva e criticaram, por exemplo, a ideia de que as pessoas são "divíduos", e não indivíduos. Mas o alcance dessa noção de "divíduo" aparece melhor se a conectarmos ao fato de que Strathern analisa processos: por exemplo, ela retoma

---

35 M. Strathern, *O gênero da dádiva*, op. cit., p. 41.
36 Ibid.
37 M. David-Ménard, em sua tradução de Strathern, fala em "*événements collectifs et libérés du pluriel* (many)" [eventos coletivos e libertados do plural (*many*)]. [N. T.]
38 M. Strathern, *O gênero da dádiva*, op. cit., p. 41.
39 Ibid, p. 42.

a análise das iniciações de meninos que acontecem tanto entre os Sambia como entre os Baruya. Na Casa dos Homens, tão bem descrita por Godelier, trata-se de transformar meninos em homens extraindo de seu corpo o poder paterno que eles não possuem de início:

> Os Sambia constroem uma persistente assimetria na relação entre os homens; os mais velhos fazem crescer os mais moços, numa parceria coercitiva que torna os meninos objetos dos atos dos homens. Pois o que os homens colocam nos meninos precisa ser expelido: a potência paternal dos meninos (= dos homens). Como os objetos das relações dos homens, os meninos prefiguram o resultado de sua interação. O resultado prefigurado dá à economia da dádiva a sua forma cultural.[40]

Extrair uma potência, é isso que é estabelecer uma relação que separa, no sentido de Strathern. O mesmo vale para as relações entre sexos diferentes: não somos mulheres, tornamo-nos mulheres ao nos separarmos, por meio dos ritos que colocam em jogo objetos e pessoas, do masculino que também somos. As determinações de gênero não são dadas às pessoas de imediato. Elas pressupõem todo um trabalho cultural. Strathern toma distância da teoria marxista da exploração e, ao mesmo tempo, da análise de gênero. Ambas isolariam demais os objetos, o que é típico do pensamento ocidental, enquanto entre os Sambia, por exemplo, ou em Hagen, a criação dos porcos que é feita pelas mulheres com a contribuição dos homens serve para estabelecer relações culturais novas: os porcos são transformados por sua função social nas trocas *moka*. A palavra que vem ao espírito aqui é o termo hegeliano *Aufhebung*. Certamente, os porcos estão sempre presentes nas trocas, mas não é o valor de troca que é criado pela cultura: são vínculos novos entre pessoas, para o quais a criação de porcos e as modalidades complexas de troca cerimonial garantem o que Strathern chama de transformação. Ela diz, inclusive, que prefere o termo "transformação" ao termo

---
40 Ibid, p. 328.

"conversão", pois apenas o primeiro insiste na novidade dos vínculos criados. As noções de valor de uso e valor de troca atribuem importância demais aos objetos em si, ao passo que, entre os Sambia e no monte Hagen, eles são materiais que produzem relações. Incorreríamos na tentação de empregar o termo "significante" (os porcos como significantes de uma relação cultural inédita), se Strathern não insistisse na ideia de que a cultura é transformação. Os porcos e os objetos não são apenas significantes de uma estrutura – aliás, nada indica que eles façam parte de um sistema como em Saussure e Lévi-Strauss –, mas servem para produzir uma realidade específica: o importante é descrever a transformação, mais do que definir as leis do sistema estruturado. Tomar distância, como eu dizia, vale também para as categorias de gênero que atuam como se fosse possível isolar, aqui novamente, essa diferença, sendo que ela só existe graças à transformação do papel das mulheres e dos homens na subsistência doméstica. Strathern concorda que é na troca *moka*, realizada pelos homens, que a criação cultural, a transformação tanto das relações domésticas como dos objetos porcos, acontece. Mas ela afirma que as relações entre homens e mulheres na esfera familiar, mesmo que se trate de uma atividade conjunta, não criam nada por si mesmas. E, por outro lado, os objetos porcos não comportam "trabalho incorporado", sob o pretexto de que as mulheres, com a ajuda dos homens, criam-nos. Apenas o círculo de troca *moka* cria simultaneamente a cultura e a relação cultural mulher / homem. A problemática dos gêneros atribuídos às pessoas e a problemática dos objetos e da exploração congelam as transformações.

Não existiria aí uma proximidade notável com o processo de uma análise, que consiste em atravessar as fantasias sobre o masculino, o feminino e todas as suas relações imagináveis na história de um sujeito e de seus antecedentes? A afirmação de que somos "divíduos"[41] e de que criar relações é

---

41 Pascale Bonnemère, no estudo que consagra aos trabalhos de Marilyn Strathern, compartilha de sua crítica à unilateralidade das teses de Maurice Godelier e Gilbert Herdt. A iniciação, na socie-

separar-se condiz com a ideia de que entrar em relação sem destruir a diferença interna é deixar que uma característica se desprenda de si, e não buscar uma unidade mais vasta. Disso, novamente, decorre que "uma pessoa no singular [*single*], um compósito, não se reproduz".[42] Entre as pessoas e a sociedade, Strathern prefere falar em analogia em vez de em uma hierarquia na qual o todo domina os indivíduos.

Do ponto de vista epistemológico, ainda que misture as referências de forma sabiamente desordenada, Strathern encontra o Foucault de *A arqueologia do saber* ao qual venho me referindo desde o início desta obra: a unidade sintética que se pode construir em um trabalho de comparação de diversas sociedades pertence ao espírito do pesquisador, e não àquilo com que ele está lidando. O melhor exemplo em antropologia é a teoria da dádiva de Mauss: "quando Mauss sustentava o uso do termo '*don*' [dádiva] (*gift*) para designar as economias fundadas na troca de bens (*gift*), ele tinha em mente o contraste com as 'economias chamadas naturais' ou 'utilitaristas'. A ideia de mercadoria nos permite organizar uma série de dados 'diferentes'".[43] Mas isso tem apenas um valor heurístico e indica um limite, e não um conhecimento novo: "Uma cultura dominada por ideias concernentes à propriedade privada somente pode imaginar a ausência dessas ideias (em outra sociedade) a partir do modo particular da oposição entre mercadoria e dádiva".[44]

---

dade melpa, não tem como única função organizar a dominação dos homens sobre as mulheres, mas "mudar a capacidade de ação". Por outro lado, na sociedade ankave, que é o seu campo, nada corresponde ao que Strathern chama de divíduos: "não existem então nessa sociedade práticas que visem a, em termos estritos, 'desprender partes de pessoa' durante as iniciações"; P. Bonnemère, "Marilyn Strathern en Mélanésie", op. cit.; id., *Agir pour un autre*. Aix-en-Provence: Presses de L'Université de Provence, 2015, pp. 205–13.

42 *Tracés*, op. cit., p. 14.
43 Ibid., p. 19.
44 Ibid., p. 18.

Concluamos no que diz respeito ao alcance da polêmica Weiner-Strathern: a insistência de Weiner nos objetos e no papel das mulheres concebidas como uma entidade levaria, então, a uma falsa pista: os maços que as mulheres arranjam e distribuem durante as cerimônias fúnebres não são o apanágio do feminino sob o pretexto de que, como as lianas que elas reúnem, remeteriam à fertilidade. As saias de folhas de bananeira também não. Strathern se afasta dessa concepção do simbolismo, considerada "imaginária" demais, não suficientemente estrutural no sentido lacaniano e lévi-straussiano desses termos. Contudo, quanto ao fato de que a dádiva é certamente uma entidade comparativa sem valor ontológico, as duas antropólogas estão de acordo.

Esse debate torna-se, então, ainda mais interessante para uma analista na medida em que lembra o debate desenvolvido nos trabalhos em língua francesa em torno do estruturalismo e dos objetos em linguística, antropologia e psicanálise.[45] Ao mesmo tempo, os termos dos debates diferem. Porém, a alternativa que separa os construtivistas e os essencialistas no debate anglo-saxão não toma por guia nem a especificidade da sexualidade nem o inconsciente freudiano como capazes de fornecer um novo conceito da diferença. Mas a atenção concedida às relações converge com o estruturalismo. Nos dois casos, o que se tem de fato é um pensamento da relação e da diferença, e até mesmo de um sistema de diferenças que variam em uma mesma direção ou em mecanismos de inversão, quaisquer que sejam seus suportes no registro da significação, da função ou dos objetos.

Na polêmica de Strathern e Weiner, são preciosos os exemplos não utópicos de junção entre registros da vida social que nos parecem naturalmente separados: a morte, a transmissão de bens e capacidades, a arte e a construção de estatuetas efêmeras, as trocas de bens e as concepções de parentesco, filiação e aliança. O direito de propriedade nas sociedades

---

45 No campo da antropologia, remetemos, por exemplo, a Jean Balzin e Alban Bensa, "Les objets et les choses: des objets à la Chose". *Genèses: Sciences Sociales et Histoire*, n. 17, pp. 4–7, 1994.

democráticas não é apenas fundado em uma metafísica que separa vontade e coisas inanimadas, é também uma criação que isola a relação com os objetos da experiência social da morte (salvo sob a forma restrita da herança), do potencial das artes como transformação temporal e material da ausência e da presença, da criação de coisas materiais partilháveis por aqueles que continuam vivos. Os Melpa, os trobriandeses, os Aranda ou os Baruya fazem com que as coisas façam muito mais coisas na vida social do que o fazem as sociedades modernas. Como essas sociedades se arranjam para transformar os conflitos e as violências que elas também conhecem? Fazer circular objetos determinando todas as relações descritas por Weiner, por exemplo, evita a violência dos face a face mortais e sob que condições? A propriedade, no direito moderno, assume a responsabilidade dessa transformação das violências? Como veremos, a questão local da propriedade da madeira morta, inclusive e sobretudo em seu caráter animista, aparecia claramente para Marx como uma questão-chave dos antagonismos sociais e políticos.

[5] OBJETOS E LUGARES DO POLÍTICO: MARX E O ANIMISMO

Os trabalhos de Maurice Godelier são de grande interesse para minha pesquisa sobre os objetos e a propriedade, por organizarem o cruzamento de duas questões cuja articulação busco.

Por um lado, Godelier defende que o político é o que unifica, como se dizia desde Hegel, "todas as instâncias do todo social". Ele sustenta sua posição ao estudar os objetos que não passam pelas trocas, mas que servem, durante as iniciações, para transmitir a dominação dos homens sobre as mulheres e as hierarquias sociais. Se os *kwaimatnié* são mantidos em segredo, é porque contêm as chaves míticas da dominação. E essas chaves resumem o essencial das práticas e dos costumes da sociedade baruya. O segredo tem aqui, assim como o Estado hegeliano, um papel totalizador, para todas as esferas da vida social. Ora, lendo bem Marilyn Strathern, a antropologia nos conduz, antes, a desconstruir essa função supostamente unificadora e totalizante do Estado. Ao mostrar que a propriedade, por exemplo, faz circular as diversas instâncias da vida social e circula em conexões dificilmente concebíveis em nossas sociedades, a antropologia contemporânea apresenta uma concepção local dos poderes. Marilyn Strathern poderia subscrever a ideia de Marc Abélès segundo a qual convém, na globalização do século XXI, "pensar para além do Estado", como no título de uma de suas obras [*Penser au-delà de l'État*].

A segunda questão decisiva que Godelier permite colocar é, como vimos, a da articulação entre gênero e sexualidades em uma sociedade. Em sua análise, unificação dos poderes concerne, antes de tudo, à instauração da dominação masculina.[1] Nesse aspecto, ele permite um confronto entre as pesquisas recentes dos antropólogos anglófonos e francófonos sobre o gênero e as sexualidades. Mas, no ponto em que estou de minha investigação sobre os objetos e a propriedade, essas duas problemáticas permanecem distintas, ainda que tenhamos a intuição de que tanto as políticas do gênero como as teorias das sexualidades se orientam na direção de uma crítica à centralidade do Estado e de um interesse pelos fenômenos considerados marginais ou, segundo o termo usado por Deleuze e Guattari, pelos fenômenos minoritários, que exigem muito mais uma análise da dispersão dos poderes do que da centralidade do poder.

Em terceiro lugar, os trabalhos de Godelier possuem ainda outra dimensão: ao descrever diversas modalidades de troca que não se reduzem às trocas mercantis nem ao "fenômeno social total" descrito por Mauss, Godelier se distancia também da tradição marxista clássica, que inscrevia a teoria das trocas no âmbito estrito das relações entre o modo de produção econômico e a crítica do Estado e do direito. Insistindo no papel político das coisas "que não devem ser nem vendidas nem dadas, mas guardadas para serem transmitidas",[2] Godelier abria uma brecha naquilo que era considerado,

---

1   Essa tese é nuançada por Pascale Bonnemère não apenas no número especial da revista *Tracés*, já citada, mas também em sua última obra, *Agir pour un autre*, op. cit.
2   M. Godelier, *Au fondement des sociétés humaines*, op. cit., p. 75. O título do primeiro capítulo da obra é "Des choses que l'on donne, des choses que l'on vend et de celles qu'il ne faut ni vendre ni donner, mais garder pour les transmettre" [Coisas que damos, coisas que vendemos e coisas que não devem ser nem vendidas nem dadas, mas guardadas para serem transmitidas].

desde Kant, Hegel e Marx, a articulação fundamental das sociedades capitalistas e democráticas. Mesmo se sustentarmos, com Godelier, que os objetos (alternadamente colocados em segredo e em funcionamento durante os rituais de iniciação) contêm o que unifica as relações de poder de uma sociedade, essa unificação dos poderes se forma de outra maneira, segundo o antropólogo, que não pelo papel constituinte (Hegel) ou ilusório (Marx) do Estado. O Estado, para Hegel, reorganiza por meio de normas de fato universais as leis unicamente mecânicas e, por isso, ainda contingentes da concorrência que reina na sociedade do trabalho. Nos termos que utilizei anteriormente, os objetos que servem para a transmissão dos poderes circulam na Oceania de modo bem diferente do que na relação entre sociedade civil, direito e Estado. É sobre esse "circular de modo bem diferente" que, de acordo com as descrições da filosofia política, a antropologia é preciosa.

Por essa via, torna-se possível uma releitura de Hegel e Marx: não teríamos perdido de vista, particularmente nesses autores, outras direções de pensamento que não o enfoque exclusivo na relação da sociedade civil com o Estado? É nessa perspectiva que propus reler os textos de Hegel sobre o direito abstrato, que a princípio está relacionado ao direito privado, mas que, espero ter mostrado, poderia muito bem comportar um aspecto que, em outras sociedades, não hesitamos em chamar de animista. As afirmações de Marilyn Strathern são violentas no que concerne às partilhas das quais vive ou vivia até recentemente a teoria das trocas, do direito e do político, mas convém levar muito a sério sua ideia de que a propriedade é nosso mito: com o direito das propriedades e das patentes, nós fazemos uma pele para nós mesmos, ela afirma, como a sociedade do monte Hagen o faz com os *malanggans*. A grande diferença, cuja dimensão precisamos avaliar, é que a propriedade no monte Hagen liga explicitamente ritos de luto, arte e transmissões distribuídas no tempo e entre vários membros. Nós, ao contrário, isolamos a propriedade nos objetos considerados exteriores e desfazemos a ligação entre corpos, morte e transmissão.

Não se trata de dizer novamente, com Proudhon, "a propriedade é um roubo",[3] nem de apenas denunciar a apropriação privada dos meios sociais de produção no capitalismo, pois essas duas críticas permanecem aprisionadas na suposta fragmentação do real entre sociedade civil e Estado. Trata-se de rever essa própria distinção, à luz dos trabalhos de certos antropólogos que não se satisfazem em desenraizar-se, mas que almejam compreender o que é a troca e o que é a propriedade ali onde só as enxergamos confusamente. A esse respeito, a reaproximação entre as patentes e os *malanggans* é exemplar.

Por que se interessar pelas leis sobre o furto de madeira de 1842?

Mas o que aconteceria se descobríssemos que o próprio Marx não está sempre encerrado nas categorias fixas atribuídas a ele, que suas análises concretas às vezes também abrem outras vias que não aquelas da crítica ao universalismo do direito burguês e capitalista? Se descobríssemos, por exemplo, que ele às vezes recorre a um componente animista da propriedade que é difícil de ser inscrito unicamente na crítica ao formalismo do direito?

Os fatos em questão são agora conhecidos, mas a avaliação de seu alcance permanece delicada: em 1842, Marx redigiu diversos artigos sobre duas questões debatidas na Dieta Renana [Sexta Assembleia Provincial Renana] que concerniam à defesa dos viticultores do Mosela e às novas regulamentações sobre o "furto" da madeira morta.

Marx, ao longo dos argumentos que desenvolve, invoca um "direito da pobreza": a pobreza sente na madeira morta caída das árvores a comunidade de pertencimento entre as coisas consideradas naturais e a penúria dos pobres. O que se tem é uma "pulsão jurídica". Isso justifica para Marx que não

---

3   Pierre-Joseph Proudhon, "A propriedade é um roubo" (extrato) [1840], in *A propriedade é um roubo e outros escritos anarquistas*, trad. Suely Bastos. Porto Alegre, L&PM, 1998.

se considere um crime a coleta da madeira morta, que permite aos despossuídos se proteger do rigor do inverno e, justamente, permanecer vivos, eles que são como esses galhos secos, socialmente mortos.

> A própria natureza representa [*stellt... dar*] nos gravetos e galhos secos, quebrados, separados da vida orgânica, em contraste com as árvores e os troncos firmemente enraizados, cheios de seiva, assimilando ar, luz, água e terra na forma que lhes é própria e em sua vida individual, como que o antagonismo de pobreza e riqueza. É uma representação física de pobreza e riqueza. A pobreza humana sente essa afinidade e deriva desse sentimento de afinidade seu direito de propriedade, de modo que, deixando a riqueza orgânico-física para o proprietário premeditado, ela reivindica a pobreza física para a necessidade e sua contingência. Ela sente nessa atividade das potências elementares uma potência amistosa que é mais humana [*humaner*] que a potência humana [*menschliche*]. A arbitrariedade contingente dos privilegiados foi substituída pela contingência dos elementos, que arrancam da propriedade privada o que ela não larga mais por si só.[4]

Como medir, no texto de Marx, o alcance dessa identificação imediata e impessoal da pobreza com aquilo que foi destruído ao ser separado da vida das árvores?

Devemos a primeira tradução para o francês e o comentário histórico precioso desses textos a Pierre Lascoumes e Hartwig Zander. Eles, como todos os leitores posteriores, insistem no fato de que Marx coloca o direito burguês frente a frente com suas contradições: a alegada universalidade da lei não tem apenas o efeito de reduzir ainda mais os recursos dos pobres. Os debates na Dieta mostram que, na prática, os interesses privados escapam à rede do suposto valor universal da lei. A edição crítica de Pierre Lascoumes e Hartwig Zander data de 1984 e

---

4 K. Marx, *Werke, Artikel, literarische Versuche bis März 1843*, op. cit., pp. 208–09 [ed. bras.: *Os despossuídos*, op. cit., p. 89]. [N. T.: os colchetes que indicam os termos originais em alemão são da autora.]

inscreve-se na continuidade do debate sobre a pertinência ou a não pertinência das questões colocadas por Althusser: pelo fato de ainda não falar do proletariado, e sim dos pobres, tratar-se-ia de um texto do jovem Marx e, sendo esse o caso, seria preciso admitir uma ruptura epistemológica radical entre os escritos do Marx humanista e a fundação posterior do materialismo histórico, ciência da história? Os autores dessa edição recusam a tese althusseriana, contudo encaram essa passagem sobre a identificação animista dos pobres com a mortificação na natureza vegetal como um aspecto provisório no pensamento filosófico de Marx. Quando Marx fala do proletariado, ele não tem mais necessidade de invocar nem "os pobres" nem, principalmente, "a pobreza".

De acordo com essa leitura marxista clássica, Marx denuncia a abstração do direito de propriedade burguês de usar e abusar de uma coisa, mas não se volta para uma defesa do regime feudal da propriedade das terras, o qual admitia uma incerteza no direito de uso de certos bens de que os camponeses pobres se beneficiavam. Esses camponeses podiam, por exemplo, aquecer-se com a madeira morta que recolhiam ou vendê-la localmente sem incorrer em sanção legal. Lascoumes e Zander mostram também que, para Marx, a questão não é definir nem justificar a noção de "bens comuns". Não se pode, portanto, tomar por base o direito feudal nem para corrigir o absolutismo da propriedade no regime capitalista nem, tampouco, para fazer da defesa do direito da pobreza por Marx o início do que mais tarde seriam chamados de direitos sociais (Gurvitch). Para esses autores de um marxismo clássico, não se pode reformar o direito capitalista de propriedade, cujo conceito foi fixado de uma vez por todas como abstrato, isto é, como responsável pelo apagamento das relações de produção.

Daniel Bensaïd, filósofo e militante trotskista, apresentou em 2007 uma segunda leitura,[5] que abre uma distinção reno-

---

5 Daniel Bensaïd, "Os despossuídos: Karl Marx, os ladrões de madeira e o direito dos pobres" [2007], in Karl Marx, *Os despossuídos*, op. cit.

vada entre direito de existência e direito de propriedade. Ele identifica no texto de Marx uma crítica à distinção entre o privado e o público no direito. Compara o furto de madeira ao furto de pão, de que falavam Marat e Robespierre, e centra sua análise no direito da miséria. Mas mostra também que, na era da internet, o monopólio privado está novamente em discussão: não mais, a exemplo dos liberais, como entrave à concorrência, mas como entrave à livre cooperação. Daniel Bensaïd afirma que o *software* livre abre caminho para uma redefinição do domínio público. Uma terceira abordagem é feita por Frédéric Zenati,[6] que, sem lhe atribuir uma perspectiva revolucionária, inscreve a intervenção de Marx na reavaliação da propriedade: de relativa e às vezes incerta, a propriedade se torna absoluta e, ao mesmo tempo, abre passagem para o estatuto de bens comuns.

Uma quarta leitura, apaixonante para o meu propósito, é devida a um jurista e filósofo do direito, Mikhaïl Xifaras.[7] Ele, por sua vez, também insiste em que, para denunciar o fato e as consequências ambíguas, Marx reconhece a nova concepção, universalista, do direito de propriedade. Mas, sobretudo, Xifaras estabelece um diálogo fictício entre Foucault e Marx: Foucault,[8] fazendo alusão ao texto de Marx sobre o furto de madeira, estabelece mais que uma analogia e menos que uma homologia entre a invenção da prisão e a do trabalho assalariado: haveria, fora de toda e qualquer perspectiva causalista, dois aspectos de um poder disciplinar que inventa um meio de controlar o tempo dos trabalhadores e o dos prisioneiros e, com isso, produz um novo tipo de transgressão: os ilegalismos. A proibição do "furto" de madeira seria, para Foucault, uma consequência e um exemplo dessa função disciplinar

---

6 Frédéric Zenati, *Essai critique sur la nature de la propriété* (tese). Lyon: Université Jean Moulin, 1981. O autor retomou o essencial desse trabalho em *Les Biens*. Paris: PUF, 1988.

7 Mikhaïl Xifaras, "Illégalismes et droit de la société marchande, de Foucault à Marx". *Multitudes*, n. 59, pp. 142–51, 1995.

8 M. Foucault, *A sociedade punitiva* [1972–73], trad. Ivone C. Benedetti. São Paulo: WMF Martins Fontes, 2016; id., *Vigiar e punir* [1975], trad. Pedro Elói Duarte. Petrópolis: Vozes, 2013.

das regras que modifica as infrações: ilegalismo, e não mais crime de transgressão de uma lei.

Assim como Xifaras, Foucault conjetura sobre a contribuição de Nietzsche na *Genealogia da moral*: introduzir uma medida sistemática na relação entre crime e punição não é filantropia de uma sociedade civilizada que testemunharia o fim do encarceramento por dívida, mas uma ruptura nas políticas punitivas. Ninguém vai mais à prisão por dívida se pode pagar uma multa pela infração.

Mas Xifaras mostra que Foucault permanece em uma oposição simples demais entre crime cometido contra a lei soberana e ilegalismos produzidos pelas novas regras disciplinares, particularmente pela prisão e pelas violações às disciplinas do trabalho. Reduzida assim a redefinição da propriedade no início do século XX a um exemplo de luta contra os ilegalismos, Foucault negligenciaria o que, nela, de fato produz novas relações sociais e uma nova forma de dominação e exclusão.

A invenção do patrimônio

Os parlamentares querem avaliar financeiramente o suposto dano para quantificar a punição. Eles consideram, então, a madeira morta parte do patrimônio do possuidor. Ao mesmo tempo, o que se torna mensurável é a equivalência entre a grandeza da infração e a grandeza da punição. Tal é o alcance antropológico da desaparição do encarceramento por dívida. Com o fim das práticas de crueldade, os cidadãos passam a responder por suas dívidas com seu patrimônio, é o patrimônio que determina o crédito. Foucault, referindo-se unicamente ao direito penal, dizia que as pessoas vão presas quando não têm salário. No direito civil é o contrário, afirma Xifaras, pois patrimônio – do qual a força de trabalho é um componente – não é uma noção de direito penal: o fato de que doravante as pessoas não vão mais presas por dívidas se tiverem trabalho pode ser compreendido de duas maneiras, mas Foucault apreende apenas uma.

Foucault interroga a relação entre prisão e trabalho assalariado, observando que, "quando alguém não é capaz de pagar uma multa, é levado à prisão" e concluindo que "a multa aparece como o 'substituto da jornada de trabalho'". Tudo isso não é de fato errado, mas permanece limitado ao encarceramento por dívida no domínio penal. Todavia, é no direito civil que a estrutura jurídica da "forma salário" (o patrimônio) se deixa perceber. Ora, no direito civil, é o inverso que se produz: não somos mais levados ao encarceramento por dívida porque finalmente alcançamos a dignidade de sujeito dotado de um patrimônio, capaz de vender sua força de trabalho em um mercado capitalista, mas somos levados à prisão quando esse patrimônio está realmente esvaziado demais para que possa responder com eficácia aos compromissos do seu titular nos ditos mercados.[9]

Foucault apenas concebe a produtividade do direito negativamente, como produção de ilegalismos, de desvios, marginalidades, ao passo que a abolição do encarceramento por dívida é uma consequência da invenção positiva da noção de patrimônio no direito civil. Xifaras não escreve essas linhas para justificar a sociedade capitalista nascente, mas para dar uma resposta, com Marx, à seguinte questão: o que acontece em uma sociedade quando começamos a determinar o valor da madeira morta, caída das árvores? Marx viu, em seus artigos sobre o "furto" de madeira, que a introdução da medida no direito, e não apenas no regime das penas, cria uma nova forma de cidadania e uma radicalização da exclusão. "Marx vai mais longe que Foucault", afirma Xifaras: esse exemplo do "furto" da madeira morta não é de jeito nenhum uma consequência entre outras da mudança de estatuto do direito ao se emancipar da soberania e da lei. A noção de ilegalismo deixa o "furto" de madeira encerrado no direito penal: o ato de recolher a madeira morta caída é qualificado como infração. Mas, de acordo com Xifaras, nesse ato se produz socialmente

---

9 M. Xifaras, "Illégalismes et droit de la société marchande, de Foucault à Marx", op. cit.

outra coisa, algo que não é dito pela punição da infração: a novidade é que medimos o valor da madeira do mesmo modo como medimos o valor de todos os bens. Com essa medida (joguemos com o termo medida), não é apenas que a propriedade tenha se tornado absoluta no que ela podia se manter incerta no direito antigo, é que a medida homogeneíza todos os tipos de coisas que um sujeito de direito possui, isto é, define o sujeito de direito pela soma de suas propriedades. Tudo que uma pessoa possui é unificado pelo valor financeiro de seus "pertencimentos". Uma nova antropologia se cria: o conjunto dos bens torna-se a interface entre indivíduo e mundo exterior. Há então uma criatividade do direito que faltou a Foucault. Marx, ao contrário, descreve precisamente o que passa a ocorrer na abstração do direito: tudo se torna mensurável porque tudo se torna suscetível de ser objeto de propriedade. É preciso avaliar o valor da madeira "furtada" como o de qualquer outro bem. O estabelecimento de uma igualdade entre a infração e a pena incorrida constitui apenas o aspecto penal. Por essa avaliação, toda relação pessoal entre o ladrão e o proprietário desaparece – Marx o assinalou antes de Nietzsche –, e, juridicamente, coloca-se fim ao encarceramento por dívida (à crueldade, dizia Nietzsche). Nietzsche é a fonte comum a Xifaras e Foucault. Mas a correlação entre a abolição do encarceramento por dívida e o sucesso da prisão permanece vaga, de acordo com Xifaras. É preciso compreender diferentemente de Foucault a abolição do encarceramento por dívida. Convém não isolar a prisão como produção de um novo regime de punição e, consequentemente, de um novo tipo de infração. A nova arte de punir supõe um novo tipo de propriedade que produz um novo tipo de exclusão para aqueles que não possuem nada e que, portanto, não têm acesso à existência jurídica. Quando se cria um mercado capitalista da madeira morta, aqueles que não possuem patrimônio não possuem existência jurídica. Tal é o alcance da proibição de se aquecer com a madeira morta.

Xifaras atribui, então, um novo alcance jurídico e antropológico à instauração da medida "justa" das penas. Essa medida define o cidadão por suas propriedades. A política se joga em certos detalhes. Marx, nessa intervenção sobre o que se torna um furto de madeira segundo os termos da lei, não se contenta em denunciar o Estado como superação ilusória das contradições da sociedade civil, ainda que o faça brilhantemente ao esmiuçar as inconsequências de tais artigos de lei sobre o furto da madeira. Ele também não joga as disciplinas contra as leis. Mais foucaultiano do que Foucault, Marx mostra que é no direito que se decidem as modificações decisivas das relações de poder. Eu dizia que essa abordagem é apaixonante para meu propósito, que consiste em adotar o tema dos objetos como fio condutor para conceber o caráter local do político. O furto de madeira é uma questão local. Mas, ao mesmo tempo, coloca em questão a distinção entre direito privado e direito público e a pertinência da distinção entre sociedade civil e Estado. É nos fatos miúdos e nas invenções locais que se jogam as modificações políticas decisivas.

Marx é apenas um racionalista clássico de estilo rebuscado?

A leitura mais recente desse texto profícuo de Marx, e que convoca todas as leituras precedentes, é a de Pierre Dardot e Christian Laval em *Comum: ensaio sobre a revolução no século XXI*.[10] Essa obra se atém à estranheza do texto de Marx quando ele escreve que "a natureza exibe de certo modo a oposição entre a pobreza e a riqueza".[11] Os autores criticam nesse texto de Marx um "caráter natural da afinidade" entre madeira morta e pobreza. Eles traduzem assim: "'A pobreza humana', escreve Marx, 'sente esse parentesco [*fühlt diese Verwandtschaft*] e deduz desse sentimento de parentesco seu direito de propriedade'".[12] Por um lado, os comentadores se insurgem

---

10 Pierre Dardot e Christian Laval, *Comum: ensaio sobre a revolução no século XXI* [2014], trad. Mariana Echalar. São Paulo: Boitempo, 2017.
11 Ibid.; ver, neste volume, pp. 160–61. Quando Marx fala em dedução, ele emprega os termos "*schliessen*" e "*Schluss*"; *Werke, Artikel, literarische Versuche bis März 1843*, op. cit., p. 204.
12 P. Dardot e C. Laval, *Comum*, op. cit.

contra esse apelo feito por Marx a uma natureza das coisas que as leis deveriam respeitar. Mas trata-se realmente de um naturalismo? Por outro, eles não indicam qual termo alemão estão traduzindo por "deduzir". Porém, Marx emprega o termo polissêmico *"ableiten"*,[13] que quer dizer tanto "tirar de" quanto "deduzir". Os dois autores escolhem, portanto, uma leitura exclusivamente racionalista de Marx, segundo a qual se trataria de uma analogia entre as relações sociais e a natureza. Essa analogia teria o inconveniente de colorir o texto de Marx de um naturalismo residual. Eles insistem, ao contrário, no fato de que Marx não fala apenas do sentimento de parentesco da pobreza com a madeira morta, mas também da coleta como atividade de ordenação dos objetos que não são objeto de nenhuma atividade por parte dos proprietários das árvores. Desse ponto de vista, o exemplo da madeira morta teria a mesma função que o das bagas silvestres ou o dos mirtilos. Essa valorização dos pobres está, de acordo com Dardot e Laval, relacionada à leitura feita por Marx das obras de Fichte: sua filosofia do direito insiste, com efeito, na livre atividade que funda um direito e que pode ser determinada "pelo objeto sobre o qual ela se exerce" ou "por ela mesma em sua própria forma [...] sem referência alguma ao objeto sobre o qual se exerce".[14] Conviria ver nessa inspiração fichtiana uma "crítica implacável à reificação da propriedade".[15] Além do mais, a referência dos dois leitores a Fichte permitiria identificar em Marx uma incoerência:

> Contudo, esse recurso ao conceito fichtiano de "atividade" inscreve-se numa argumentação complexa que visa mostrar os dois fundamentos dos costumes da pobreza: de um lado, a legitimação pelo parentesco instintivamente sentido com

---

13 K. Marx, *Werke, Artikel, literarische Versuche bis März 1843*, op. cit., p. 208 [ed. bras.: *Os despossuídos*, op. cit., p. 89; "A pobreza humana sente essa afinidade e deriva desse sentimento de afinidade seu direito de propriedade"].
14 Johann Gottlieb Fichte apud Dardot e C. Laval, *Comum*, op. cit.
15 Ibid.

a natureza; de outro, a legitimação pelo exercício de uma atividade sobre certos objetos. Ora, essa dupla legitimação não deixa de comportar certa dificuldade. Porque, se é fácil entender que a madeira seca dos galhos "expõe" fisicamente a pobreza, é difícil dizer o mesmo das frutas silvestres ou daquilo que é respigado.[16]

Segundo Dardot e Laval, é preciso, portanto, abandonar "o naturalismo jurídico que inspirava a primeira legitimação dos costumes da pobreza".[17] Mas, eles escrevem, por que não dizer, simplesmente, que o exemplo da madeira morta funciona melhor para o propósito de Marx do que o da pilhagem, por crianças, de bagas silvestres e frutos que crescem "espontaneamente" nas florestas? A pobreza, na verdade, não se sente especialmente aparentada aos frutos silvestres porque, ao contrário dos galhos, as bagas silvestres não subsistem. Elas são consumidas pelos pobres, em particular pelas crianças ladras. Elas não são, portanto, a imagem da morte social sendo decidida na Dieta. Permanecemos demais no âmbito da vida, com esses exemplos, para compreender o que Marx afirma com vigor: a pobreza, com o projeto de lei, entra em uma morte social que ela intui de modo mais animista do que racional. A identificação com o mortificado subsistente é aqui decisiva.

Lendo esse texto, Dardot e Laval assinalam que Marx emprega no mesmo parágrafo *Instinkt* e *Trieb*; mas, para eles, esses termos parecem equivalentes, pois o tema da atividade que lhes é comum introduziria uma filosofia do trabalho social e "de um direito propriamente proletário, nas condições de uma luta conduzida do interior da própria sociedade burguesa".[18] Tanto ao traduzir *ableiten* por "deduzir" como ao minimizar a estranheza do exemplo da madeira morta e insistir na atividade dos pobres, trata-se de fundar na razão o que será chamado de missão emancipadora da classe operária. O instru-

---

16 Ibid.
17 Ibid.
18 Ibid.

mento filosófico dessa construção é uma filosofia do trabalho, o instrumento lógico é a conversão do nada em ser,[19] como em "se nada somos em tal mundo, sejamos tudo" [*nous ne sommes rien, soyons tout*].[20] Essa passagem pressuposta do nada ao tudo, que é considerada a própria lógica revolucionária, é carregada de consequências. No pensamento de Marx, isso ocorre com uma virada do texto: recusando a enganação dos proprietários de florestas que invocam os bens comuns quando se trata de seus privilégios, Marx redefine os bens comuns. Eles não são mais os usos do Antigo Regime vinculados ao que permanecia incerto na propriedade. A experiência da coleta de madeira morta está associada a um direito da penúria: o fato de a pobreza não possuir nada lhe confere um direito ao comum em escala mundial, um direito revolucionário, e não mais local. Como Lênin afirmará, "a teoria de Marx é todo-poderosa porque é verdadeira".[21] Mas essa não é a única direção pertinente na leitura do texto de Marx. Ademais, Marx não fala nem de universalidade nem de mundo, mas de um direito consuetudinário que seja o "da pobreza em todos os países".

O furto de madeira morta: questão decisiva porque local

Ao separar no texto de Marx o trigo racional do joio metafórico ou analógico, que seria um resíduo do naturalismo e do idealismo hegeliano, Dardot e Laval perdem tanto os detalhes decisivos como uma linha de força desses artigos sobre o que chamo, desde o início desta pesquisa, de vertente animista da propriedade, nas sociedades capitalistas, mas também nas sociedades ditas selvagens. E isso dificulta determinar em que o animismo da propriedade, que Marx chamará

---

19 "Esse demorar-se é o poder mágico que converte o negativo em ser"; G. W. F. Hegel, "Prefácio", in *Fenomenologia do espírito*, op. cit., p. 44.
20 Versos de *A internacional*, cuja letra original em francês tem como base um poema de autoria de Eugène Pottier escrito em 1871. [N. E.]
21 Tal era o trecho que figurava na capa dos *Cahiers Marxistes-Léninistes* [Cadernos marxistas-leninistas], publicação de um dos grupos maoistas entre 1968 e 1970.

mais tarde de fetichismo da mercadoria, difere do animismo da propriedade em outras sociedades.

Voltemos ao texto buscando não negligenciar nada. Um primeiro estrato do pensamento de Marx é argumentativo e racionalista: ele dá destaque primeiramente à importância política da linguagem no direito, mostrando o que acontece politicamente quando os parlamentares confundem a coleta dos galhos (*Raffholzsammeln*), o delito florestal (*Holzfrevel*) e o furto de madeira (*Holzdiebstahl*). Essa desvalorização da linguagem no direito resulta na ruína do valor da própria lei e, portanto, no encorajamento do crime.[22] Depois, no segundo artigo, ele reflete sobre o que é um costume no direito e mostra como o direito consuetudinário reivindicado pelos proprietários das florestas exclui e destrói os antigos costumes. Ao contrário, a coleta da madeira morta se antecipa a um direito que ainda não encontrou sua forma e que valerá em todos os países. É particularmente no que concerne ao estatuto dos guardas florestais que essa invocação falsária do universal pelos proprietários atua. Tal ilusão de direito explode no excesso de sanção financeira, chamada doravante por Marx de mais-valia (*Mehrwert*): não só o valor da madeira a ser ressarcido e uma multa, mas uma terceira sanção financeira caso um acusado de furto queira a intervenção de um defensor perante um tribunal. Três sanções, portanto. E assim a lei vai transformar um suposto crime em um espólio que retorna aos proprietários. A instrumentalização do Estado pelos proprietários está ligada ao papel predominante do cálculo financeiro, único argumento que prevalece nos debates dos parlamentares.

---

22 K. Marx, *Werke, Artikel, literarische Versuche bis März 1843*, op. cit., p. 203; id., in P. Lascoumes e H. Zander, *Marx: du vol de bois à la critique du droit*. Paris: PUF, 1984, p. 137. Lascoumes e Zander assinalam que o termo "*Frevel*", traduzido por "*méfait*" [delito], designava, no direito antigo, uma pequena violação à propriedade [ed. bras.: *Os despossuídos*, op. cit, p. 82: "A Dieta Renana aprovou rejeitar a diferença entre a coleta de madeira seca do chão (*Raffholzsammeln*), o delito referente à exploração de madeira (*Holzfrevel*) e o furto de madeira" (*Holzdiebstahl*)].

O terceiro e o quatro artigos detalham bem como os debates financeiros são relações de poder. O último artigo foi escrito após os deputados terem votado a lei que Marx tentava evitar.

Mas essa primeira apresentação é muito incompleta: os artigos denunciam a selvageria dos membros da Dieta que reduzem humanos a árvores mortas enquanto adoram suas propriedades como aos deuses. O curto-circuito entre as relações jurídicas e o que se produz como natural ou na natureza começa muito cedo, desde o primeiro artigo, datado de 25 de outubro de 1842. Marx não apenas invoca uma natureza das coisas como organiza uma espécie de espelhamento constante entre realidades sociais e fenômenos naturais.

> Não há maneira mais elegante e ao mesmo tempo mais simples de derrubar o direito das pessoas em favor do direito das árvores novas. Se, por um lado, o parágrafo for aprovado, será necessário cortar uma massa de pessoas sem intenção criminosa da árvore verdejante da moralidade e lançá-la qual madeira seca no inferno da criminalidade, da infâmia e da miséria. Se, por outro lado, o parágrafo for rejeitado, haverá a possibilidade de que algumas árvores novas sofram maus-tratos, e alegar isso é quase desnecessário! Os ídolos de madeira obtêm a vitória e os sacrifícios humanos são abatidos![23]

Esse espelhamento vale tanto para os proprietários de terra como para os despossuídos: a pobreza não é a única a encontrar seu "próprio" [*propre*] nas coisas cortadas do que é vivo. O que se pode chamar de *mood* animista no texto de Marx se torna preciso pela referência à idolatria dos proprietários de terras que sacrificam o direito dos homens em prol do direito das jovens árvores, ao mesmo tempo vivas e mortas. Por isso a importância dos exemplos: dois parlamentares não entravam em acordo; um deles, burguês, queria reduzir a uma simples multa a infração da coleta de madeira morta; enquanto o outro, nobre, retorquia que em sua região os ladrões primeiro lanhavam as árvores para depois tratá-las como galhos

---

23   Ibid., p. 201; ibid., p. 135 [ed. bras.: pp. 79–80; trad. modif.].

a serem recolhidos, o que é um crime. Esse interesse exclusivo por madeiras vivas, mortas e divinas vem no lugar de um interesse pelos homens, escreve Marx. Não há nisso nenhum naturalismo, mas uma pista para uma antropologia das religiões que não esteja reservada aos "selvagens".

Na realidade, a temática da madeira viva, da madeira morta e dos atos de separação ("*Urteilen*" quer dizer ao mesmo tempo "separar" e "julgar"...) realizados pelos pobres e pelos próprios proprietários são relacionados a uma teoria da religião e da fabricação de ídolos. Os pobres que recolhem e reúnem os galhos mortos juntam o que a natureza separou. Os proprietários, por sua vez, não se desfazem das posses que, no entanto, já lhes foram arrancadas. Eles denominam indiscriminadamente de "furto" tanto o atentado contra as árvores que seria a separação por corte de certos galhos da "árvore orgânica" como a coleta dos galhos mortos que a natureza já separou das árvores e que estão, portanto, separados da propriedade também. Os proprietários de florestas são indiferenciáveis, enquanto o papel do direito e do julgamento é diferenciar. Aliás, desse ponto de vista indiferenciado, toda propriedade seria um roubo, pois exclui os outros da posse. Marx coloca, assim, os proprietários diante de sua contradição. Mas ele não para nisto que já é um lugar comum desde Rousseau e Proudhon: a propriedade é um roubo.

Do ponto de vista de um racionalismo clássico, o caso se agrava. De fato, ele não é apenas "naturalista", é pior: a gramática que ele usa faz da natureza o sujeito de inúmeros atos sociais, intelectuais e jurídicos. Quando observa que os proprietários de florestas querem qualificar de furto e punir como crime a coleta dos galhos, Marx comenta, conforme vimos: "Não há maneira mais elegante e ao mesmo tempo mais simples de derrubar o direito das pessoas em favor do direito das árvores novas".[24] As linhas seguintes afirmam que,

---

24 Ibid., p. 202; ibid. [p. 79]. Na tradução da edição francesa, Lascoumes e Zander introduzem o termo alienação: "*impossible d'aliéner, de façon plus élégante et plus simple, le droit des hommes à celui des jeunes arbres*" [impossível alienar, de forma mais elegante e mais

na coleta, contrariamente ao que se produz no fato de cortar galhos, não há nenhum "atentado" contra as árvores. O curto-circuito (e não a analogia) entre a análise das sociedades idólatras e os atos dos proprietários na Dieta Renana em 1842 intervém, desde o primeiro artigo, por essa referência à idolatria da madeira pelos possuidores. Por fim, o tema do ouro entremeado ao da fabricação dos ídolos é convocado também desde o primeiro artigo: em seus usos fraudulentos das leis em benefício dos possuidores, os sábios juristas transformam "qualquer usurpação discreta [*unlauteren Anmassung*] em ouro jurídico proclamado [*lautereres Rechtsgold*]".[25] Porém, a última intervenção de Marx sobre o furto de madeira terminará versando exatamente sobre a negação da adoração do ouro entre os supostos civilizados, mais selvagens do que os selvagens que eles invadiram em Cuba. A argumentação de Marx está, portanto, enquadrada por uma espécie de antropologia selvagem que convém não apagar.[26]

---

simples, o direito dos homens em proveito daquele das jovens árvores]. Porém, no original em alemão, Marx fala em "*niederfallen lassen*", "derrubar". O termo "alienação" antecipa a sequência do texto, pois Marx vai escrever que a madeira é o ídolo dos proprietários de florestas. Mas os tradutores franceses perdem o modo estranho e interessante como Marx fala das relações jurídicas em termos de atos da natureza e vice-versa; perdem também a maneira progressiva e sutil como Marx passa dos modos de separação das coisas e dos seres à alienação do que eles são nas figuras santas e nos ídolos. E isso em muitas sociedades.

25 Retraduzi o texto porque Lascoumes e Zander, ao traduzirem o trecho "*um jede unlautere Anmassung in lauteres Rechtsgold zu verwandeln*" como "*transformer toute prétention impure en or juridique*" [transformar toda pretensão impura em ouro jurídico], perdem o contraponto entre "*unlauter*" e "*lauter*", bem como o sentido de "*Anmassung*" no contexto; ibid., p. 204; ibid., p. 138 [p. 84; trad. modif.]. [N. T.: no trecho citado, colchetes da autora].

26 Em uma nota, P. Lascoumes e H. Zander, *Marx*, op. cit., p. 170, explicitam que Marx havia acabado de ler a obra de Charles de Brosses sobre o fetichismo, publicada em tradução alemã em 1785. Mas o modo como idolatria, teoria do julgamento interno à natureza e atos de direito atravessados pelas lutas políticas se articulam no texto é, de fato, original.

Os proprietários são de fato animistas, pois a compulsão que os leva a avaliar tudo em termos monetários fabrica ídolos de madeira. Do lado do sujeito impessoal, "a pobreza", reina também o animismo: ao reunir os galhos, a pobreza conclui ou executa (*vollzieht*) um julgamento/uma separação que a natureza já derrubou.[27] O ato de recolher, isto é, de reunir, induz na sequência do texto uma reflexão sobre os diversos modos de unificar, tanto humanos como vegetais, animais e sociais: a natureza separa de si própria os galhos que morrem. A pobreza os recolhe e os reúne. Ora, a menção a essa primeira reunião dá início a um desenvolvimento sobre as diversas maneiras que as sociedades têm de produzir entre seus membros a unidade social de acordo com suas divisões.

Marx distingue aqui o feudalismo que ele aproxima – erroneamente – do que Hegel denomina o "reino animal do espírito"[28] – e no qual não se detém – do feudalismo dito ingênuo, que somente unifica os animais, por meio da devoração, no estômago do predador.

---

27 Marx cultiva a ambiguidade desta expressão: derrubar no chão e derrubar fora do campo daquilo de que se pode ser proprietário. Trata-se aqui de uma queda de objeto, mas também, da parte dos proprietários, da impossibilidade de "soltar" aquilo que, no entanto, nunca lhes pertenceu.

28 Por essa expressão, Hegel entendia que uma consciência, quando age em uma sociedade, desconhece necessariamente a lei da ação de sempre contradizer a intenção consciente do ato ao realizá-la. São os outros entre os quais a ação acontece que manifestam que a intenção seja negada por sua realização, quem age não vê isso. Há então uma impostura que pertence à própria coisa. Uma ação não é a mesma captada do interior e apreendida do exterior. É o que indica o título do capítulo em questão da *Fenomenologia do espírito*: "O reino animal do espírito e a impostura – ou a Coisa mesma". A coisa social por excelência é que a ação possui outra face no momento em que se torna real. Porém, a alma tem uma concepção unilateral do universal quando crê poder habitar a intenção, ainda que universal.

A selvageria segundo Marx.
Ou como ele sai do evolucionismo

Assinalemos primeiramente um detalhe: é bem evidente que, no parágrafo sobre a identificação da pobreza com a madeira morta, Marx utiliza sucessivamente os termos instinto jurídico e pulsão jurídica. É evidente também que ele opõe natureza e direito. No entanto, se por um lado os dois termos no parágrafo em questão não são equivalentes, por outro Marx descontrói ao longo de seus artigos a distinção entre natureza e direito, empregando esses dois termos justamente por um curto-circuito, o que é bem diferente de uma sequência de metáforas.

Para começar, sobre o primeiro ponto: "A própria natureza apresenta [*stellt... dar*] nos gravetos e galhos secos, quebrados, separados da vida orgânica, [...] como que o antagonismo de pobreza e riqueza". Para a pobreza, trata-se de "uma representação [*Vorstellung*] física de pobreza e riqueza".[29] Entre a apresentação devida à instância da natureza e a representação que essa outra instância, a pobreza, faz dela, não há nenhuma ruptura, mas uma transição. O sentimento não é abandonado quando se entra na exigência jurídica. É o que estabelece a passagem que usei como ponto de partida:

> A pobreza humana sente essa afinidade e deriva desse sentimento de afinidade seu direito de propriedade, de modo que, deixando a riqueza orgânico-física para o proprietário premeditado, ela reivindica a pobreza física para a necessidade e sua contingência. Ela sente nessa atividade das potências elementares uma potência amistosa que é mais humana [*humaner*] que a potência humana [*menschliche*]. A arbitrariedade contingente dos privilegiados foi substituída pela contingência dos

---

29 K. Marx, *Werke, Artikel, literarische Versuche bis März 1843*, op. cit., p. 208 [ed. bras.: *Os despossuídos*, op. cit., p. 89; trad. modif.]. [N.T.: na citação, colchetes da autora].

elementos, que arrancam da propriedade privada o que ela não larga mais por si só.[30]

Até onde sei, nenhuma das traduções e nenhum dos comentários dão um estatuto a essa experiência dos "elementos". Se os elementos, ainda que mortos, são mais humanos do que os homens, como dizer que Marx seja naturalista?[31] E é no que concerne à madeira morta que o tema da separação do que é vivo é mais bem desenvolvido: as bagas ou os mirtilos roubados pelas crianças pobres são menos mortos que os galhos secos e não apresentam uma oposição tão marcada e durável entre o vivo e o morto que se encontra separado do vivo. Marx não opõe apenas morto e vivo, ele insiste no tema da separação: os proprietários que reivindicam o novo direito de propriedade não deixam mais que se separe deles o que, na realidade do que eles possuem, já foi separado.

Não é apenas a natureza que separa, é o novo estatuto dos objetos de propriedade que produz o equivalente da passagem da vida à morte. É dessa maneira, até agora não observada, que Marx transforma a teoria hegeliana do direito abstrato. A separação concerne, portanto, ao mesmo tempo à pobreza, que sente sua familiaridade com o mortificado (ela está em vias de separação, isto é, de exclusão das relações sociais), e à riqueza, quando inventa um direito que anula a capacidade costumeira anterior de não se deixar açambarcar. Trata-se de um naturalismo em Marx ou da decisão de conceber aquilo que os novos capitalistas da terra querem ignorar e de que, não obstante, são os atores? Porém, para recuperar o gesto teórico desse texto, a oposição habitual entre natureza e direito não é suficiente.

---

30 Ibid., pp. 208–09; K. Marx, in P. Lascoumes e H. Zander, *Marx*, op. cit. [ed. bras.: ibid.]. [N.T.: na citação, colchetes da autora].
31 "Como poderia agir com humanidade o legislador movido por seu próprio interesse, dado que o inumano, um ser material estranho, é seu ser supremo?"; K. Marx, in P. Lascoumes e H. Zander, *Marx*, op. cit., p. 144 [p. 92].

Eu dizia que Marx desfaz, do início ao fim desses artigos sobre o furto de madeira, a pertinência da oposição entre natureza e direito. Acrescentemos agora que esse modo de falar das relações sociais, mergulhando-as na natureza, de certa forma desfaz a oposição entre natureza e cultura, pois os diversos tipos de cultura que ele examina são constantemente comparados às formas de vida animal de um modo que a mais selvagem das culturas seja, exatamente, a da Dieta Renana. É isso que eu chamava de curto-circuito, e não de analogia ou metáfora entre selvageria e debate parlamentar. Ora, é de fato o tema da natureza, mas declinado em uma diversidade antropológica, que organiza esse curto-circuito.

Ao longo dos textos de Marx, caminha, portanto, entremeado à insistência na crítica aos raciocínios falsos dos parlamentares, um outro registro de reflexões que proponho chamar de animista. Ele se anuncia de início pelo termo impessoal "a pobreza", que designa uma generalidade anônima, e não sujeitos individuais. Há, na obra de Marx, uma filiação direta a Hegel que distingue inúmeros tipos de generalidades, dentre as quais algumas não são nem um pouco reflexivas, são "universais em si", não ainda atualizadas, singularizadas ou ligadas a uma consciência-de-si. Como o texto de Marx percorre sucessivamente os reinos do inanimado, do vegetal e do animal, avaliando as relações humanas no cruzamento com esses reinos supostamente naturais, a expressão de Marx "a pobreza" é solidária a esse sentido vago e, todavia, decisivo de uma penúria humana que se reconhece de forma obscura e, entretanto, afirmada na mortificação natural. "A pobreza" é uma coletividade "no elemento do sentimento", em linguagem hegeliana. Ela se reconhece na natureza mortificada, aquém de toda subjetivação consciente, é "uma generalidade substancial". Apenas a separação introduzida pelo entendimento na realidade e no pensamento vai distinguir o que é confuso. Aqui, novamente, a dupla face do ato de entendimento é a retomada deliberada de um tema hegeliano.[32] Marx insiste na ambiguidade do trabalho de separação que o entendimento efetua e que os proprietários de terra desfiguram: o entendimento distingue o que é confundido no todo substancial, mas também torna equivalentes os termos que separa, perdendo o singular. Era o caso do direito de propriedade em Hegel, motivo pelo qual era chamado de "abstrato".

A idolatria no texto

Nessas páginas de exame preciso e de críticas virulentas aos argumentos invocados pelos parlamentares da Dieta Renana, há ao mesmo tempo uma retomada assumida de Hegel e considerações estranhas ao Marx racionalista. A razão filosófica não é tão unívoca como se costuma dizer...

Mencionei a afirmação estranha e a mais citada pelos comentadores sem que, com isso, seu estatuto tenha sido esclarecido: essa ideia de que o costume e o direito que está associado a ele adquirem um sentido totalmente inédito quando se trata do "direito da pobreza" no mundo que o patrimônio instaura; não se trata de um direito consuetudinário no sentido habitual dos privilégios daqueles que pertencem a uma comunidade ou a um Estado. Então, precisamente, nesse espelho de si mesma que são os galhos, o que a pobreza sente é que não possui acesso à cidadania.

Poderíamos mesmo dizer que é graças aos galhos com os quais se identifica que a classe desprovida de tudo tem acesso a "si mesma":

> Descobriremos que os costumes que são costumes de toda a classe pobre sabem captar a propriedade com instinto certeiro por seu lado indeciso; descobriremos que essa classe não só sente o impulso de satisfazer uma necessidade natu-

---
[32] Em uma nota, Lascoumes e Zander, *Marx*, op. cit., p. 169, entregam os pontos ao traduzir essa passagem na edição francesa, refugiando-se em uma falta de especialização em estudos hegelianos.

ral, mas na mesma medida sente a necessidade de satisfazer uma pulsão jurídica. A madeira seca no chão nos serve de exemplo. [...] Nesses costumes da classe pobre há, portanto, um senso legal instintivo, sendo sua raiz positiva e legítima, e, nesse caso, a forma do direito consuetudinário é tanto mais natural porque *a existência mesma da classe pobre* até agora é *simples costume* da sociedade burguesa, que ainda não encontrou um lugar adequado no âmbito da estruturação consciente do Estado.[33]

Quando lemos essas páginas, só podemos ver a primeira formulação do "se nada somos em tal mundo, sejamos tudo!".[34] Observamos, entretanto, que, de forma surpreendente, a descrição desse instinto jurídico, ativo na passividade da afi-

---

33 K. Marx, *Werke, Artikel, literarische Versuche bis März 1843*, op. cit., pp. 208-09; K. Marx, in P. Lascoumes e H. Zander, *Marx*, op. cit., p. 142 [ed. bras.: *Os despossuídos*, op. cit., pp. 89-90; trad. modif.].
34 O marxismo clássico, mas também o comunismo redefinido por Alain Badiou, adotam essa leitura de Marx que assimila o nada e o tudo, fazendo dela a própria determinação racional do proletariado. Essa razão é afirmada como uma determinação lógica. Tento mostrar que essa é uma lógica estranha, que confunde o *universitas* (totalidade) e o *universalitas* (serialidade, aqui negativa): nenhum dos pobres, nem este, nem aquele, nem um outro etc. é alguma coisa. Kant, na *Crítica da razão pura*, distinguia as duas noções e fazia de sua confusão a fonte de uma das ilusões da razão. Na *Crítica da razão prática*, ao contrário, buscando salvar a incondicionalidade da lei moral associada ao *universitas*, ele a declara, sem provas, idêntica à serialidade dos exemplos que convoca: uma exigência de incondicionado, ele diz, atravessa todas as máximas da vontade; ele as confunde de novo, infiel à sua própria exigência crítica. Cf. minhas obras *A loucura na razão pura* (trad. Heloisa B. S. Rocha. São Paulo: Editora 34, 1996) e *Les constructions de l'universel* (Paris: PUF, 2009, pp. 53-56. Quadrige). Minha crítica a Kant difere da desenvolvida por Lacan em "Kant com Sade" (in *Escritos*, trad. Vera Ribeiro. Rio de Janeiro: Jorge Zahar Editor, 1998, pp. 776-803): ao identificar o chicote de Dolmancé por trás do caráter categórico do imperativo moral, Lacan propõe uma interpretação. Minha crítica é de ordem lógica: Kant contradiz, na segunda *Crítica*, o que ele tinha avançado na primeira.

nidade sentida com a madeira morta, encontra a descrição feita por Freud da identificação imediata, que não é nem uma dedução nem um julgamento por meio do qual identificamos um outro, sendo nós mesmos o outro. Aqui, Marx descreve uma relação com algo que se desfez, arrancado da existência cívica, como a pele de um réptil que se torna externa a ele, inanimada.[35] Mas é ao que se desfaz na natureza que a pobreza se sente idêntica: "nessa atividade das potências elementares uma potência amistosa que é mais humana que a potência humana". Por que "mais humana"? A natureza é mais humana do que os homens na medida em que leva em conta o que o direito que se instaura em 1842 encobre. Mas trata-se também do mecanismo, habitual em Hegel e Feuerbach, da apreensão em um outro, por uma consciência, de seu próprio poder como mais-que-finito. O último capítulo da *Fenomenologia do espírito* mostra que, na religião, a consciência tem a intuição de sua própria infinitude, pois ela própria produz o que parece anteceder-se a ela como seu objeto (*Gegenstand*). Só que ela intui a infinitude desse movimento como se não fosse ela mesma, e sim um outro ainda que fosse capaz disso; um outro quer dizer Deus. Com certeza Marx é hegeliano e feuerbachiano nesse texto sobre alienação. É exatamente por isso que o texto relaciona a intuição, o poder imediatamente sentido no outro e a religião, compreendida aqui como produtora de ídolos.

E, no entanto, nessa de-cadência ele identifica uma atividade que justamente funda um direito: a coleta. "Do mesmo modo que não convêm aos ricos as esmolas jogadas na rua, não lhes pertencem essas *esmolas da natureza*. Mas a pobreza acaba obtendo seu direito em sua *atividade*."[36]

---

35 "Sua [dos galhos secos] ligação orgânica com a árvore viva é tão pequena quanto a da pele descascada com a cobra"; K. Marx, *Werke, Artikel, literarische Versuche bis März 1843*, op. cit., p. 208; [ed. bras.: *Os despossuídos*, op. cit., p. 89]. Lacan também evoca a pele de uma serpente para caracterizar o objeto "a".
36 Ibid., p. 209; ibid. [ibid.].

Mas o que faz a estranheza dessa afinidade sentida entre a natureza e a pobreza é também inscrever-se em uma reflexão sobre a animalidade no social e sobre a selvageria, no sentido próprio do termo, da sociedade em que tudo se mede por valor, sociedade da pena financeiramente equivalente ao crime. Nesse ponto, não é certo que Marx seja hegeliano: quando ele distingue feudalismo (regime de senhorio e de servidão), "feudalismo ingênuo" (sistema de castas) e selvageria (os cubanos no século XVI, mas também a Dieta Renana no século XIX), ele não é evolucionista como Hegel. Ele organiza um curto-circuito entre os modernos e os selvagens que se deve abordar com precisão.

No artigo precedente (25 de outubro), quando se trata da defesa, pelos privilegiados, de seus "costumes", Marx proclama: "O *feudalismo* [...] é o *reino animal do espírito*". Distanciando-se do sentido e do alcance que Hegel dava a essa expressão,[37] relacionando-a à noção de alma e à teoria da impostura inerente a toda ação nas sociedades, Marx se atém aqui à animalidade, não à animação. O que ele quer dizer?

O feudalismo ingênuo é o sistema de castas em que os grupos são separados uns dos outros, não tendo acesso ao que lhes é comum, ao gênero. Nota-se novamente aqui a importância, no Marx hegeliano, desse tema da universalidade ainda impessoal do gênero: os animais nem mesmo a acessam, e os membros da sociedade, no feudalismo chamado de ingênuo, são animais que só se reconhecem nos indivíduos da mesma espécie e que, portanto, se matam uns aos outros. No âmbito do sistema de castas em que as partes da sociedade são divididas, a unidade se produz no estômago do animal predador que devora os outros animais. Porém, na animalidade, os indivíduos não acessam o sentido de seu gênero,

> [as] diferentes espécies animais [...] afirmam umas contra as outras suas qualidades específicas diferentes. No estômago do predador, a natureza preparou o lugar preferencial da união, a

---

37 Cf., neste livro, a nota 28 da p. 175.

fornalha da fusão mais íntima, o órgão de interconexão das diferentes espécies animais. Do mesmo modo, no feudalismo, uma raça se alimenta da outra [...]. Quando os privilegiados pelo direito legal apelam para os seus direitos consuetudinários, eles exigem, em lugar do conteúdo humano, a forma animal do direito, que agora perde sua realidade, tornando-se mera máscara animal.[38]

Aqui, Marx não é nem humanista nem anti-humanista: ele devolve o humano à animalidade predatória, enquanto os proprietários de florestas reivindicam o humanismo. Tais proprietários "desrealizam o humano" dando-lhe uma máscara de animalidade. As máscaras intervêm entre os "selvagens" nos rituais. Esse desconhecimento do humano também é, portanto, máscara idólatra. Simultaneamente reconhecendo e desconhecendo o que fazem, de fato, em determinada sociedade, os homens adoram a animalidade como seu deus. A religião torna absoluta e, ao mesmo tempo, desconhece sua própria incapacidade de conceber e realizar uma comunidade. Afirmar que, em relação a isso, Marx permanece hegeliano não basta para se livrar da teoria hegeliana das religiões como apreensão sensível do absoluto desconhecido como social e atribuído imediatamente a um Outro (como diria Freud).

Por fim, há uma terceira referência à idolatria constitutiva das sociedades religiosas. Ela intervém no texto de Marx após a votação da lei que, apesar das intervenções precisas e virulentas de Marx, fixou a denominação "furto" para a coleta da madeira morta, assim como as sanções severas dela decorrentes. Marx confirma: trata-se de uma prática de selvageria. Mas os selvagens do século XIX renano são piores que os de Cuba, pois desconhecem seu próprio fetiche: a madeira, especialmente quando se torna uma mercadoria. A intervenção de Marx se encerra com o exato tema que abriu seu primeiro artigo. Ele esclarece o alcance do curto-circuito entre a selvageria dos povos colonizados e a selvageria da burguesia no século

---

38 K. Marx, in P. Lascoumes e H. Zander, *Marx*, op. cit., p. 139 [ed. bras.: *Os despossuídos*, op. cit., p. 85].

XIX: em Cuba,[39] os "selvagens" haviam compreendido que o invasor espanhol tinha por fetiche o ouro. Fizeram para ele uma festa, "cantaram em volta dele e em seguida o jogaram ao mar". Esses selvagens, se assistissem aos debates da Dieta Renana, compreenderiam que a madeira é o fetiche dos renanos, cujas práticas pretensamente jurídicas estão relacionadas à zoolatria à qual o fetichismo sempre esteve ligado. O capitalismo não é a única sociedade fetichista para Marx. Mas é um fetichismo que se ignora ainda mais do que o dos selvagens e, consequentemente, que ignora ainda mais a violência social mascarada pelo animal ou pela coisa, particularmente a coisa abstrata que são a propriedade e a mercadoria.

Como compreender essas ligações constantes entre a alienação das relações humanas no vivo (as árvores) ou no morto (os galhos) e o efeito especular das sociedades, dos animais, dos restos mortos, o todo ornamentado com uma crítica da religião? O que acontece no texto de Marx quando ele fala das relações sociais (feudalismo, feudalismo ingênuo, zoolatria, identidade da pobreza e dos galhos etc.), sobrepondo diversas formas de comunidades humanas e diversas normas de universalidade aos reinos ditos naturais? E se esse efeito especular constante entre o humano e a suposta natureza, mais do que estar relacionado a um humanismo e a uma crítica ainda balbuciante da abstração dos direitos humanos, estivesse, antes, relacionado a uma espécie de "metafísica canibal", para usar a expressão de Viveiros de Castro? Isto é: não se trata de acreditar na natureza da qual se separariam vários tipos de comunidades, cada vez mais racionais na realidade das relações sociais e no pensamento que produzem de si próprias; trata-se, antes, de desfazer a transcendência da razão política, mergulhando-a a um só tempo na animalidade, para qualificar as relações sociais efetivas (*wirklich*), e na religião, como um sentimento cego da violência dessas relações. Pois há uma verdadeira constância de Marx, e

---

39 K. Marx, *Werke, Artikel, literarische Versuche bis März 1843*, op. cit., p. 236.

não apenas em 1842, na articulação desses temas, isto é, na releitura da filosofia da alienação em Hegel e em Feuerbach; a questão, portanto, não seria reestabelecer em suas bases materialistas a dialética hegeliana nem se separar da crítica do religioso como, de acordo com Feuerbach, estrutura essencial da alienação humana. A questão é desfazer a hierarquia da sociedade jurídica universalista e fazer aparecer sua selvageria.

Desse modo, as fulgurâncias de Marx merecem ser confrontadas às problemáticas dos antropólogos contemporâneos, como Marilyn Strathern. De uns e de outro, retenho a capacidade de mostrar que as características decisivas de uma sociedade não são sua "essência", no sentido de que ou a verdade das relações sociais habitaria em um centro que resumiria todos os seus aspectos ou seria "determinante em última instância". A análise de Marx dos desdobramentos das novas leis sobre o "furto" da madeira morta mostra que toda política é local.

Podemos agora voltar à outra concepção da localidade do político que havíamos encontrado: a de Judith Butler, em *Corpos em aliança e a política das ruas: notas para uma teoria performativa de assembleia*.[40] O caráter local de uma situação política está ligado, em sua análise das manifestações de pessoas transgênero em Ancara, em 2010, à dinâmica pela qual um fenômeno minoritário (no sentido de Deleuze) ou mesmo marginal adquire um alcance para além de si mesmo. Não é esse o caso no exemplo da propriedade e de suas transformações desde o início do século XIX. Porém, nos dois casos, a política se revela ligada a um lugar que não é um centro.

É a esse paradoxo que convém retornar.

---

40 Judith Butler, *Corpos em aliança e a política das ruas: notas para uma teoria performativa de assembleia*, trad. Fernanda Siqueira Miguens. Rio de Janeiro: Civilização Brasileira, 2018.

[6] O POLÍTICO É A UNIDADE DO SOCIAL?

Acontece então de Marx se interessar por um fenômeno local cuja própria localidade permite evidenciar um fator decisivo: o animismo da propriedade, distribuído de forma diferente entre os possuidores de um patrimônio e entre aqueles que se tornam, por meio dessa invenção social e jurídica, excluídos de toda posse de um modo inédito. Como conceber essa "localidade" decisiva de outro modo que não como uma centralidade? Como não retomar a ideia de que um coletivo se unifica em um "corpo político"?

Primeiramente, chamei de objeto a combinação de fatores que especifica uma situação política ou pulsional. A familiaridade com trabalhos de antropologia leva a insistir na proximidade entre objetos e lugares, já que os objetos concentram relações que não são diferenças puramente abstratas como as que constituem uma estrutura. Em psicanálise, depois de Lacan, podemos dizer com precisão que é um objeto que causa o sistema de desejos, ao localizá-lo. Esse objeto tem um duplo aspecto: por um lado, concentra direções pulsionais heterogêneas das quais garante a coerência sem torná-las uma totalidade harmoniosa; por outro lado, esse objeto é incontrolável pelo sujeito que, todavia, é formado por ele. Esse objeto é inconsciente na medida em que está fora do alcance do sujeito. Inconsciente, então, quer dizer ao mesmo tempo desconhecido e incontrolável, visto que, inversamente, a consciência é simultaneamente um saber e o controle do saber que faz sua verdade e pelo qual o sujeito responde. Esse fator deslocado do centro, que se manifesta não apenas nas cadeias significantes, mas também no ato da repetição, singulariza uma transferência que é a forma assumida por essa repetição. O objeto é localizado pela repetição transferencial. Para designar o processo, a palavra objeto [*ob-jet*][1] ressalta que é sempre de um outro ou de um alhures desconhecidos que lhe chega esse objeto que o constitui na concepção freudiana do amor sexuado e do traumático. Há, portanto, duas maneiras de falar da singularidade de um sujeito do inconsciente: ou se trata do lugar da repetição que toma forma graças ao rito da transferência, e a localidade concerne então ao espaço de uma trans-posição dos componentes do desejo; ou se trata da convergência de vários componentes heterogêneos que o sujeito não tem à sua disposição, mas que retornam a ele de um lugar outro durante um acontecimento da vida que, antes de mais nada, o desestabiliza. Nos dois casos, trata-se de um lugar: deslocado do centro, mas encruzilhada de componentes, e dis-posto no rito da cura. Nos dois casos, um certo espaço está em jogo: unificação sem totalização dos componentes, que, repentinamente, surgem como do exterior, acontecimento do que é captado pelo rito e que não se inscreve nas regras, mas que, no entanto, se situa em relação a elas.

Desses dois pontos de vista, a constituição de um espaço político se assemelha ao espaço dos desejos segundo o que dele apreende a prática da cura psicanalítica. Há a programação e o que excede o programável, e a consistência de uma

---

1 A autora destaca a relação entre "*objet*" e o verbo "*jeter*", que significa lançar, arremessar algo. Etimologicamente, a palavra "objeto", assim como "*objet*", deriva do latim "*obiectus*", que, segundo o dicionário *Houaiss*, designa "ação de pôr diante, interposição, obstáculo, barreira; que se apresenta aos olhos". [N. T.]

situação política se dá em função da abertura de um espaço. Mas os fatores não controláveis, inconscientes no sentido acima definido, são da mesma ordem nos dois casos?

Louis Althusser se dedicou a responder precisamente a essa questão quando tomou emprestado o conceito freudiano de sobredeterminação para conceber a relação entre o controlável e o incontrolável na história, a exemplo da Revolução Bolchevique de 1917.

Nós todos conhecemos o empréstimo que Althusser faz de *A interpretação dos sonhos*, de Freud, no capítulo "Contradição e sobredeterminação" de seu livro *Por Marx*.[2] O que o interessava ali era compreender, com Lênin, por que a revolução bolchevique acontecera na Rússia, e não na Alemanha, onde a "teoria justa" a aguardava. A Alemanha era o país mais avançado no desenvolvimento do capitalismo, o país onde mais se afirmara a contradição principal do modo de produção e onde a luta de classes que opunha proletariado e burguesia encontrara uma expressão política notável. Ora, foram justamente fatores externos a essa contradição dita principal que a tornaram politicamente eficaz: nos setores excepcionais em que o capitalismo se instaurava na Rússia, o modernismo das fábricas e de sua organização capitalista era notável, pois não se edificava sobre nada preliminar. Ali a violência da exploração também era mais marcada do que na Alemanha, onde as lutas sociais se desenrolavam havia algumas décadas. Quanto ao resto, a Rússia era composta majoritariamente de camponeses incólumes ao capitalismo. Outro fator, heterogêneo ao paradoxo citado, está igualmente associado à sobredeterminação: o povo russo foi jogado pelos conflitos das grandes potências nas estradas da guerra, onde se misturou justamente aos operários dos setores de ponta capitalistas. E esse encontro entre camponeses e operários permitiu uma comparação entre a exploração dos operários e a servidão dos camponeses, intensificando a luta de classes. A guerra entre países capitalistas não está direta-

---

[2] L. Althusser, "Contradição e sobredeterminação (notas para uma pesquisa)", op. cit.

mente ligada à contradição principal do confronto entre proletariado e classe operária. No entanto, ela tornou ativa uma contradição supostamente principal, se falarmos do movimento histórico em termos essencialistas. Mas, justamente, a realidade da história nunca é a aplicação de uma verdade. É essa a importância da contingência que sobredetermina o que tomamos por essência.

Comparemos com o que Freud diz: a sobredeterminação é introduzida por ele no capítulo sobre o "trabalho do sonho", que examina, a partir da prática da associação livre induzida pela transferência, como se pode conceber a relação entre os pensamentos que fomentam o sonho (pensamentos do sonho) e a narrativa do sonho tal como ele é contado inicialmente. O trabalho do sonho é o conjunto dos pontos que permitem compreender a relação entre essas duas línguas, que Freud diz serem como duas línguas estrangeiras. A sobredeterminação pode aqui ser descrita, antes, de um ponto de vista estrutural: entre os dois sonhos, latente e manifesto, não temos, diz Freud, uma relação de correspondência termo a termo. Não se trata apenas da substituição de uma série de ideias, imagens ou elementos por uma coisa só no conteúdo manifesto (condensação). A correspondência entre conteúdo manifesto e conteúdo latente se organiza sistema por sistema: se partimos de um elemento do conteúdo manifesto, ele conduz a elementos plurais do conteúdo latente, mas essa ligação faz aparecer a própria ligação de vários elementos do conteúdo manifesto que não tínhamos percebido antes que estavam ligados. Em Freud, a sobredeterminação é o conjunto das relações entre dois registros do sonho. Esses dois registros são separados pelo trabalho do recalcamento que a iniciativa do sonho transforma. Althusser retém essa ideia de separação quando toma emprestada de Freud a noção de sobredeterminação. A separação na história, no caso a guerra entre potências imperialistas, não é um fator recalcado, mas apenas um fator heterogêneo à luta entre capitalistas e proletários. Mas, pela via da aproximação entre camponeses e operários, as formas da luta de classes mudam, assim como muda a relação dos elementos do sonho manifesto.

Em Freud, essa abordagem estrutural é apenas o primeiro momento de sua análise: a sobredeterminação também tem a ver com a questão das intensidades no sonho. O que é sentido como importante ou indiferente se revela deslocado por meio do exercício da associação livre. O sonho latente é "diferentemente centrado" em relação ao sonho manifesto. O que se mostra decisivo na análise em um primeiro momento aparece como secundário na narrativa do sonho. A intensidade não corresponde. Em vez de ver esse deslocamento de intensidade de forma negativa, Freud identifica nisso a expressão de uma potência de dar forma que torna possível o acontecimento do sonho contornando a "censura". "[...] no trabalho do sonho se manifesta um poder psíquico que, de um lado, despoja de sua intensidade os elementos de alto valor psíquico, e de outro, por meio da sobredeterminação, a partir de elementos inferiores cria novos valores que depois conseguem chegar ao conteúdo do sonho."[3]

A sobredeterminação é a criatividade de elementos indiferentes ou que inicialmente parecem indiferentes. Essa criatividade deve-se justamente à sua aparência insignificante diante do "essencial". Exterioridade, independência causal em relação à "linha de força" de um fenômeno principal, contingência, portanto, permitindo assim a formação do sonho e criando fios intermediários múltiplos entre o que deve ser produzido e o que deve permanecer na sombra. O sonho é possível graças aos restos diurnos, ele nunca vai diretamente ao essencial, cria desvios. A sobredeterminação é a inventividade textual desses desvios, comandada por uma potência ambígua. "Se for assim, houve na formação do sonho *uma transferência e deslocamento das intensidades psíquicas dos elementos* [individuais], de que decorre a diferença textual entre conteúdo do sonho e pensamento oníricos".[4] O sonho é a

---

3   S. Freud, "Die Traumdeutung", in *Gesammelte Werke*, Band 2–3. Frankfurt am Main: Fischer, 1998, p. 313; [ed. bras.: *A interpretação dos sonhos*, trad. Paulo César de Souza. São Paulo: Companhia das Letras, 2019, p. 350. Obras Completas, v. 4].
4   Ibid.

audácia de pensar o que quem vela nunca deixaria passar; mas, ao mesmo tempo, é inventando múltiplos fios que religam e mascaram a um só tempo "o demasiado intenso", o excesso, o inviável, que a iniciativa onírica negocia um sonho manifesto quase calmo. A sobredeterminação é o modo textual de negociar uma relação de potências entre uma pulsão de expressar (*darstellen*) e um medo ou um interdito. Com isso, a singularidade de uma criação onírica é inventada. Não é também a singularidade de uma situação que está em jogo na história quando se trata de determinação?

O inconsciente do político e a sobredeterminação da agência

Como a sobredeterminação intervém em política, no que concerne à formação de um espaço político, de um lugar? Gostaria de examinar duas respostas a essa questão: a primeira é a de Judith Butler, em sua recente obra *Corpos em aliança e a política das ruas*,[5] e a segunda é a de Vladimir Safatle, em duas de suas publicações, *O circuito dos afetos*[6] e um artigo recentemente publicado em inglês sobre o mesmo tema.[7] A perspectiva de Vladimir Safatle torna-se ainda mais interessante em razão do posfácio e da crítica de Marcus Coelen,[8] que, ao contrário de Safatle, defende que há uma disjunção radical dos afetos e da política. Ou melhor, Coelen considera os afetos como aquilo que permanece necessariamente impensado entre psicanálise e política. A questão é: deve-se estabelecer uma continuidade entre as pulsões sexuais, os afetos e a realidade de um ato político?

---

5   J. Butler, *Corpos em aliança e a política das ruas*, op. cit.
6   Vladimir Safatle, *O circuito dos afetos*: corpos políticos, desamparo e o fim do indivíduo. Belo Horizonte: Autêntica, 2016.
7   Id., "Fear, Helplessness and Political Bodies as Circuits of Affects". *The Undecidable Inconscious: A Journal of Deconstruction and Psychoanalysis*, v. 4, pp. 67–91, 2017.
8   Marcus Coelen, "Prolegômenos para a escrita do afeto", in V. Safatle, *O circuito dos afetos*, op. cit.

No capítulo "Corpos em aliança e a política das ruas", Judith Butler analisa o que faz a eficácia de uma manifestação de rua quando atores cotidianamente excluídos da expressão política, como transexuais, reivindicam direitos (*lay claims*).[9] Eles colocam em jogo ativamente a vulnerabilidade de seus corpos em praça pública. Conceitualmente, Butler discute com Hannah Arendt, insistindo na assembleia dos corpos na rua: Arendt sustentava que há política nas assembleias públicas quando os cidadãos se valem da fala para determinar conjuntamente qual será o bem da cidade. E, ainda que questionasse as exclusões sobre as quais se funda esse modelo discursivo da democracia, pois nem todos têm o direito a ter direitos, ela sustentava que a política começa nas deliberações e nos conflitos discursivos.

Butler questiona – esse é o primeiro ponto – a ideia de que os corpos pertencem ao privado. Ela mostra justamente que as manifestações políticas são a demonstração da precariedade dos corpos, precariedade que é também um recurso de relações, criado pela exposição dos corpos. Essa exposição é a um só tempo uma preliminar da assembleia e uma oportunidade de criar uma igualdade dos grupos e indivíduos reunidos. Essa performatividade dos corpos que se manifestam concerne então ao espaço político. A materialidade dos lugares de uma manifestação é tanto uma condição da assembleia como uma produção da ação comum. O espaço, que é simultaneamente condição da ação política e criação da ação comum, torna-se político (inclusive em sua dimensão virtual e midiática). Ele coloca em jogo os corpos, inclusive em suas atividades biológicas elementares e pela mediação dos meios virtuais de comunicação. Os próprios corpos tornam-se políticos mediante as relações que se tecem entre eles. Isso permite redefinir o que Arendt chamava de "espaço da aparência". A aparência não se sustenta sem um fazer. Finalmente, Butler mostra em detalhe como se cria uma socia-

---

9 A expressão inglesa "*to lay claim*" insiste na reivindicação como atividade. A reivindicação não é apenas jurídica, ela está relacionada à capacidade de agir.

lidade política nas assembleias de rua que reúnem grupos heterogêneos. Os corpos não se reúnem unicamente para defender uma causa comum que preexistiria à sua presentificação. A precariedade dos corpos que assumem o risco de se manifestar juntos é performativa: ela cria uma socialidade igualitária. Socialidade quer dizer que cada grupo "vai além" de suas próprias reivindicações. Esse "além" não existe fora do espaço criado: porque pessoas transgênero se manifestam em Ancara, Londres e Berkeley com feministas e militantes dos direitos humanos, afirma-se uma linha política que protesta contra as agressões tanto policiais como militares, colocando em evidência precisamente o caráter exclusivo, inclusive para as minorias sexuais, dos nacionalismos.

O *enacting* dos corpos que se reúnem para fazer existir o direito a ter direitos basta para dar dimensão política ao acontecimento?

Discutindo essa análise, gostaria levar adiante o seguinte: o acontecimento tem um alcance político graças a um fator histórico que permanece na sombra, mas que dá àquilo que é criado pelos atores e entre os atores o peso de uma vitória explícita (ainda que provisória) sobre o nacionalismo. A exclusão social de pessoas transgênero é sobredeterminada pela história do nacionalismo na Turquia. E é porque a manifestação de Ancara liga esses dois fatores que ela adquire um alcance político. Não se trata apenas de uma despossessão que diz respeito à capacidade "es-tática" dos corpos nem apenas da presentificação de grupos heterogêneos. Retomemos o exemplo das manifestações de pessoas transgênero em Ancara em 2010. Judith Butler observa a respeito do caso: o que faz com que essa manifestação vá além de um ajuntamento de indivíduos é a ligação entre lésbicas, pessoas transgênero, militantes dos direitos humanos, "feministas *lipstick*" e feministas muçulmanas, a qual cria um novo espaço de protesto contra a violência que atinge também pessoas transgênero ou gays, seja na Louisiana, em Wyoming ou na Turquia.

Porém há algo mais: o "além" criado pelas lutas convergentes e pela vida comum exposta é o aparecimento na praça pública da violência exclusiva dos nacionalismos. Porém, o que Butler não explicita é que a Turquia tem, historicamente, uma história privilegiada de nacionalismo. Por essa mesma razão, o peso político da assembleia é sobredeterminado: Mustafa Kemal Atatürk laicizou o país de forma revolucionária, nacional e autoritária. O atual presidente Erdoğan faz da religião muçulmana um tesouro nacional. De fato, na Turquia, nação muçulmana, mas não árabe, que expulsou sucessivamente cristãos e judeus, exterminou armênios e combate curdos, a religião é como uma marca a mais do nacionalismo. Não é também isso que dá a essa manifestação de pessoas transgênero seu alcance político? A mistura de pessoas transgênero e militantes dos direitos humanos, de mulheres muçulmanas e laicas, bem como das "feministas *lipstick*", revela a violência excludente do nacionalismo com mais força política (e mais perigo) em Ancara do que em Berkeley ou Londres.

A questão não é apenas a agência dos/as manifestantes que tece novas relações sociais, desmantelando a distinção entre privado e público, nem apenas a igualdade produzida nesse espaço criado entre grupos heterogêneos; nem, por fim, o fato de os grupos excluídos serem menos afetados pela invisibilidade do que normalmente; a própria heterogeneidade com que se constrói o espaço comum expõe as divisões graças às quais habitualmente o nacionalismo turco se afirma. É todo o impensado do nacionalismo na Turquia que se tornou, se não consciente, pelo menos aparente no espaço público, pois os diversos grupos, por seu próprio ajuntamento, tornam perceptível, sem que tenham previsto, aquilo a que sua reunião se opõe. Nesse caso, é essa a eficácia da sobredeterminação. É também isso que explica a violência da reação do poder turco a tudo que tal manifestação mobilizava. Não seria esse fator não controlável, desconhecido, o que faz o alcance político dessa manifestação? Uma ontologia fundamental da precariedade, apoiando-se na noção de capacidade "extática" dos corpos que Giorgio

Agamben defende e da qual Judith Butler se afasta, corre o risco de ignorar essa sobredeterminação que caracteriza a ação política. A agência dos/as manifestantes convida, no espaço criado pelo ajuntamento, um fator outro que contribui para o seu peso político. Os corpos engajados em uma manifestação tornam-se políticos pelo espaço que criam e pela igualdade na interdependência que eles tornam, ainda que provisoriamente, real. Mas, para que isso se produza, é necessário também um fator que a agência não controla, um fator histórico que a manifestação transforma, no momento mesmo em que está acontecendo, sem que o saiba. Se os corpos vão além de si próprios em uma tal demonstração pública, não é unicamente porque os corpos seriam por si mesmos, em política, instrumento de um para além de si; é porque há política e história graças à sobredeterminação da "agentividade" dos atores. Nesse sentido, o nacionalismo intervém aqui como um fator contingente, ou seja, exterior à explicitação do ajuntamento. Isso poderia ser entendido como um comentário do aforismo hegeliano-marxista: os homens fazem sua história, mas não conhecem a história que fazem. É preciso, todavia, esclarecer: essa condição assubjetiva e impessoal não é o fundamento último sobre o qual repousa a eficácia do que os/as manifestantes fazem. Não há "última instância", seja ela econômica ou ontológica. A agentividade e a criação pública de um espaço entre indivíduos e grupos são importantes, porém não bastam para dar ao ajuntamento o peso político trazido pelo elemento pertencente à história, mas que intervém de forma incontrolada, pois deslocada em relação aos outros desafios.

É sempre por meio de uma exceção que aquilo que é esperado de uma regra transforma uma situação em acontecimento. Uma exceção ou um fator contingente, no sentido de ser exterior ao que vai transformar de forma decisiva. Não é quando a manifestação de pessoas transgênero ocorre no país onde o nacionalismo é mais reivindicado pelo Estado que a convergência das lutas das pessoas transgênero com as de militantes dos direitos humanos, feministas *lipstick*, muçulmanas e laicas torna-se uma questão política? Dois tipos de exclusão se sobrepõem (a das pessoas transgênero e aquela produzida pelo nacionalismo turco), mas é a heterogeneidade na relação que faz com que a dimensão política atue.

    Para Judith Butler, o que faz desse ajuntamento um lugar do político, no duplo sentido da espacialidade e de sua singularidade localizada, é a agência dos corpos reunidos em assembleia. Ela insiste na materialidade desse agir em comum. A materialidade política do lugar e o engajamento dos corpos contribuem para criar a situação como política. A possibilidade de um ajuntamento sobredeterminado ser a alavanca de transformação política faz desse ajuntamento localizado o equivalente do que chamo de objeto e do que Lacan chama de circuito de pulsão. Da mesma maneira que os objetos em psicanálise são encruzilhadas de componentes pulsionais e que a transferência, por uma mudança das condições nas quais essas pulsões se repetem, faz aparecer o lugar e os circuitos, o espaço político desenha um lugar preciso e inédito. Para Butler, a singularidade do lugar decorre da materialidade e do caráter local de uma situação. Entretanto, o fator histórico do nacionalismo que, a meu ver, sobredetermina o *enacting* dos corpos não é local no mesmo sentido. Na análise do que confere o alcance político desse acontecimento, há uma alternativa: ou o espaço e os corpos bastam para produzir a singularidade do acontecimento, ou o que torna o ajuntamento eficaz e confere sua singularidade diz respeito a outra determinação. Na crítica que faço da análise de Butler, paradoxalmente é um fator impessoal, não relacionado ao engajamento dos corpos que agem, que garante a singularidade da situação. Para Butler, é preciso a um só tempo a iniciativa dos agentes e da materialidade para que um lugar do político se crie. A singularidade da situação encontra então a forma. Digo, antes de tudo, que a capacidade de agir dos atores e dos corpos, mesmo reunidos em assembleia, não basta. A sobredeterminação que faz, como na formação do sonho, a singularidade de uma situação não é material no sentido que os corpos reunidos em assembleia e o espaço transformado pelo ajuntamento o são. Se chamamos de singularidade aquilo que faz o acontecimento, é a intervenção da materialidade dos corpos e dos lugares que a produz?[10]

Em política, como nos destinos das pulsões, o inconsciente se relaciona aos atos. E um ato coloca em jogo espaço e materialidade. Mas a agência dos/as manifestantes não é o ato analítico que produz um sujeito. Talvez porque o que é excluído e que retorna no real não é da mesma ordem em uma e outra situações.

Na sobredeterminação, o necessário e o contingente se aliam de modo paradoxal: o fator contingente não evidencia o necessário por um efeito de contraste ou uma contradição lógica, ele frustra sua necessidade. O que reúne a manifestação de pessoas transgênero em Ancara em 2010 desfaz a centralidade dos nacionalismos do mesmo modo que a exceção russa em relação à suposta lei da contradição principal frustra a determinação, em última instância, do grau de desenvolvimento da contradição entre forças produtivas e relações de produção. Não se pode resumir esse paradoxo falando unicamente de um acontecimento supranumerário

---

10 Essa questão possui uma ressonância diferente a depender do contexto: Judith Butler, desde 1997, em *Corpos que importam: os limites discursivos do sexo*, argumenta sobre a importância de vários aspectos da materialidade. A pluralidade das noções de materialidade que ela desenvolve desde então se distingue também do que o *new materialism* entende por isso. A aproximação que faço entre sobredeterminação e localidade nos dois campos distintos dos acontecimentos políticos e das transformações pulsionais vem principalmente, por um lado, na esteira da tradição do materialismo histórico e, por outro lado, de uma reflexão que desenvolvo há muito tempo sobre a espacialidade original das pulsões, seus circuitos, seus objetos, as provações pelas quais as pulsões têm a experiência da inadequação de seus objetos. Trata-se menos de um debate com o período estruturalista de Lacan do que de uma crítica de sua assimilação do objeto a um lugar vazio na estrutura significante ou a um significante flutuante. Inadequação não implica indiferença do objeto. A matéria nos circuitos pulsionais concerne ao depósito da alteridade na constituição de um corpo erógeno. É um debate diferente daquele em que o *new materialism* reage a um suposto *linguistic turn*.

em relação a uma situação estruturada. Não se pode dizer apenas que a política é rara, mas antes, como afirma Étienne Balibar, que é precária.[11] É por isso que o termo "sobre-determinação" é, no fim das contas, um pouco desajeitado. Não se trata de um excedente de determinação que se oporia a uma indeterminação, mas de uma determinação "lateral", ao lado daquela que esperávamos e que frustra o seu poder. Já é assim na análise do sonho por Freud. É a ação decisiva de um "ao lado" que inverte os papéis do central e do marginal, permitindo que ele, o sonho, invente uma forma (*Darstellung*). O melhor exemplo de sobredeterminação do sonho é o resto diurno: aparentemente in-significante, mas o único capaz de suscitar o sonho. Poderíamos dizer que Deleuze e Guattari, que falavam de fenômenos minoritários, já pensaram nisso. Mas a inspiração leibniziana de Deleuze acaba por inscrever uma espécie de matemática do fenômeno minoritário, isto é, uma lei geral da desterritorialização de tudo que parece um todo estruturado. A linha de fuga de toda estrutura ou de toda totalidade se torna o centro, de certo modo. É isso que uma reflexão sobre a espacialidade engajada nos lugares do político, como a que Butler desenvolve, evita.

Um corpo político afetivo?

A vida em comum que atribui um papel motriz às pessoas transgênero, mesmo que seja provisória, transforma a exclusão cotidiana delas em um poder. Mas esse poder é outra coisa que não a alternativa entre poder soberano e inexistência. Não estamos no "se nada somos em tal mundo, sejamos

---

11 É no contexto de uma discussão com Alain Badiou que Balibar afirma essa distinção. Dizer que a política é rara é mensurar o real com base em uma norma ideal; dizer que ela é precária é mostrar que as iniciativas coletivas que inventam uma distância entre violências ultraobjetivas e ultrassubjetivas não estão garantidas por nenhuma Ideia verdadeira como a que Badiou chama de comunismo; Étienne Balibar, *Violence et civilité*: *Wellek Library Lectures et autres essais de philosophie politique*. Paris: Galilée, 2010, pp. 148-54.

tudo" d'*A internacional*, mas na expressão política dos "sem parte", de acordo com Jacques Rancière, que, em certas circunstâncias, falariam em nome de todos. O "nós" produzido é localizado tanto pelo caráter marginal da reivindicação de partida como pela sobredeterminação. Talvez a distinção estabelecida por Rancière entre política e polícia escape a essa passagem sub-reptícia do nada ao tudo que é a fonte comum a Marx, Badiou e Safatle. Pois o fato de a palavra de um grupo de seres falantes que não acessam a existência política começar a valer "por todos" guarda relação com as condições a cada vez específicas que não são "nada"... Não há necessariamente nisso passagem do nada ao tudo por meio de uma retórica da negação. É preciso reler nessa perspectiva *O desentendimento*.[12] Para Rancière, como para Butler, a manifestação – o ajuntamento – como produção de um lugar escapa à oposição política tradicional do particular e do universal. Tal me parece ser a importância, para Judith Butler, do cruzamento entre as reivindicações de direitos heterogêneos e a materialidade dos atos da vida cotidiana partilhada. A materialidade desses atos dá destaque ao fato de que o comum que se produz politicamente não visa representar uma totalidade ou uma unidade representativa de todas as relações sociais. Escapamos, então, da alternativa clássica da filosofia política: ou temos um conteúdo material determinado do comum que faz dele uma simples reivindicação, ou temos uma unidade que totaliza as relações sociais, mas que possui o estatuto de uma norma ideal em relação à qual nos perguntamos sempre como essa unidade se torna real, sem poder dar resposta ao questionamento.

Vladimir Safatle e Judith Butler atribuem uma importância decisiva aos corpos em política. Mas esses corpos intervêm de duas maneiras bastante diferentes: para Butler, a exposição pública e a iniciativa dos corpos são capazes de criar um espaço político, inclusive pela mobilização das necessi-

---

[12] Jacques Rancière, *O desentendimento* [1995], trad. Ângela Leite Lopes. São Paulo: Editora 34, 1996.

dades cotidianas e da afetividade, graças ao risco assumido em público e em comum. Para Safatle, o corpo possui uma dupla função. Por um lado, como suporte de afetos, é a matéria subjetiva dos poderes: tantos quantos forem os Estados distintos, os afetos mobilizados e produzidos, tantas serão as formas de subjetivação. Por outro lado, não se trata de saber como as relações constroem um lugar político, mas de validar a metáfora do corpo político. Há política quando a multiplicidade das relações sociais se totaliza em um corpo coletivo. Vladimir Safatle afirma que há um corpo político; isto é, que mesmo na democracia, e principalmente nela, o lugar do soberano não é vazio. Com isso, ele critica a ideia rousseauniana da relação dos cidadãos com a vontade geral, "obedecendo a todos e não obedecendo a ninguém"; e critica igualmente a tese de Claude Lefort segundo a qual em uma democracia existe um lugar vazio para a autoridade soberana. Há um corpo social, isso quer dizer que a natureza libidinal da relação dos homens em sociedade tece materialmente sua interdependência a partir de seus desejos inconscientes: "Freud segue seu próprio caminho questionando as condições psíquicas de uma emancipação social e uma teorização rigorosa da natureza sensível daquilo que a impede".[13] Para estabelecer essa tese, Safatle se atém longamente à breve referência de Freud a Hobbes em *Psicologia das massas e análise do eu* e mostra que se trata de uma profunda divergência. Freud cita "*homo homini lupus*", mas a questão para ele não é propor um poder soberano que protegeria os indivíduos da guerra de todos contra todos. Essa proteção apenas traz de volta a concorrência e a guerra de todos contra todos, a partir da hipótese errônea segundo a qual o que produz o vínculo entre os homens é o fato de que todos desejam a mesma coisa. O corpo social hobbesiano é individualista, e seu Estado é protetor. É o Estado do *care*. Freud, ao contrário, não faz da agressividade humana uma ameaça mítica de que o Estado deveria distanciar-se mantendo assim o mito.

---

13 V. Safatle, "Fear, Helplessness and Political Bodies as Circuits of Affects", op. cit., p. 69.

A violência inter-humana, de acordo com Freud, não está ligada à propriedade das coisas, e o papel do Estado é o de limitá-la sem desprezar sua virulência. O que há de positivo na agressividade é que ela é uma relação: o homem não é um indivíduo, há violência não porque todos desejem a mesma coisa, o que desenharia uma sociedade de concorrência sem fim fundada no que chamo de animismo da propriedade. Ao contrário, a violência inter-humana à qual, segundo Freud, a abolição da propriedade privada não vai pôr fim é o sintoma de uma relacionalidade fundada na dependência, cujo exemplo típico é o desamparo (*Hilflosigkeit*) da criança. O desamparo é o afeto vivido pela criança na angústia, e não o medo, como em Hobbes. Freud, de fato, e também Lacan distinguem bem a angústia do medo. A angústia é a experiência da desproporção entre a grandeza, a suposta força dos adultos e a impotência da criança. Para Vladimir Safatle, é esse afeto transindividual de desamparo que um Estado verdadeiramente democrático deveria reconhecer e mobilizar. Há aí uma reminiscência da antropologia política da vulnerabilidade de Butler, exceto que Safatle inscreve o desamparo na relação com um poder soberano, um poder soberano que inscreveria em suas instituições a ilusão da potência que os cidadãos atribuem a elas.

Há algo na consideração do poder soberano que não pode ser completamente afastado como uma figura regressiva da dominação; há algo nessa figura que parece florescer para além dos efeitos de submissão que um tal poder parece desencadear. Isso bem que poderia explicar por que há em Freud duas figuras da autoridade. A primeira decorre da fantasia do pai primevo formulada em *Totem e tabu* e retomada em *Psicologia das massas e análise do eu*. O outro paradigma é a negação interna do primeiro. Ele nos dá espaço para reavaliar a dimensão política do pensamento de Freud, aquela que aparece em *Moisés e o monoteísmo*.[14]

Todas as fantasias de poder que submetem os sujeitos políticos devem se transformar a partir do interior como em

---

14 Ibid., p. 71.

uma cura analítica.[15] Safatle mostra que a insistência de Freud nas figuras superegoica, paternal e paternalista do poder não visa sacralizar essas formas de poder, mas, ao contrário, mostrar sua função de ilusão e evitação do desamparo. É nessa perspectiva que ele lê a obra de Freud *Moisés e o monoteísmo*. O que Safatle traça como perspectiva é como o Estado pode reconhecer a angústia como afeto político que, sozinho, triunfa sobre ilusões e devastações do individualismo.

Judith Butler e Vladimir Safatle também se encontram ao afirmar que a produção do comum não é uma norma ideal: a performatividade é uma produção do espaço e dos corpos como políticos que transforma o que eles eram como simples condição de ação. Mas a convergência termina aí: para Butler, não há a exigência de que o comum produzido seja uma unidade tal qual a de um corpo coletivo. Exatamente ao contrário: para que um ajuntamento tenha eficácia política, é preciso que ele se produza à margem de uma exclusão determinada: no caso, a das pessoas transgênero.

Em oposição, Vladimir Safatle coloca uma tripla exigência: primeiro, para que uma ação seja política, é preciso que alcance o Estado, isto é, a unidade de todas as relações sociais parciais. Nesse ponto, ele não é foucaltiano, contrariamente a Butler. Mas é preciso também, em segundo lugar, que um Estado organize nos fatos o comum que circula na multiplicidade das relações sociais. É por essa razão que Safatle valida a metáfora do corpo político. O comum tem um corpo, o Estado: "Não há política sem a encarnação local da existência da vida social na totalidade de suas relações".[16] Essa encarnação não é nem uma Ideia reguladora nem uma condição transcendental, como o contrato em Rousseau ou em Hobbes. Finalmente, o que dá materialidade aos Estados

---

15 Mediante a expressão "negação interna", Safatle reafirma discretamente a extrema proximidade entre Hegel e Lacan, tese que apresenta em *A paixão do negativo: Lacan e a dialética*. São Paulo: Editora Unesp, 2010.

16 Comunicação oral na qual Safatle retoma *O circuito dos afetos*. Seminário na Universidade Paris-Diderot, 29 fev. 2016.

são os afetos que constroem o comum por meio de relações mútuas e que especificam também o tipo de unidade política. Safatle esboça uma tipologia dos Estados segundo o tipo de afeto ao qual estes recorrem: as metáforas diversas do corpo político não descrevem necessariamente uma coesão social de tipo orgânico que somente um soberano unificaria.

A unidade política depende do tipo de afeto que é mobilizado pela instância estatal: o Estado hobbesiano mobiliza o medo. O Estado capitalista mobiliza a autovalorização e o regime da rapidez máxima na mobilização e satisfação dos desejos. O "corpo social do trabalho" de que Marx fala é, neste caso, a única comunidade de luta capaz de se opor à "falsa universalidade" da lógica capitalista. Freud, ao contrário, para além das teorias do superego, instaura a angústia (e não o medo) como o único fundo unificador dos indivíduos em um corpo sociopolítico. Em sua última obra, *Moisés e o monoteísmo*, um Estado verdadeiro é, segundo a leitura de Safatle, aquele que sabe fazer circular em todas as relações sociais a incerteza dos fundamentos, que é também a divisão do sujeito em psicanálise. Jogando com a expressão alemã *"zu Grunde gehen"* – a partir de Hegel e Heidegger –, que quer dizer, ao mesmo tempo, ir ao fundo das coisas e encontrar o "sem fundo", Vladimir Safatle de algum modo coloca de acordo o Lacan da negatividade do desejo, o Hegel da teoria do Estado e o Freud do *Moisés*. Um Estado democrático seria aquele que se funda em uma política do desamparo, que não apaga o desamparo da infância humana. Freud é, então, o pensador do corpo político que soube expor a potência paradoxal do desamparo: ele soube transformar um fato biológico em uma "dimensão ontológica da vida psíquica". Mais precisamente, o que caracteriza a infância é a desproporção entre a intensidade de um perigo ou de uma excitação e a capacidade do outro de responder a isso. Essa suspensão da resposta é também o recurso próprio de um fim de análise, diz Safatle, leitor de Lacan: a insegurança ontológica que Freud não apaga do político seria uma suspensão da ordem simbólica, assim como o desamparo de um fim de cura analítica, quando o confronto com o traumático do real sexual não é mais excluído e se torna experiência.

Nessa análise, muitas sugestões são inventivas: por exemplo, quando se refere à antropologia de Hobbes – a guerra de todos contra todos, cuja ameaça o Estado deve sempre afastar por meio de uma soberania absoluta –, que se confronta com aquela de Freud. A agressão generalizada do estado de natureza em Hobbes está ligada, diz Safatle, ao pressuposto arbitrário – porém característico das sociedades capitalistas – de que todos desejam a mesma coisa. Nessa perspectiva, a doutrina de Hobbes (lida a partir de Freud e Lacan) teria sido o sonho de um corpo político fundado em uma angústia que teria encontrado seu objeto, um objeto do qual se poderia ser proprietário, o que configura uma exclusão ilusória da angústia.

Dito isso, não haveria nessa validação das metáforas do corpo político um curioso curto-circuito nas relações sociais? O único conteúdo dessas relações é seu modo de fixação à instância unificadora. Há como que um esmagamento do social pelo político. Uma filosofia dos afetos, ou mesmo do desamparo como afeto, basta para construir um pensamento do político? Além disso, não compreendemos bem, lendo Safatle, como a instância unificadora toma a iniciativa de fazer circular a angústia nas relações sociais que possuem sempre outro conteúdo que não o de sua fixação à unidade política. E, para falar a verdade, quando o compreendemos, sentimos um certo "calafrio na espinha": deve-se instaurar leis ou medidas que instaurem a divisão subjetiva e o desamparo para que o Um político tenha materialidade?

À perspectiva de Safatle, Coelen responde que o curto-circuito entre o afeto do desamparo e a construção de uma unidade política que teria a unidade de um corpo sinaliza mas apaga uma aporia do político que o próprio Freud formulou em *Psicologia das massas e análise do eu*: Freud não se limita a construir o político mediante o mito do assassinato do pai, nem mesmo mediante a referência ao assassinato de Moisés. Ele assinala que a identificação ao Pai morto mantém e talvez redobra a obscuridade que ele reconhece no mecanismo de identificação. É, na verdade, a propósito da relação entre afeto e política que Freud ressalta que a identificação permanece um enigma, ainda que a abordagem analítica extraia alguma clareza dessa noção: a horda de irmãos é constrangida pelo pai a instaurar não apenas uma solidariedade fundada em um recalcamento do assassinato, mas a própria psicologia das massas como interrogação teórica partilhada por todos os irmãos, isto é, pelos teóricos da psicanálise!

> [...] Podemos imaginar apenas o seguinte. O pai primordial havia impedido os seus filhos de satisfazerem seus impulsos sexuais diretos; obrigou-os à abstinência e, por conseguinte, ao estabelecimento de laços afetivos com ele e entre si, que podiam resultar dos impulsos de meta sexual inibida. Ele os compeliu, por assim dizer, à psicologia da massa.[17]

Tal é, segundo Marcus Coelen, a contribuição de Freud ao pensamento do político. Seu texto passa da análise das massas como objeto de saberes (sociológico, psicológico, psicanalítico) ao discurso sobre esse objeto cujo desaparecimento é uma transformação interna ao mito. Ora, é essa transformação mítica que efetua o vínculo identificador entre afetos e corpo político. O pressuposto do caráter objetivo desse vínculo se desfaz pela afirmação de Freud de que o mito do pai é o que faz psicanalistas falarem e escreverem. Se levarmos em conta que a própria "identificação" é afetada por sua ausência de fundamento, atribuímos a ela também o fato de que o político é um nome para o pensamento desse lugar onde a incerteza de sua própria existência é excluída. Na "identificação", a psicanálise é, por assim dizer, projetada por seu outro

---

[17] S. Freud, "Massenpsychologie und Ich-Analyse", in *Gesammelte Werke*, Band 13. Frankfurt am Main: Fischer, 1987, pp. 138–39 [ed. bras.: "Psicologia das massas e análise do eu", in *Psicologia das massas e análise do eu e outros textos*, trad. Paulo César de Souza. São Paulo: Companhia das Letras, 2011, p. 68. Obras Completas, v. 15]. A frase decisiva para a leitura de Marcus Coelen é: "*Er zwang sie sozusagen in die Massenpsychologie. Seine sexuelle Eifersucht und Intoleranz sind in letzter Linie die Ursache der Massenpsychologie geworden*".

em si mesma, afetada pelo próprio afeto. Assim procedendo, ela projeta seu outro que é o político.[18]

Essa tese de Coelen – convenhamos, radical – foi construída pela conexão de vários temas freudianos: o autor parte do fragmento de 1938 no qual Freud faz da identificação um mecanismo psíquico que apenas o uso retórico da negação conseguiria captar: "'Ter' e 'ser' nas crianças. As crianças gostam de expressar uma relação de objeto por uma identificação: 'Eu sou o objeto'. 'Ter' é o mais tardio dos dois; após a perda do objeto, ele recai para 'ser'. Exemplo: o seio. 'O seio é uma parte de mim, eu sou o seio'. Só mais tarde: 'Eu o tenho' – isto é, 'eu não sou ele...'".[19]

Coelen observa que essa relação entre o ser e o ter se expressa por um jogo de negação: o ter supõe um processo de perda do objeto que uma escuta analítica identifica, mas que, ao mesmo tempo, permanece implícita ou apagada graças ao emprego da negação que parece simplesmente separar o ter

---

18 "[...] o político é um nome para pensar, a partir da exposição da incerteza de sua existência. A escrita desse nome em sintaxes tocou muitos autores, desde Freud, via Georges Bataille e outros, até Safatle. Em termos bastante esquemáticos, o encontro freudiano com o político – na forma básica do social, o estar-junto ou estar-com primitivo, o encontro com o outro como uma multiplicidade de outros – é baseado na aporia da *identificação*, no enigma que produz em e através de si mesmo, e na fábula do pai morto como um suplemento especulativo"; M. Coelen, "Prolegômenos para a escrita do afeto", op. cit., p. 323.

19 S. Freud, "Ergebnisse, Ideen, Probleme" apud M. Coelen, "Prolegômenos para a escrita do afeto", op. cit., p. 320. É bem verdade que, já em 1920, em *Psicologia das massas e análise do eu*, Freud faz referência a essa elisão sutil que atua na relação entre o ser e o ter, uma vez que se trata de identificação. Em 1920, foi a respeito dessa identificação edipiana que isso foi mencionado; S. Freud, "Psicologia das massas e análise do eu", op. cit., p. 47. Em 1938, foi a respeito do desamparo da criança. Coelen assinala que, em *Psicologia das massas e análise do eu*, o materno é excluído da consideração das massas e das instituições. Ele se refere aqui também, implicitamente, às fórmulas lacanianas sobre a diferença entre os sexos: "*Il n'est pas sans l'avoir, elle est sans l'avoir*" [Ele não é sem ter, ela é sem ter].

do ser, ou seja, separar a relação com um objeto da identificação. Observaremos que essa retórica da negação não é a negatividade hegeliana. Não é uma negação interna, é uma incapacidade de triunfar sobre um termo exterior ao pensamento como é o objeto, sua exterioridade se inscrevendo precisamente como implicação inconsciente do pensamento naquilo com que ele lida. Segundo Marcus Coelen, essa importância retórica da negação quando se trata da identificação, em particular da identificação em política, encontra no texto de Freud contornos estilísticos que cobrem e recobrem a obscuridade da formação das massas. Desde o início do texto *Psicologia das massas e análise do eu*, Freud evoca as massas como objeto de seu discurso, afirmando que os sociólogos e os antropólogos antes dele descreveram suas características, mas sem detectar a natureza libidinal dos laços sociais criados nas massas. Por essa razão não souberam compreender a perenidade das massas. Le Bon, McDougall e Trotter não elucidam como as massas se sustentam. Por isso, em Freud, encontram-se os capítulos sobre a hipnose, o estado amoroso e a identificação. Repentinamente, no capítulo em que Freud elucida as modalidades da identificação em política, é a narrativa do mito que passa, sub-repticiamente, do objeto em si mesmo ao discurso teórico sobre esse objeto. O chefe da horda primitiva teria legado aos especialistas da identificação, os psicanalistas, a tarefa sem fim de compreender os mecanismos da identificação em política. Talvez a política e as interrogações sobre o que é um corpo político sejam apenas a repetição da coerção pela qual o pai primitivo coage seus filhos a repetir um assassinato adornado com os adereços da teoria e as coerções obscuras das instituições. Freud mostraria que a própria psicologia das massas como disciplina, portanto a psicanálise também, está presa na obscuridade à qual pretende dar fim. O furão[20] que corre na substituição do

---

20 No original, *furet*, que pode ser um mamífero, o furão, e uma forma de designar uma pessoa intrometida. Também pode ser o nome de um jogo de tabuleiro e, metonimicamente, de um objeto que circula de mão em mão entre os jogadores e que deve ser desco-

ter ao ser e no retorno, por identificação, ao ser que ignora sua própria proveniência a partir de uma perda é o mesmo furão, diz Coelen, que levou Freud a escrever que o pai da horda coagiu seus filhos à "psicologia das massas", isto é, a escrever incessantemente sobre o assassinato do pai como fundamento do corpo político. Trata-se, então, de um fundamento que é uma ausência de fundamento. Coelen, como Safatle, joga com o duplo sentido do termo *Abgrund*,[21] mas faz com que esse jogo de palavras inscrito na língua alemã diga algo bem diferente: ali onde Safatle fazia do desamparo e da angústia o que deve circular em uma relação com o Estado que seria, não obstante, democrático, Coelen faz do desamparo algo que não pode jamais se tornar objeto do político, pois o político é a projeção, em um objeto – "a massa" –, do caráter inescrutável de sua origem.

Devemos nos ater à alternativa desenhada pelo diálogo entre Vladimir Safatle e Marcus Coelen? Já comecei a formular minhas reservas a respeito da tese de Safatle. Quanto a Coelen, eu oporia prontamente o seguinte: a ambiguidade ou o deslizamento que ele identifica, a justo título, na frase de Freud, não concerne apenas ao momento do pensamento freudiano em que a dificuldade de conceber a identificação se radicaliza por meio de um mito que deveria esclarecer a identificação em política. Coelen diz que a expressão decisiva é: "Ele [o pai] os forçara, por assim dizer, à psicologia de grupo". Essa frase efetuaria o deslocamento das massas como objeto para a massa como sujeito produzido pela iniciativa de um pai mítico que os constrangeria à teoria.

Por um lado, parece-me que a ambiguidade circula no texto de Freud desde o início, não apenas no que diz respeito à política do pai e dos irmãos. Ele joga com a diversidade das línguas que mobiliza: massa psicológica, psicologia das massas (Le Bon), *Group Mind* (McDougall), *psychologische Masse*,

---
berto por quem estiver em meio a um círculo formado pelos outros participantes. [N. T.]
21 A autora refere-se ao fato de que o termo *Abgrund*, que em alemão significa "abismo", ressoa *ab Grund*, "sem fundamento". [N. E.]

Massenpsychologie. A alternância dessas expressões no texto freudiano precede a atenção ao difícil conceito de identificação, *a fortiori* às particularidades da identificação em política. Por outro lado, a passagem considerada se inscreve em uma questão que permeia todo o texto: qual é a relação entre a psicologia individual, ou psicologia do indivíduo, e a psicologia das massas e, de modo mais geral, a psicologia dos grupos? Ele começa recusando a oposição entre as duas, mas volta a trabalhar os termos ao longo de sua obra, em particular no capítulo x, sobre "A massa e a horda primeva". Como em *Além do princípio do prazer*, Freud projeta nas coisas, a favor do ponto de vista filogenético, distinções que pertencem ao pensamento do pesquisador. E é nesse movimento de pensamento que se produz, por etapas, a passagem do objeto do discurso para o discurso propriamente dito. Assim, Freud se pergunta qual é a mais antiga, a psicologia individual ou a psicologia das massas, algo que, fora dessa passagem para uma suposta filogenia, epistemologicamente não teria pertinência:

> Assim como o homem primevo se acha virtualmente conservado em cada indivíduo, assim também pode ser restabelecida a horda primeva a partir de um ajuntamento humano qualquer [...]. Temos de concluir que a psicologia da massa é a mais velha psicologia humana; aquilo que, negligenciando todos os vestígios da massa, isolamos como psicologia individual, emergiu somente depois, aos poucos, e como que parcialmente ainda, a partir da velha psicologia da massa.[22]

---

22 S. Freud, "Psicologia das massas e análise do eu", op. cit., pp. 66–67. [N. T.: Na edição francesa utilizada por Monique David-Ménard, o trecho citado apresenta uma ênfase, em relação à edição brasileira aqui utilizada, no que diz respeito à parcialidade da psicologia individual: "*ce que nous avons isolé en tant que psychologie individuelle, en négligeant tous les résidus de foule ne s'est dégagé que plus tard de l'ancienne psychologie des foules, progressivement et pour ainsi dire d'une manière qui n'a jamais été que partielle*" (o que isolamos como psicologia individual, negligenciando todos os resíduos de massa, emergiu somente muito tardiamente da antiga psicologia das massas, progressivamente e, por assim dizer, de um modo que sempre foi parcial)]

Já nessa passagem, Freud confunde o discurso psicológico sobre o indivíduo com a gênese do indivíduo a partir da massa, supondo implicitamente que se pode fazer coincidir os dois. Ele repete imediatamente essa confusão, corrigindo o que acabou de afirmar: "A psicologia individual deve ser, isto sim, tão velha quanto a psicologia da massa, pois desde o início houve dois tipos de psicologia, a dos indivíduos da massa e a do pai, chefe ou líder".[23]

"Desde o início", o que isso quer dizer? Pode haver uma coincidência entre o pesquisador e os tempos primevos? Quando ele diz: "houve dois tipos de psicologia", não há nenhuma necessidade de se perguntar como as características psicológicas do líder engendrariam as dos membros do grupo. Permanecemos na construção de dois objetos distintos. "Psicologia", aqui, se aplica ao discurso sobre um objeto. Mas, logo em seguida, Freud volta ao raciocínio supostamente evolucionista: seria esperado que essa psicologia do indivíduo chefe, líder, deus hipernarcisista, em um mergulho mítico do teórico, produzisse laços entre os membros de seu grupo que é chamado "psicologia da massa". Ele produz ao mesmo tempo a massa, como laço ambivalente a si mesma, e a teoria desse laço, cujo ponto de aparição, em um momento de transformação do mito, o pesquisador pretende capturar... Não estou certa de que seja necessário recorrer à filosofia do vivente de Georges Canguilhem para validar essa confusão de inúmeros registros epistêmicos. Qual é a diferença que está em questão? Raciocina-se de modo diferente na teoria da evolução, no âmbito da qual o pesquisador nunca pretende se confundir com o processo cujos mecanismos descreve, e em uma análise de dois regimes diferentes de funcionamento psíquico. Freud confunde o tempo do pensamento com o tempo dos "objetos" de que fala, o que é um erro lógico muito frequente. Certos filósofos, como Hegel, identificaram nitidamente que é em razão do tempo que essa sobreposição parece produzir-se e quiseram fazer de tal deslocamento lógico o princípio dialético do pensamento. Eles

---
23 Ibid, p. 67.

sabem que com isso fundam um idealismo. Já Freud, por sua vez, não quer fundar um idealismo filosófico. Por que não dizer que Freud faz às vezes estranhos atalhos, e não apenas a respeito da identificação, em política, entre mito, análise e evolucionismo "expandido" para fora das condições que dão a essa teoria sua pertinência? Observemos, aliás, com Marcus Coelen, que Freud descreveu, em 1920, a identificação de acordo com seu aspecto paterno e masculino; somente em 1938 o furão que corre entre o ser e o ter na identificação se referirá à perda do seio.

Para concluir, não vemos por que o abismo, o ponto de impensado que Marcus Coelen detecta entre alguma coisa e o discurso que se mantém sobre essa alguma coisa, seria característico da maneira como a psicanálise aborda o político. Essa passagem impensada, essa imaginação de uma materialidade do objeto que suscita a fala e a escrita, não seria, para Marcus Coelen, a própria essência da literatura, e não apenas da que diz respeito à identificação em política?

Uma vez que minha pesquisa versa sobre a opacidade dos objetos na sexualidade e nas formas sociais da propriedade, a discussão com Coelen e Safatle é decisiva para meu propósito. Correndo o risco de ratificar o narcisismo das pequenas diferenças, diria que a opacidade de que falo não estaria relacionada a um abismo (*Abgrund*), impacto do desamparo infantil, circulando nas relações sociais e capazes de fundar um Estado radicalmente democrático; também não está relacionada a um contorno estilístico quase imperceptível (*almost imperceptibly*) que faz do político o lugar de uma projeção nas coisas do ponto de impensável nas relações sociais. Não há abismo na opacidade, há uma heterogeneidade do social ao sexual que, não obstante, os articula um ao outro, e não da mesma forma se partirmos dos desejos ou se partirmos das relações sociais. Em suma, é o reino da inadequação, e não do abismo: inadequação dos objetos ao que é visado pelos desejos e para a qual os dispositivos sociais aparecem apenas como "laços", ao passo que uma instituição produz ou cria também coisas e redes; inadequação dos dispositivos aos desejos, dispositivos que não se reduzem aos desejos, mas que lhes oferecem oportunidades de se transformar. Cada um dos registros desconhece o outro, e não há simetria entre esses dois trajetos pelos quais um pesquisador aborda a tomada de um registro por outro. Mas é descrevendo essa dissimetria que pensamos em sua articulação.

A vida pulsional e o comum: sempre defasados pela opacidade dos objetos

À desconstrução da materialidade, contraponho um ensaio para conceber como as relações sociais e políticas inventam uma defasagem entre a vida pulsional e o comum. Visto pelo prisma da análise, esse processo aparece como um salto do sexual inconsciente naquilo que lhe oferece a cultura; aliás, é a isso que Freud chamava "trabalho da cultura". Mas é necessário também fazer o caminho inverso, pois existe precisamente um *gap*, como diz Marcus Coelen, entre desejo e relações sociopolíticas: sem esquecer o sujeito do inconsciente sexuado, é preciso se desenraizar para compreender como relações sociais, jurídicas e políticas que se constroem ignorando o desejo são oportunidades de transformação para os desejos.

A questão que surgiu ao ler Butler é a seguinte: uma filosofia dos afetos pode unificar a agência dos corpos em política e a repetição pulsional em psicanálise? A questão que sempre coloquei e cuja pertinência se confirma com a leitura de Safatle é: não haveria um *gap*, um salto, um espaço que a psicanálise poderia aceitar reconhecer entre a questão do sujeito e a oferta de transformações que o político representa para o sujeito do inconsciente? Ora, é precisamente porque a materialidade que atua nas relações sociais é defasada em relação à materialidade das pulsões que a primeira pode não apenas ignorar a segunda, mas lhe oferecer objetos culturais, pretextos para a sublimação.

Os teóricos atuais dos afetos em política recorrem de bom grado a Spinoza, e Vladimir Safatle não é exceção a essa tendência.²⁴ Entre os autores que cita, cada um dá a sua versão das relações de afetos mobilizados pelo político. Mas, justamente, não deveríamos tentar compreender por que, nas três obras sucessivas em que Spinoza trata do político, ele recorre cada vez menos aos afetos como cimento do político?²⁵ Em *Tratado teológico-político*,²⁶ o Estado hebreu está fundado em um pacto e em uma promessa de cada um para com todos que supõem um disciplinamento dos afetos, portanto, sua mobilização.²⁷

24 Em sua obra sobre o circuito dos afetos, Safatle deixa claro que Spinoza distingue o exercício da liberdade de pensamento da função do Estado, que é garantir a segurança como se o homem privado devesse ser protegido do poder do público. O fato de Spinoza não ter conseguido distinguir esses registros de outro modo que não os identificando à vida privada e à vida política mostra os limites de seu pensamento. Mas não se pode resumir a teoria de Spinoza a uma teoria política que preconizaria uma relação direta entre afetos e política... Um discurso político militante apelar aos afetos é uma coisa, considerar que essa é a maneira justa de compreender como as relações sociais oferecem aos sujeitos de desejo oportunidades e materiais que permitem deslocamentos fecundos de seus impasses subjetivos é outra.
25 Essa é uma consequência do fato de Spinoza desligar os dispositivos políticos das subjetividades, sejam racionais e voluntárias, sejam passionais. Ainda que não sejam racionais, não seriam os afetos subjetivos demais para fundar as "máquinas" políticas? Ver, a esse respeito, Lucien Mugnier-Pollet, *La Philosophie politique de Spinoza*. Paris: Librairie Vrin, 1976.
26 Respectivamente, *Tratado teológico-político*, cap. XVI; *Ética*, livro IV, 37, escólio 2, e *Tratado político*, cap. 2, § 15. Cito a tradução da Pléiade dessas três obras (sob a responsabilidade de Roger Caillois, Madeleine Francès e Robert Misrahi), em que se traduz "*affectus*" por "*sentiment*" [sentimento], enquanto a edição da *Ética* pela Seuil, traduzida por Bernard Pautrat, prefere "*affect*" [afeto]; B. de Spinoza, *Éthique*. Paris: Seuil, 1988, pp. 399-401 [ed. bras.: *Ética*, trad. Tomaz Tadeu. Belo Horizonte: Autêntica, 2007].
27 "[...] veremos com toda clareza que, para viver em segurança e o melhor possível, eles [os homens] tiveram forçosamente de unir-se e fazer assim com que o direito natural que cada um tinha sobre todas as coisas se exercesse coletivamente e fosse determinado, já não pela força e pelo desejo do indivíduo, mas pelo poder e vontade de todos em conjunto [...]. Por isso, tiveram de estabelecer firme-

Em *Ética*, não há mais nem pacto nem contrato, mas um simples "consentimento comum" ao que é útil a todos.[28] Finalmente, no *Tratado político*, não há mais contrato nem mesmo consentimento comum que seja o momento constitutivo do Estado. Sem a ajuda mútua, escreve Spinoza,[29] os

---

mente e acordar entre si que tudo seria regido apenas pelos ditames da razão, à qual ninguém ousa opor-se abertamente ainda assim não pareça demente [...]"; B. de Espinosa, *Tratado teológico-político*, trad. Diogo Pires Aurélio. São Paulo: Martins Fontes, 2003, p. 237. Na edição francesa, uma nota dos editores esclarece que Spinoza admite tanto o aspecto moral do pacto como o aspecto jurídico do contrato, mais concreto; ver "Traité des autorités théologiques et politiques", in *Œuvres complètes*. Paris: Gallimard, 1954, p. 1474.

28 "Para que os homens, portanto, vivam em concórdia e possam ajudar-se mutuamente, é preciso que façam concessões relativamente a seu direito natural e deem-se garantias recíprocas de que nada farão que possa redundar em prejuízo alheio. Por qual razão isso pode vir a acontecer – quer dizer, que os homens, que estão necessariamente submetidos aos afetos (pelo corol. da prop. 4) e são inconstantes e volúveis (pela prop. 33), possam dar-se essas garantias recíprocas e terem uma confiança mútua – é evidente [...] é porque nenhum afeto pode ser refreado a não ser por um afeto mais forte e contrário ao afeto a ser refreado, e porque cada um se abstém de causar prejuízo a outro por medo de um prejuízo maior. [...] Uma tal sociedade, baseada nas leis e no poder de se conservar, chama-se sociedade civil e aqueles que são protegidos pelos direitos dessa sociedade chamam-se cidadãos"; Spinoza, *Ética*, op. cit., pp. 309–11. [N.T.: Na edição francesa utilizada por Ménard, o trecho final da citação apresenta diferenças significativas em relação à edição brasileira: "*Or cette société, affermie par des lois et par le pouvoir de se conserver, s'appelle État* (Civitas) *et ceux qui sont protégés par ses lois* (jure) *s'appellent Citoyens*" (Ora, essa sociedade, fortalecida pelas leis e pelo poder de se conservar, chama-se Estado (*Civitas*), e aqueles que são protegidos por suas leis (*jure*) chamam-se Cidadãos).]

29 Essa passagem do *Tratado político* que já citei confrontando pontualmente Freud a Spinoza adquire agora todo o seu alcance: "E o certo é que cada um pode tanto menos e, consequentemente, tem tanto menos direito quanto mais razão tem para temer. A isto acresce que os homens, sem o auxílio mútuo, dificilmente podem sustentar a vida e cultivar a mente. E, assim, concluímos que o direito de natureza, que é próprio do gênero humano, dificilmente

homens mal poderiam manter sua vida e cultivar seu espírito; o "direito de natureza dificilmente pode conceber-se a não ser onde os homens têm direitos comuns". Essa reserva de Spinoza no que concerne a uma articulação direta entre os afetos e o político é bastante notável para meu propósito.

A palavra "corpo" evoca espontaneamente uma materialidade. Não podemos afirmar que é a mesma aqui e ali senão à condição de reduzir as pulsões aos afetos e de construir o corpo político a partir dos afetos, o que prescinde de um fator do político relacionado à sobredeterminação. A palavra "corpo" remete não a uma ontologia, mas a um materialismo de método que permite situar um fator inconsciente diferente em um e outro caso. Em cada um dos casos se estabelece uma conexão entre a opacidade de um fator material e aquilo que escapa aos agentes implicados: o que acontece em uma manifestação de rua pode criar, graças à atuação dos corpos no espaço de uma cidade e à intervenção de outro fator, uma realidade coletiva de que nenhum corpo em par-

---

pode conceber-se a não ser onde os homens têm direitos comuns e podem, juntos, reivindicar para si terras que possam habitar e cultivar, fortificar-se, repelir toda a força e viver segundo o parecer comum de todos eles"; id., *Tratado político*, trad. Diogo Pires Aurélio. São Paulo: Martins Fontes, 2009, p. 19. [N.T.: Novamente, a citação francesa apresenta diferenças notáveis em relação ao mesmo trecho da edição brasileira consultada: "*De toute évidence, enfin, la puissance et par conséquent le droit naturel de chacun diminuent, à mesure que le motif de crainte s'accroît. Au surplus les hommes, s'ils ne s'avisaient de s'entraider, ne seraient même pas capables de subvenir à leurs besoins vitaux et encore bien moins de mener une vie spirituelle quelconque. Il nous faut donc conclure que le droit naturel du genre humain n'est concevable que sous de précises conditions: les hommes doivent accepter une législation générale*" (Evidentemente, por fim, o poder e consequentemente o direito natural de cada um diminuem na medida em que aumenta o motivo de temor. Além disso, os homens, se não ousassem se ajudar, não seriam nem mesmo capazes de prover suas necessidades vitais e ainda menos de levar uma vida espiritual qualquer. Devemos então concluir que o direito natural do gênero humano só é concebível sob condições precisas: os homens devem aceitar uma legislação geral).]

ticular se sabia capaz e cujo simples encontro em um lugar não bastaria para criá-la. Tanto na realidade como no saber, é um fator não controlável por quem quer que seja que decida sobre o êxito ou o fracasso dessa assembleia dos corpos. No campo da sexualidade, é precisamente o excesso daquilo que pode suscitar o gozo em relação à programação significante do desejo que melhor resume o inconsciente em funcionamento nos destinos das pulsões. Ora, as condições "experimentais", isto é, as condições materiais da cura, criam as condições que "desnudam", de certo modo, esse fator ordinariamente inconsciente. Mas isso não implica passar continuamente do político às pulsões, nem das pulsões ao político, justamente porque a opacidade dos objetos é também a heterogeneidade persistente de dois aspectos: o político não tece unicamente afetos, e as pulsões só encontram objetos culturais ou políticos caso cruzem um limiar que as pulsões sozinhas são incapazes de produzir. É esse também o desafio do que Freud chamava o "trabalho da cultura".

Paradoxos do inconsciente sexuado.
Onde se situa a materialidade?

É muito interessante, inclusive, que as traduções inglesas e francesas de Freud sempre anulem a materialidade que ele atribui às pulsões: darei um só exemplo que descobri recentemente. Em 1915, em *As pulsões e seus destinos*, Freud faz uma curiosa referência ao ritmo da vida pulsional, que é uma sucessão de erupções de lava. Há algo específico que o interessa nessa comparação: certas pulsões, as erupções mais antigas, revelam-se não transformáveis depois de terem se espalhado, formando as primeiras camadas dos destinos subjetivos. Outras, que se espalharam mais recentemente, são, ao contrário, transformáveis, e é para isso que se empenha uma cura psicanalítica. O importante aqui é que essas erupções sucessivas subsistam na vida pulsional, e trata-se de saber como a paisagem pulsional é formada por esses eventos geológicos. Essa materialidade em nada incomoda

Freud, pois se trata sempre também de clínica: quais são as condições e os limites do poder de uma cura? É a respeito dessa questão que o vocabulário vulcânico é convocado em "Análise terminável e interminável" (1937).

Porém, na tradução francesa, a materialidade implicada nas fórmulas freudianas é atenuada: não se fala mais em erupção de lava, mas em ondas![30] Contudo, uma onda termina quando outra se forma, e os sedimentos que deixa na praia não têm nada a ver com a solidez e a justaposição dos depósitos vulcânicos. Por que esse medo da materialidade?

A resposta a essa questão não divide as doutrinas: conhecemos a crítica da energética freudiana por Lacan, que prefere falar de "circuito" pulsional e de pulsão como uma montagem surrealista. Onde Freud recorria aos vulcões, Lacan interpreta o *Drang*, o impulso pulsional constante como o traçado de um circuito que gira em torno do objeto e volta para o próprio corpo, tornando essa fonte erógena pelo retorno incessante. A "constância do impulso" remete à relativa estabilidade do circuito. Trata-se ainda de uma materialidade, mas uma materialidade de superfície que em seguida será construída por uma topologia. Lacan também diz que um sujeito humano é constituído pela vida de suas pulsões que visam à satisfação, ao objetivo uniforme de que Freud falava. Ele acrescenta apenas que toda questão é saber como esse objetivo se realiza, há satisfações mais custosas, em termos de sintomas, do que outras.

Quando nos atemos a definir a materialidade do inconsciente unicamente pelo corpo, ou então pelas pulsões independentemente da transferência, a vantagem é colocar em primeiro plano esse paradoxo da impessoalidade: Freud concorda que as pulsões são seres grandiosos e míticos, e Lacan fala do sujeito das pulsões como de um "sujeito acéfalo". Ou, ainda, ele afirma que o gozo só se pode produzir em um corpo e que "ninguém pode dizer eu gozo".

Mas há outra maneira de abordar a materialidade do sexual na relação entre a transferência e a repetição. Quando

---

30   Também é o caso das traduções em inglês.

ele fala, em 1932, da teoria das pulsões como de "nossa mitologia", Freud acrescenta imediatamente que, no entanto, na clínica nós não largamos o campo pulsional. E, da mesma forma, Lacan chega às vezes a descrever a materialidade do inconsciente quando mostra que o objeto que causa o desejo está atuando tanto no que se perde na relação sexual como naquilo em torno de que gira a repetição transferencial.

Parece-me que é no seminário sobre *A lógica do fantasma* (1966-67), ainda inédito, que isso é mais bem apresentado. Esse seminário vem três anos após *O seminário 11* (1964), que trata também da materialidade comum ao ato da repetição e ao circuito pulsional. Mas, em 1967, fica mais claro: o objeto inassimilável e constituinte do sujeito é, ao mesmo tempo, o desafio da "não relação sexual" nas experiências amorosas e o que a repetição revela graças à dissimetria da transferência. O objeto não é simplesmente indiferente, substituível por qualquer outro. O objeto que, na repetição, é tanto objeto do desejo como objeto da pulsão é o que a transferência evidencia no próprio ato da cura: a cura é um ato que apela ao objeto excluído da cadeia significante pelo modo como o paciente repete o que não pode dizer valendo-se dos materiais no espaço do/a analista e da análise. Esses materiais que parecem ser tão pouco importantes quanto os restos diurnos provocam a emergência do inconsciente dos sonhos e dão uma configuração singular ao que se repete na cura e fora da cura.

Como se vê, não é o corpo isoladamente que permite definir a materialidade do inconsciente, é todo o rito e o ato em que consiste uma psicanálise: nós somos constituídos pelos poucos objetos que causam nossos desejos e que são necessariamente materiais, pois se distinguem pelo ato de uma repetição não apenas nos "*acting out*" de uma cura, mas também no fiasco sempre singular do ato sexual. O fiasco coloca o sujeito diante do que ele esperava achar em um encontro e que não é exatamente o que acha. De outro modo, se ele não tem acesso ao que busca, o que causa o seu desejo permanece inconsciente. Nesse seminário sobre *A lógica do fantasma*, Lacan se vale de fórmulas bastante interessantes: o sujeito, ele diz, é "produto do ato", e do ato enquanto excedente da cadeia significante.

Conforme mostra a discussão com a teoria dos afetos como corpo político, nada permite dizer que o inconsciente atuante em um corpo político seja sexual. Também não há nada que permita dizer antecipadamente que o inconsciente sexual que torna um sujeito singular e, no entanto, opaco a si mesmo seja aquilo que prenda o sujeito ao coletivo, apesar do mito de *Totem e tabu* ou da "teoria dos quatro discursos" de Lacan. Porém, nos dois casos, o inconsciente, a materialidade e a localidade aparecem ligadas. Como? Pelo lugar: lugar da cura, lugar político em que um e outro se constroem.

Como o objeto nos levou ao lugar, convém detalhar essa concepção da localidade que vale tanto para o inconsciente como para a política: um lugar é a encruzilhada de componentes múltiplos e heterogêneos; ele não coincide com o centro de fenômenos que transforma. Implica um espaço e uma materialidade. É também a correlação entre ritos, o imprevisto que caracteriza a intervenção de um antropólogo como política. Tal é a tese defendida por Marc Abélès.

Em *Penser au-delà de l'État*, Abélès se baseia tanto em Rancière como em Foucault. Rancière, sabemos, distingue a polícia (a administração de uma coletividade) da política, que é o surgimento público e explícito de uma reivindicação que repentinamente torna eficaz a afirmação da igualdade de todos, apesar das hierarquias e da dominação. Ele designa nesse momento an-árquico a fonte viva da política. Foucault insiste no fato de que o poder nunca se reduz a uma dominação, mas é um efeito geral produzido pelas relações. Mesmo o poder de Estado é "um efeito móvel" e não se reduz à relação unívoca do dominante e dominado. Pensar a um só tempo Foucault e Rancière, é esse o propósito de Abélès. Seu instrumento de análise aqui não é a cura psicanalítica, mas o "campo" antropológico. Porém esse campo, por sua vez, também é construído e é indissociável de um ato. A ação concerne sempre a uma situação política, tanto nas microssociedades em que os antropólogos intervêm como em organizações internacionais, a exemplo da Organização Mundial do Comércio (OMC), onde o político, no sentido de Rancière, é criado durante discussões que parecem puramente econômicas.

Vejamos, primeiramente, um exemplo de micropolítica ou de política molecular que esclarece como a presença de um antropólogo é uma intervenção que define um lugar político. Durante uma longa estadia na Etiópia meridional, entre os Ochollo, Abélès participara de muitas festas e rituais. Ao fim de sua estadia, os anciões lhe pediram para que ele mesmo organizasse uma festa e um grande jantar para seus anfitriões, de acordo com os costumes. Mas, no dia combinado, ninguém compareceu, e, no fim das contas, ele recorreu às castas depreciadas, a dos ceramistas e a dos curtidores, para que o banquete não se perdesse. Um dignatário lhe contou, porém, que a iniciativa despertou a hostilidade dos cidadãos, particularmente dos jovens, que consideravam que a festa destinava-se exclusivamente aos anciões. O antropólogo foi banido e convidado a se retirar de Ochollo, onde foi causador de problemas. Ele pediu, então, de acordo com os costumes de Ochollo que aprendera a compreender, que lhe fosse aplicado o procedimento do banimento durante o qual os dignatários vêm ritualmente fechar a porta da casa do cidadão banido. Durante essa assembleia, o acusado se explicou longamente, e sua presença oficial foi validada. Portanto, foi a partir de um problema de ordem social, de um ponto de errância e anomia, que um lugar político se constituiu como cena feita de mal-entendidos, conflitos explícitos e, depois, posições negociáveis. O campo de um antropólogo não designa unicamente o espaço longínquo onde ele se estabelece, mas a cena de desentendimento (e não apenas de "observação participante") que às vezes é criada:

> vemos que, por sua simples presença, como singularidade interventiva, o antropólogo intriga mais do que tranquiliza [...]. Quer seja percebida como extremamente intrusiva ou como matéria de negociação, a relação é política de uma ponta à outra, não no sentido de que o antropólogo compartilharia uma cidadania comum, ou se engajaria ao lado das pessoas entre as quais se encontra, mas porque essa posição particu-

lar, intrusiva, interventiva, longe de objetivar a ordem e um sistema de lugares, é sobretudo apta a inquietá-la, desestabilizá-la.[31]

Um tal lugar, que não é mais preso à oposição entre o Estado como totalidade e as esferas unicamente parciais da vida social, pode também ser criado na sociedade globalizada e, mais precisamente, na Organização Mundial do Comércio. Durante a crise que, a partir de 2000, afetou as cotações do algodão em escala internacional, quatro países[32] da África – Benin, Burkina Faso, Mali e Chade – organizaram um teatro político, um palco sobre o qual podia ser debatida a questão, em si mesma muito geral, da desigualdade entre países ricos e países pobres: esses quatro países intimaram os Estados Unidos e a Europa diante de um tribunal por violarem as leis de concorrência, que, no entanto, são princípios de base da OMC. Na realidade, eles subvencionavam fortemente os produtores de algodão para que os países africanos não tirassem vantagem durante a baixa dos preços dessa matéria-prima. Além disso, os Estados Unidos defendiam na OMC uma política de auxílio ao desenvolvimento dos países pobres que os mantinha em uma posição de assistidos, sendo que os países africanos reivindicavam, por sua vez, leis do comércio, isto é, da concorrência, e não uma ajuda para o subdesenvolvimento. No seio de uma organização internacional e no âmbito de questões que parecem unicamente econômicas, é possível construir uma cena política, ou seja, uma cena de igualdade, se renunciarmos à ideia de que esse lugar assim criado será revolucionário e definitivo; Peter Hallward, por exemplo, criticou *O desentendimento*, de Rancière, argumentando que se tratava de uma concepção anárquica que tor-

---

31 Marc Abélès, *Penser au-delà de l'État*. Paris: Belin, 2014, pp. 100–01.
32 Marc Abélès observa que o Brasil, por sua vez, intimou vários Estados diante de uma jurisdição internacional. O país ganhou a causa, mas, no fim das contas, não levou adiante e nada fez com sua vitória judiciária. Os quatro Estados da África tentaram, então, prosseguir com essa luta política, mas sem sucesso até hoje.

nava o político precário.[33] Abélès responde que é justamente esse recurso de precariedade, não ontológico, mas investido em uma situação de múltiplos componentes heterogêneos, que faz existir um lugar político.

Nesse sentido, e fora das teorias prisioneiras do face a face entre a soberania do Estado e a produção dos excluídos, esse ponto de errância permite pensar a imanência do político ao social, e não a transcendência, como na oposição entre a sociedade civil e o Estado.

---

33 Peter Hallward, "Jacques Rancière et la théâtrocratie ou Les limites de l'égalité improvisée" apud M. Abélès, *Penser au-delà de l'État*, op. cit., p. 84.

CONCLUSÃO
QUAL PROPRIEDADE?

As sociedades não modernas nos ensinam a que ponto os membros de um grupo social são formados pela propriedade. Os teóricos do liberalismo e do comunismo dos países democráticos ou louvam a propriedade como garantia da liberdade dos indivíduos-cidadãos ou querem destruí-la para dissolver a opacidade e a desigualdade que ela cria nas relações sociais. Mas, nesse conflito, nem uns nem outros dimensionam o alcance do que a propriedade constrói nas organizações humanas e que deveria ser construído de outra maneira. Os primeiros comentam o duplo sentido do termo propriedade, afirmando que o direito garante a identidade dos sujeitos sociais e dos sujeitos desejantes. Os segundos, num espelhamento, inscrevem-se na tradição de que "a propriedade é um roubo". Mas nem uns nem outros mostram por quais mecanismos sutis a propriedade forma tanto sua sexualidade e suas "identidades" como seus papéis e privilégios sociais, bem como sua relação com a morte. As sociedades democráticas creem ser necessário e suficiente inscrever em uma constituição política que o Estado de direito garante a segurança dos indivíduos e de sua propriedade para que todas as formas de alienação (escravidão, servidão e ordens hierárquicas) cedam lugar a uma sociedade livre. As sociedades socialistas do Leste Europeu acreditaram que, limitando drasticamente a propriedade privada e a propriedade privada dos meios de produção, o homem novo transparente a si mesmo seria criado. Mas outras opacidades, ainda mais ferozes, estabeleceram-se, arruinando a pretensão à igualdade dessas sociedades. Certamente, era não o reino do indivíduo pelo indivíduo, mas a supremacia do partido e do Estado o que esmagava as relações sociais. Acima de tudo, não dimensionamos o fato de que as instituições da propriedade em um corpo social associam a relação com a morte e com os perigos que ela encerra para as relações sociais ao modo como a sociedade se produz e se reproduz, para retomar uma expressão de Maurice Godelier. Uma linha de força ou de falha invisível nas nossas sociedades desenvolvidas aproxima os ritos de luto, a produção e a redistribuição das riquezas, as formas variadas de família e as sexualidades. Por certo, a propriedade forma a identidade dos membros de uma sociedade. Mas supor que essa identidade seja vivida e instituída como individual graças às coisas é a ilusão própria às sociedades democráticas. Não somos indivíduos e não somos idênticos a nós mesmos. A maneira como essa crença é fabricada nas democracias, valendo-se, por um lado, do face a face entre os sujeitos de direito e as coisas e separando, por outro lado, a economia do político e o chamado direito público do chamado direito privado, esconde os fios que religam esferas da vida social, cultural, sexual e familiar.

Pode-se dizer que o direito não é apenas direito de propriedade, que, para o próprio Hegel, a questão da superação do direito abstrato é o verdadeiro objeto de uma filosofia do direito. Segundo ele, a potência das regras jurídicas atua no registro constitucional e na ação de um Estado que se reapodera de todos os interesses particulares e parciais, sejam eles desenvolvidos no direito abstrato, na relação ética dos sujeitos com a lei ou no domínio do Estado sobre a sociedade civil e suas tendências centrípetas. Os egoísmos corporativos, bem como os interesses unicamente concorrenciais, arruinariam o interesse do todo não fosse essa potência que funda na realidade aquilo de que o Estado parece resultar. Se ficarmos nessa leitura de Hegel, a propriedade é tão somente uma questão local, relacionada ao direito privado, ao passo que é na sociedade do trabalho que se decide o que o Estado deve transformar para construir uma totalidade social e uma unidade política. Mas, se eu insisti na propriedade, instruindo-me junto às sociedades não modernas, é porque é preciso recusar a oposição demasiadamente fácil entre o todo e a parte. O que os Aranda (Moisseeff), os habitantes do monte Hagen (Strathern), os trobriandeses (Weiner) e mesmo os Baruya (Godelier) mostram é que a propriedade está na articulação de dimensões da vida social e subjetiva que acreditamos ser distintas em nome de nossa sacrossanta relação "socioeconômica" que seria a última instância. Mas um certo número de fenômenos contemporâneos que vão da extrema sensibilidade dos "coletes amarelos" aos discursos desprezíveis de um presidente de uma República, o véu nos países muçulmanos, a propriedade e os movimentos *queer* e transgênero mostram que o que estabiliza e desestabiliza uma sociedade não reside em um centro totalizante que unificaria todas as instâncias.

Parti do papel dos objetos tanto no inconsciente sexuado como na propriedade. Chamei de animismo a relação com os objetos em que nosso desejo se fixa e corre o risco de se congelar, mas também o apego a coisas inanimadas na instituição jurídica da propriedade. Não estava previsto no início desta pesquisa que Marx seria a tal ponto um apoio para esse privilégio que dou ao inanimado, enquanto a moda intelectual contemporânea tende principalmente a uma definição mais abrangente do animismo: almas povoam os vegetais e os animais, é em torno dessa aventura com vidas não humanas que muitas sociedades organizam os ritmos e o ritos fundamentais de sua existência social. Eu não neguei essa tese, mas, para poder me valer da antropologia e da psicanálise como instrumentos críticos dos limites de nossa filosofia política, para apreender o vínculo entre animismo e propriedade, eu privilegio o animismo do inanimado: as coisas, os objetos que brilham e se escondem, as pedras que podem conter nos traços desenhados sobre elas a identidade, secreta e singular, dos membros de uma sociedade.

A atenção aos objetos nos introduz a uma nova reflexão sobre o que é um lugar político, limitado por definição. Para que uma linha de falha ou uma desterritorialização se produza em uma sociedade, é preciso que diversos fatores heterogêneos que se compõem na ocasião de uma iniciativa coletiva desenhem uma relação relativamente estável por um tempo e inédita. Em uma manifestação que cria uma relação de forças, o objeto é um nó de relações. Não é um simples lugar em uma estrutura. É o caso, por exemplo, da reivindicação de um novo estatuto para as sexualidades não conformes.

Falar do papel dos objetos e falar de localidade do político caminham de mãos dadas: quando analisamos o cerne da questão política nas manifestações de rua – seja na praça Tahrir, no Cairo, em 2010; seja em Notre-Dame-des-Landes, nos últimos dez anos, na França; seja a questão da violência contra as mulheres e das condições de igualdade –, observamos que o lugar não é apenas um espaço natural, o lugar é construído, inclusive pela atuação dos corpos e da vida cotidiana realizada em comum em um espaço que adquire um novo estatuto.

Na França, Notre-Dame-des-Landes conseguiu mudar a situação. Calais até agora não conseguiu formar o lugar político a partir dos impasses da política migratória. As discussões e iniciativas coletivas em torno do projeto de lei sobre o acolhimento de migrantes talvez tenham êxito, é esse o desafio de uma verdadeira situação política. Local não se opõe a total. Diremos antes que é um ponto de cristalização não apenas de um conflito, mas de um novo agenciamento de relações inter-humanas. É, assim como um sintoma em psicanálise, uma oportunidade de redefinir as relações sociais e as relações de forças políticas. As sociedades não modernas organizam a circulação entre, por exemplo, os ritos de luto e a produção de bens materiais a serem distribuídos, a divisão dos gêneros por meio dessas atividades, a realização, ao longo do tempo, de um novo corpo para o morto, a fim de que ele se torne ancestral, pare de ameaçar os vivos e contribua para a formação das crianças e, por fim, o apelo aos artistas para criarem máscaras ou estátuas que, por sua existência provisória, condensem essas relações e tornem possível um futuro. Nessas práticas ao mesmo tempo materiais e rituais, o momento dos objetos é sempre aquele em que se condensam relações heterogêneas e cuja heterogeneidade é pertinente em uma dada situação. Mas também podemos dizer que esses objetos definem um lugar político. Nesse ponto, é Maurice Godelier quem melhor expõe como objetos que não passam nas trocas condensam relações de poder e de dominação características de uma sociedade (em todo caso, daquela dos Baruya). Mas provavelmente ele erra ao interpretar essa condensação como uma totalização. Esses objetos, de uma forma que se pode dizer performativa, articulam as dimensões ritual, sexual, geográfica e mítica do grupo social considerado. É por isso que não oponho os objetos à localidade da política, trata-se da mesma coisa: o objeto é um nó de relações que se podem tornar decisivas, tal é a aposta do político, mesmo quando apreendido no âmbito do Estado. O objeto das lutas é tudo menos transparente, justamente porque cria a articulação de componentes heterogêneos.

Foucault criticava a crença das democracias na centralidade do poder de Estado e descrevia relações de poderes e contrapoderes nas esferas consideradas marginais da vida social. Deleuze e Guattari objetaram-lhe que é insuficiente dizer: "lá onde há poder há resistência". Essa oposição, segundo eles, é ainda muito próxima de uma concepção "macro" das relações de poder. Eles se interessavam, antes, pelos fenômenos que definem como "minoritários", considerados menores ou marginais, linhas de falha de um movimento geral de desterritorialização. Decerto, a generalidade desse movimento não decorre de uma causalidade linear ou estrutural: *Mil platôs*,[1] por exemplo, mostra que, em um determinado ano, as pessoas começaram a acreditar em vampiros no leste dos Alpes, e tal crença se espalhou por contágio por toda a Europa. Mas esse mecanismo de contágio não dá espaço para o que chamo de objetos: cruzamento dos componentes de uma situação que pode transformá-la. O conceito de desterritoria-

---

[1] "Acreditamos na existência de devires-animais muito especiais que atravessam e arrastam o homem [...]. 'Só se ouvia falar de vampiros, de 1730 a 1735...'"; Gilles Deleuze e Félix Guattari, *Mil platôs: capitalismo e esquizofrenia*, v. 4, trad. Suely Rolnik. São Paulo: Editora 34, 1997, p. 18.

lização corre o risco de fazer da erosão das estruturas sociais e políticas uma lei automática que levaria sempre às suas transformações. A desterritorialização não é uma lei de devires sociais, ela é muito mais uma virtualidade que se atualiza por acontecimentos que criam, para ficar no vocabulário deleuze-guattariano, sínteses disjuntivas... particularmente disjuntivas. É para isso que servem os objetos.

A interface entre máquinas sociais e máquinas desejantes

Resta uma verdadeira questão ainda não elucidada: os objetos são a interface das organizações de desejo e das instituições que são, para as máquinas desejantes, ocasiões de dessexualização. Mas não há continuidade absoluta entre desejos e formações coletivas. Deleuze e Guattari, para evitar o individualismo do que dominava a psicanálise, afirmaram, mais do que uma continuidade, uma identidade entre máquinas de desejo e máquinas sociais. Mais recentemente, os adeptos de uma "política dos afetos" colocam uma continuidade do mesmo tipo entre corpo político e desejos. Mas é simples demais para ser verdade. E invocar Spinoza para justificar essa perspectiva não basta.

A dessexualização do sexual que uma sociedade oferece é às vezes uma repressão, às vezes uma possibilidade, oferecida aos impasses dos destinos de pulsões, de se "sublimar", isto é, encontrar para si objetos aparentemente não sexuais e não apenas individuais. Assim é na conexão dos desejos de um ser singular às relações sociais, bem como nas outras formas de sublimação: os desejantes têm a possibilidade de derivar os agenciamentos pulsionais na direção dos materiais comuns já existentes e que eles transformam. Por exemplo, quando um destino de pulsões dá lugar à criação de um novo modo de pintar, como é o caso de Leonardo da Vinci;[2] quando a angústia de ser "louco como Swedenborg" leva Kant a rela-

---

2   M. David-Ménard, "Faut-il chercher l'universel dans la beauté?", in *Les Constructions de l'universel*, op. cit., pp. 99- 129.

cionar de maneira inédita uma lógica da negação a uma crítica da metafísica.[3] Essas criações encontram sua razão de ser nas próprias fontes do prazer, do desprazer e da angústia que fazem os destinos das pulsões. Mas, ao mesmo tempo, o que define uma criação é que a invenção de um modo de pintar ou de filosofar migra para lugares outros que não as condições subjetivas de sua formação: o *sfumato* não pertence mais unicamente ao desejo de indistinção sexual de Leonardo da Vinci, assim como a redefinição da metafísica como ciência dos limites da razão não pertence apenas ao medo de Kant de delirar, juntamente com sua crítica da lógica formal. O que era de um sujeito singular produziu outra coisa que não sua problemática "própria", e é a materialidade desse traçado singular que o inscreve em um mundo comum que ele subverte: tradição artística, no primeiro caso, e sistema conceitual, no segundo. Há nisso um salto em um mundo comum à condição de que um aspecto desse mundo comum seja desestabilizado e redefinido. Os grandes escritores, dizia Deleuze, fazem a língua gaguejar. Por que a relação das pulsões com as relações sociais prescindiria desse salto no que não é pulsional?

O que distingue a articulação das pulsões com os agenciamentos sociais não é que o corpo social prescindiria desse salto, que as máquinas sociais seriam sem descontinuidade com as máquinas desejantes. O *socius* não é mais impregnado de afetos do que as formas e técnicas de pintura quando Da Vinci interveio nelas; também não é mais impregnado de afetos do que os sistemas filosóficos nos quais Kant se inscreve combatendo-os. Os poderes não fabricam o corpo político unicamente pelos afetos que mobilizam. Nem La Boétie nem Spinoza bastam para descrever a problemática das relações entre sujeitos e agenciamentos coletivos. Como escreve Freud em 1930, a especificidade do social provém antes do mecanismo de inversão que ele exige das pulsões, o que não acontece em todas as transformações pulsionais: adoramos a sujeira e construímos uma sociedade limpa; sonhamos com

---

3 Id., *La folie dans la raison pure*, op. cit.

um gozo absoluto e criamos instituições familiares e sexuais; odiamos nossos semelhantes e edificamos modos de vida comum e partilhada.

O *socius* não é pulsional

Por que não dizer que os ritos, as práticas, as instituições de uma sociedade oferecem às pulsões – cujo caráter sexual provém de sua plasticidade – oportunidades de se sublimar, isto é, de encontrar/inventar (no sentido de Winnicott) novos circuitos que não sejam mais apenas os seus? São esses novos circuitos, articulando dimensões heterogêneas, que chamaremos de objetos no *socius*.

Então, é preciso também fazer o caminho no sentido inverso da sublimação e partir do *socius*. Os objetos e dispositivos sociais são irredutíveis aos desejos singulares que se prendem a eles, aí reside um dos aspectos de sua opacidade. Não é porque os desejos subjetivos encontram então uma ocasião de se redefinir no comum modificando o comum que, todavia, esses objetos seriam homogêneos, pois marcados pelo mesmo tipo de falta ou de negatividade que os desejos. A opacidade dos objetos provém do fato de que as montagens sociais não são regidas pela experiência da falta de ser característica dos desejos e da inadequação das pulsões à sua visada de satisfação sem resto. Godelier afirma que a reprodução das relações sociais exige dos membros do *socius* o sacrifício de uma parte do gozo. Mas eu destaquei que a máquina ventríloqua dos membros do grupo que inscreve em um corpo esse imperativo não é idêntica à máquina desejante que se constitui no afrontamento dessas normas. Para Lacan, essa provação se chama destituição subjetiva. Ela se tornou possível pela transferência que repete, em condições novas, a ancoragem do sujeito às redes significantes que o formaram, cuja segurança e cujo saber se desagregam, desnudando de uma maneira nova as montagens pulsionais e os objetos que moldaram o sujeito.

Uma vez que a sociedade não é apenas um sistema de aliança ou de descendência, mas um coletivo que se reproduz produzindo seus costumes e suas relações de dominação, a utilização que faz do gozo de seus membros não é uma experiência subjetiva. O fato de uma sociedade precisar, para se reproduzir, do sacrifício de uma parte do gozo não faz dessa mesma sociedade um sujeito afetado pela castração. Os mitos aos quais os rapazes são introduzidos nas iniciações permitem a reprodução das relações sociais e da dominação, não dizem em si mesmos sobre como os indivíduos machos se inscrevem neles, negociam seu arrancamento do materno e o horror do feminino que lhes é inculcado ou que eles são obrigados a beber tal como o esperma de seus rapazes mais velhos. Uma sociedade enquanto tal não tem a experiência da destituição subjetiva, e não é essa a lei de seu funcionamento quando impõe um sacrifício que ressoa para os sujeitos como uma experiência de limitação de seu gozo.

Os objetos, lugares da política

Partindo da importância dos objetos nas transformações pulsionais de uma psicanálise e nas relações sociais, cheguei ao caráter local de toda situação política, mesmo quando ela concerne a um Estado. É que os objetos formam a intersecção entre nossos desejos e as relações sociais e políticas. Eles condensam as apostas de nossos desejos ao erotizá-los, o que é uma tentativa de tornar menos inquietante sua estrangeiridade em relação ao que chamamos de "nós mesmos". Também nas relações sociais, os objetos derivam sua importância da ambiguidade de seu papel: Maurice Godelier mostra que eles condensam secretamente as relações de poder e a dominação masculina. Portanto, não é somente nas sociedades capitalistas que os objetos tornam ilegíveis as relações sociais. O próprio Marx, quando faz antropologia com o martelo, para parafrasear uma expressão de Nietzsche,[4] convida

---

4   Alusão à expressão "filosofar com o martelo", parte do título de uma obra de Nietzsche, de 1888: *Crepúsculo dos ídolos, ou como filosofar com o martelo*. [N. T.]

a se deter nos objetos, às lutas de classes das quais eles são o lugar e aos mecanismos de identificação que eles instauram. Hegel também descreveu a alternância entre as atividades inter-humanas e sua cristalização nos objetos que congelam as atividades enquanto produzem sua materialidade, sua realidade. Os objetos escondem as relações de dominação e permitem que elas se reproduzam. Ao materializarem as relações sociais, eles têm algo de obscuro, tanto em nossas sociedades supostamente racionais como naquelas que por muito tempo foram consideradas selvagens. Na realidade, os objetos encerram em si a selvageria das sociedades ditas democráticas e racionais, pois não percebemos que a importância atribuída por essas sociedades à propriedade garantida pelo direito é nossa magia. Uma magia que nos faz crer que somos indivíduos idênticos a si mesmos e separados uns dos outros. A propriedade nos faz crer que se trata de uma conquista, sendo que é muito mais uma relação social pobre. Isso não significa que basta abolir a propriedade para colocar fim à "sociedade dos indivíduos" e às suas ilusões. Por exemplo, não há pior individualista do que Max Stirner, que, no entanto, defendia o fim da propriedade privada.

Porque condensam relações de força, os objetos sociais são indicativos do caráter local de toda situação política. Eles são a interface do que, para sujeitos sexuados, é difícil aceitar na configuração de seu gozo e do estratagema por meio do qual uma sociedade pode investir para se reproduzir, transformando o excesso de seus gozos e de seu ódio em modos de socialidade.

A função dos objetos nos destinos pulsionais é localizar os conflitos, dar forma à relação entre as satisfações possíveis e as insatisfações que as primeiras encobrem. Lacan dizia que a pulsão gira em torno do objeto e, voltando do objeto ao corpo, abre um circuito que torna os lugares do corpo erógenos. Um circuito pulsional é, portanto, local. Ele desenha uma configuração que o objeto permite desdobrar ainda que pareça ser o seu centro. Observamos assim que falar de localidade não se inscreve mais na oposição do parcial ao total. Nesse ponto ao menos a psicanálise soube renunciar a fazer das pulsões parciais e dos objetos parciais a expectativa de um objeto total! Abrir um caminho viável não é opor o parcial a uma unidade totalizante. É preciso, do mesmo modo, compreender que uma situação se torna política por ser local: não se trata de opor interesses parciais (corporativos, por exemplo, ou associativos) à preocupação da unidade de um corpo coletivo que sozinho alcançaria o registro político. O limite de Hegel era acreditar nisso. Quaisquer que sejam os materiais em que se sustenta, a política concerne ao estabelecimento de relações novas e precisas no âmbito desses materiais. Nesses circuitos pulsionais, um objeto que condensa pulsões heterogêneas inflete um trajeto que, sem ele, permanece indeterminado. É essa também a eficácia dos objetos sociais: eles constroem encruzilhadas que dão forma às relações de poder. Assim como os objetos de pulsões não são independentes das direções de relação com os outros que ali adquirem forma, os objetos sociais não são independentes das relações que ali se cruzam, construindo relações de força. É isso que diz o caráter local ou localizado de uma situação quando ela se torna política.

Os grandes militantes políticos possuem o senso de escolha pertinente das lutas a serem travadas, isto é, das encruzilhadas de componentes, da sobredeterminação de certos objetos em uma situação de desequilíbrio. Mas eles não pretendem controlar tudo que a situação reúne, mesmo que na retórica das lutas façam crer, pelo belo termo emancipação, que as máquinas sociais e as máquinas desejantes têm os mesmos objetos.

ÍNDICE ONOMÁSTICO

Abélès, Marc 157, 220-23
Agamben, Giorgio 196
Alban, Saint 154
Althusser, Louis 34, 149, 162, 189-90
Antígona 82
Arendt, Hannah 193
Aristóteles 40, 45
Atatürk, Mustafa Kemal 195

Badiou, Alain 46-50, 180, 199-200
Balibar, Étienne 199
Bataille, Georges 56, 80, 207
Benjamin, Walter 93
Bensaïd, Daniel 162-63
Bonhomme, Julien 111
Bonnemère, Pascale 122-23, 143, 152-53, 158
Bourdieu, Pierre 74
Butler, Judith 11, 15-16, 84, 185, 192-203, 213

Canguilhem, Georges 211
Charcot, Jean-Martin 101
Coelen, Marcus 192, 205-09, 212-13
Creonte 82

Da Vinci, Leonardo 230-31
Dardot, Pierre 167-70
Davy, Georges 77

Deleuze, Gilles 11, 23, 42-43, 63, 129, 149, 158, 185, 199, 229-31
Derrida, Pierre 74
Descartes, René 18, 100-01, 109
Descola, Philippe 17, 51, 97-98, 104-06
Detienne, Marcel 110
Durkheim, Émile 74-75
Duru, Martin 47

Fédida, Pierre 8
Feuerbach, Ludwig 181, 185
Fichte, Johann Gottlieb 168
Flaubert, Gustave 60
Foucault, Michel 34-35, 45, 111, 125, 153, 163-67, 220, 229
Fraser, Nancy 84
Freud, Sigmund 8-9, 17-18, 23, 29, 31, 38-39, 41, 50-53, 55-56, 61, 65-69, 78-79, 98-106, 113, 181, 183, 189-91, 199, 201-13, 215, 217-19, 231

Gauchet, Marcel 47-49
Gell, Alfred 110
Godelier, Maurice 14, 72, 114-15, 118-22, 124-29, 131-35, 138-39, 141, 143-44, 150-52, 157-59, 226-27, 229, 232-33
Goethe, Johann Wolfgang von 67

Guattari, Félix 43, 63, 129, 158, 199, 229-30
Gurvitch, Georges 162

Hallward, Peter 222-23
Haraway, Donna 111
Hegel, Friedrich 18-19, 21, 27-28, 30, 46-47, 53, 56, 80-98, 104-06, 113, 115-16, 149, 157, 159, 170, 175, 178-79, 181-82, 185, 203-04, 211, 226, 234-35
Heidegger, Martin 109, 111, 204
Héritier, Françoise 133
Hobbes, Thomas 68-69, 77, 201-03, 205
Hölderlin, Friedrich 109
Huvelin, Paul-Louis 76

Kant, Immanuel 8-9, 35, 67, 94, 102-06, 159, 180, 230-31
Karsenti, Bruno 71-78, 117
Kojève, Alexandre 80

La Boétie, Étienne de 231
Lacan, Jacques 8, 10, 19, 23, 30, 38-41, 53, 55-56, 62, 64-66, 70, 78-80, 82, 84, 88, 115, 118-19, 142, 180-81, 187, 197-98, 202-05, 218-20, 232, 234
Lascoumes, Pierre 161-62, 171, 174, 177, 179-80, 183
Latour, Bruno 110
Laval, Christian 167-70
Le Bon, Gustave 208-09
Lefort, Claude 74, 201
Legros, Martin 47
Lênin (Vladimir Ilyitch Uliánov) 170, 189

Lévi-Strauss, Claude 75-77, 98, 104, 111, 113, 117-19, 134, 137, 142-43
Locke, John 69

Malinowski, Bronislaw 72, 120, 144
Marat, Jean-Paul 163
Marcuse, Herbert 16, 28, 33-34
Marx, Karl 14, 21-22, 28, 30, 31, 34, 44, 49, 53, 82-83, 89, 94-96, 112, 134-35, 155, 159-63, 165-85, 187, 189, 200, 204, 227, 233
Mauss, Marcel 14, 56, 71-77, 80, 111, 116-20, 135, 141, 147, 153, 158
McDougall, William 208-09
Moisseeff, Marika 110, 136-38, 141, 148, 227

Nietzsche, Friedrich 164, 166, 233

Oury, Jean 43

Proudhon, Pierre-Joseph 160, 173

Rancière, Jacques 56, 200, 220-23
Robespierre, Maximilien de 163
Rousseau, Jean-Jacques 69, 77, 94, 173, 203

Safatle, Vladimir 16, 85, 192, 200-05, 207, 209, 212-14

Sahlins, Marshall 74, 77
Saint-Jus, Louis Antoine Léon de 55
Sartre, Jean-Paul 28, 60
Saussure, Ferdinand de 142, 152
Spinoza, Baruch 42, 51-52, 213-16, 230-31
Stirner, Max 234
Strathern, Marilyn 15, 90, 95, 97, 107-13, 121, 140, 142-43, 147-54, 157, 159, 185, 227
Swedenborg, Emanuel 8, 230

Taylor, Christine 111
Thomas, Yan 76-77, 91
Tosquelles, François 43
Trotter, Wilfred 208
Trump, Donald 42-43

Vico, Giambattista 111
Viveiros de Castro, Eduardo 17, 98, 106, 184

Weiner, Annette 73, 130, 141-48, 154-55, 227
Winnicott, Donald Woods 232

Xifaras, Mikhaïl 163-66

Zander, Hartwig 161-62, 171, 173-74, 177, 179-80, 183
Zenati, Frédéric 163

SOBRE A AUTORA

MONIQUE DAVID-MÉNARD nasceu em Paris, França, em 1947. Em 1968, concluiu o mestrado em filosofia na Universidade de Nanterre, sob orientação de Paul Ricœur. Tem doutorado em psicopatologia clínica e psicanálise pela Universidade Paris 7 – Denis Diderot (1978), onde foi orientada por Pierre Fédida, e também em filosofia pela Universidade Paris 3 – Sorbonne Nouvelle (1990), como orientanda de Jean-Marie Beyssade. Foi professora emérita na Universidade Paris 7, entre 1999 e 2007, onde dirigiu o Centre d'Études du Vivant, de 2005 a 2011, com pesquisas no campo dos estudos de gênero e sexualidade. Também atua como psicanalista, tendo sido treinada de 1979 a 1980 na Escola Freudiana de Paris (EFP), então dirigida por Jacques Lacan. De 1982 a 1994, foi membro do Centro de Formação e de Pesquisas Psicanalíticas (CFRP). Em 1994, filiou-se à Sociedade de Psicanálise Freudiana (SPF). De 1992 a 1995, foi diretora do Colégio Internacional de Filosofia (CIPh), em Paris, instituição na qual ocupou também o cargo de vice-presidente entre 1995 e 1998. Foi cofundadora da Sociedade Internacional de Filosofia e Psicanálise (ISPP) e é membro da Rede Internacional de Filósofas da Unesco. Foi professora visitante na Ruhr Universität-Bochum (Alemanha), na Universidade do Chile e na Universidade Diego Portales (Chile), na Universidade Nacional Autônoma do México (México), na Universidade de Columbia (Estados Unidos) e na Universidade de São Paulo (Brasil). Seus trabalhos lançam luz principalmente em questões como sexualidade, desejo, feminismo, alteridade sexual e gênero, além de se debruçarem sobre os pontos de contato entre a filosofia e a psicanálise e sobre o papel da biologia no campo dos estudos psicanalíticos.

Obras selecionadas

Éloge des hasards dans la vie sexuelle. Paris: Hermann, 2011.
Deleuze et la psychanalyse: l'altercation. Paris: PUF, 2005 [ed. bras.: *Deleuze e a psicanálise*, trad. Marcelo Jacques de Moraes. Rio de Janeiro: Civilização Brasileira, 2014].
Tout le plaisir est pour moi. Paris: Hachette, 2000.
L'Hysterique entre Freud et Lacan: corps et langage en psychanalyse. Paris: Éditions Universitaires, 1983 [ed. bras.: *A histérica entre Freud e Lacan*, trad. Maria da Penha Cataldi. São Paulo: Escuta, 2000].

COLEÇÃO EXPLOSANTE

COORDENAÇÃO Vladimir Safatle

Em um momento no qual revoluções se faziam sentir nos campos da política, das artes, da clínica e da filosofia, André Breton nos lembrava como havia convulsões que tinham a força de fazer desabar nossas categorias e limites, de produzir junções que indicavam novos mundos a habitar: "A beleza convulsiva será erótico-velada, explosante-fixa, mágico-circunstancial, ou não existirá". Tal lembrança nunca perderá sua atualidade. A coleção Explosante reúne livros que procuram as convulsões criadoras. Ela trafega em vários campos de saber e experiência, trazendo autores conhecidos e novos, nacionais e estrangeiros, sempre com o horizonte de que Explosante é o verdadeiro nome do nosso tempo de agora.

TÍTULOS

Petrogrado, Xangai, Alain Badiou
Chamamento ao povo brasileiro, Carlos Marighella
Alienação e liberdade, Frantz Fanon
A sociedade ingovernável, Grégoire Chamayou
Guerras e Capital, Éric Alliez e Maurizio Lazzarato
Governar os mortos, Fábio Luís Franco
A vontade das coisas, Monique David-Ménard
A revolução desarmada, Salvador Allende
Uma história da psicanálise popular, Florent Gabarron-Garcia
Fazer da doença uma arma, SPK
O mito do desenvolvimento econômico, Celso Furtado
Sexo e desorganização, Jamieson Webster

Título original: *La Vie sociale des choses: L'Animisme et les objets*

© Éditions Le Bord de L'Eau 2020
© Ubu Editora, 2022

[CAPA] Conjunto de clavas de pedra da Nova Guiné, 1899, fotografia de G. Brown, Londres, Reino Unido © Royal Geographical Society/Bridgeman Images/Fotoarena.
[P. 2] *Javali Malanggan*. Máscara. Madeira e pigmento, 95,3 cm, Papua-Nova Guiné. [cc] Artkhade Database.
[P. 3] *Pássaro Malanggan*. Ornamento de dança para ser segurando entre os dentes. Madeira, concha de caramujo, opérculos e pigmento, 18,4 × 15,2 × 32,4 cm, Papua-Nova Guiné. [cc] Brooklyn Museum, Nova York/Fundo Helen Babbott Sanders.

EDIÇÃO DE TEXTO Bibiana Leme
PREPARAÇÃO Lucas Torrisi
REVISÃO André Albert
TRATAMENTO DE IMAGEM Carlos Mesquita

EQUIPE UBU
DIREÇÃO Florencia Ferrari
DIREÇÃO DE ARTE Elaine Ramos; Julia Paccola (assistente)
COORDENAÇÃO Isabela Sanches
COORDENAÇÃO DE PRODUÇÃO Livia Campos
EDITORIAL Gabriela Ripper Naigeborin e Maria Fernanda Chaves
COMERCIAL Luciana Mazolini e Anna Fournier
COMUNICAÇÃO/CIRCUITO UBU Maria Chiaretti, Walmir Lacerda e Seham Furlan
DESIGN DE COMUNICAÇÃO Marco Christini
GESTÃO CIRCUITO UBU/SITE Cinthya Moreira, Vic Freitas e Vivian T.

Dados Internacionais de Catalogação na Publicação (CIP)
Elaborado por Vagner Rodolfo da Silva – CRB-8/9410

D249v David-Ménard, Monique
 A vontade das coisas: o animismo e os objetos / Monique
 David-Ménard; título original: *La Vie sociale des choses:
 L'Animisme et les objets* / traduzido por Raquel Camargo;
 prefácio de Virginia Ferreira da Costa. São Paulo: Ubu
 Editora, 2022. / 256 pp. / Coleção Explosante
ISBN 978 65 86497 34 2

1. Filosofia. 2. Ciências sociais. 3. Sociologia. 4. Psicanálise. I. Camargo, Raquel. II. Título. III. Série.

2021–4097   CDD 100   CDU 1

Índice para catálogo sistemático:
1. Filosofia 100
2. Filosofia 1

UBU EDITORA
Largo do Arouche 161 sobreloja 2
01219 011 São Paulo SP
ubueditora.com.br
professor@ubueditora.com.br
/ubueditora